甘肃省高水平专业群（智慧财经专业群）建设计划项目系列教材

校企合作新形态教材

21世纪经济管理新形态教材·金融学系列

U0749125

投资理财

主　编◎杨雅琴

副主编◎张雅泉　曹俊源　朱　虹

清华大学出版社

北　京

内 容 简 介

　　本书根据投资理财业务实际工作对于人才素质的要求及当前职业教育"三教"改革的内在要求进行编写。教材内容包括：投资理财所需要准备的基础知识；主要理财产品的特点、功能及理财操作技能；各种专项理财规划业务流程和方法；整个理财规划服务流程和理财方案的制定、执行和监控等。为了体现教材职业能力素质养成的宗旨，教材侧重于理财业务必备的财经基础知识及专项理财规划和服务流程的实务操作。内容力求简洁、实用。

　　本书适合金融类应用型本科、高职学生专业学习使用，也适合从事财经类工作的从业人员业余自修及社会其他群体提升自身金融素养使用。

图书在版编目（CIP）数据

投资理财／杨雅琴主编. -- 北京：清华大学出版社，2025.6.
(21世纪经济管理新形态教材). -- ISBN 978-7-302-69538-7

Ⅰ. F830.59

中国国家版本馆 CIP 数据核字第 2025B47564 号

责任编辑：徐永杰
封面设计：汉风唐韵
责任校对：宋玉莲
责任印制：刘 菲

出版发行：清华大学出版社
　　　　　　网　　　址：https://www. tup. com. cn，https://www. wqxuetang. com
　　　　　　地　　　址：北京清华大学学研大厦 A 座　　　邮　编：100084
　　　　　　社 总 机：010-83470000　　　　　　　　　邮　购：010-62786544
　　　　　　投稿与读者服务：010-62776969，c-service@ tup. tsinghua. edu. cn
　　　　　　质量反馈：010-62772015，zhiliang@ tup. tsinghua. edu. cn
印 装 者：大厂回族自治县彩虹印刷有限公司
经　　销：全国新华书店
开　　本：185mm×260mm　　　　印　张：18　　　字　数：327 千字
版　　次：2025 年 6 月第 1 版　　　印　次：2025 年 6 月第 1 次印刷
定　　价：56.00 元

产品编号：102123-01

前言

随着我国进入全面建成社会主义现代化强国新的历史阶段,产业升级和经济转型对于技能人才的需求越来越迫切。职业教育应当肩负起培养高素质技能人才的时代重任。继 2017 年 9 月时任教育部部长陈宝生在《人民日报》发表题为《努力办好人民满意的教育》署名文章并提出"课堂革命"的概念之后,2020 年 9 月 30 日,教育部等部门正式发布了《职业教育提质培优行动计划(2020—2023年)》,这意味我国职业教育进入了提质培优、增值赋能新时代。这对职业教育的基本构成要素——教师、教材、教学——提出了更高的要求。

随着我国经济持续增长,居民收入不断提高,人们的理财意识被唤醒,理财市场发展迅速。金融行业经营模式发生了很大的变化,投资理财及资产管理业务占据着越来越重要的地位,理财业务的发展对于理财规划专业人才提出了更高的要求。我们根据《中华人民共和国职业分类大典》中对理财业务人员的专业要求及教育部高职院校教学标准,编写了《投资理财》工作手册式教材。

本教材突出了创新、实用的特点,在训练任务的安排方面遵循循序渐进的教学规律,训练内容难易程度的把握是递进式、阶梯式的。在立足当前高职学生升学、考证、就业多元化选择实际的前提下,强化了学生综合素质的养成和岗位适应能力的养成,特别是融入了支撑综合素质形成的调研报告撰写、综合理财规划编制等内容,使得教材具有更强的实用性特点。

本教材的内容涵盖了理财业务必备的财经基础知识及专项理财规划和服务流程的实务操作。关于理财规划的基础知识和方法论的内容包括关于理财规划的认知和生命周期理论、货币时间价值分析、风险和收益分析等。同时对于理财规划中资产配置常见的各类理财产品如证券产品、保险产品、银行产品的功能、特点和操作实务做了详细介绍。在专项理财规划和理财规划服务流程部分配合大量的实训操作介绍了理财规划操作步骤、操作流程,以及理财规划建议书的编制与应用。

本书共分七个项目,学时分配如表1所示。

表1 本书内容学时分配表

项目	建议学时
项目1	14
项目2	6
项目3	6
项目4	8
项目5	10
项目6	14
项目7	14

本书由甘肃财贸职业学院杨雅琴老师担任主编,由张雅泉、曹俊源、朱虹担任副主编。甘肃财贸职业学院张爱玲老师参与了前期研讨及部分内容修订工作。具体编写分工如下:项目1、项目7由曹俊源老师编写,项目2由张雅泉老师编写,项目3、项目4由杨雅琴、朱虹老师编写,项目5、项目6由杨雅琴老师编写。杨雅琴老师绘制了各个项目思维导图并负责对全书进行总纂及修改定稿。

本书参考了国家理财规划师考试丛书、银行业个人理财规划师考试丛书,同时编者参考、引用和改编了各种出版物中的相关资料及网络资源,在此致以深深的敬意!相关著作权人看到本书有关内容,请联系出版社,由出版社按照有关法律规定支付报酬。

关于本书涉及利率的补充说明:2024年以来国家利率政策变动频繁,本书部分模块的适用利率参照了中国人民银行2024年10月最新公布的人民币存贷款利率,由于教材编写、出版时间周期的影响,可能会出现本书所使用利率与当期利率有出入等问题。

本书内容涉及学科面广、知识点多,由于编者水平的局限和所掌握资料的限制,书中难免存在不当或纰漏。竭诚希望广大读者对本书提出宝贵意见并及时反馈给我们,以促使我们不断改进。

杨雅琴
2025年2月

目 录

项目1　投资理财基础知识

随着经济的发展和人们财富的积累，我们越来越意识到理财的重要性。越来越多的人开始关注理财，个人理财已成为人们生活中的重要话题。理财不仅关乎储蓄和投资，还是一种生活态度和价值观，更代表一种生活的智慧和人生的哲学。通过合理的理财规划，我们可以实现财富的保值、增值，让手中的财富绽放出更大的价值，为未来铺设一条宽广的道路。因此，理财不仅仅是理财，更是人生的财富哲学。

如何合理规划和管理好自己的财富呢？通过本项目进行初识个人理财、理财生命周期理论、资金时间价值计算、风险和收益分析、理财业务影响因素分析的学习，全面了解有关个人理财规划的基础知识，带你走进个人理财的大门，为打开你财富的大门做准备。

思维导图

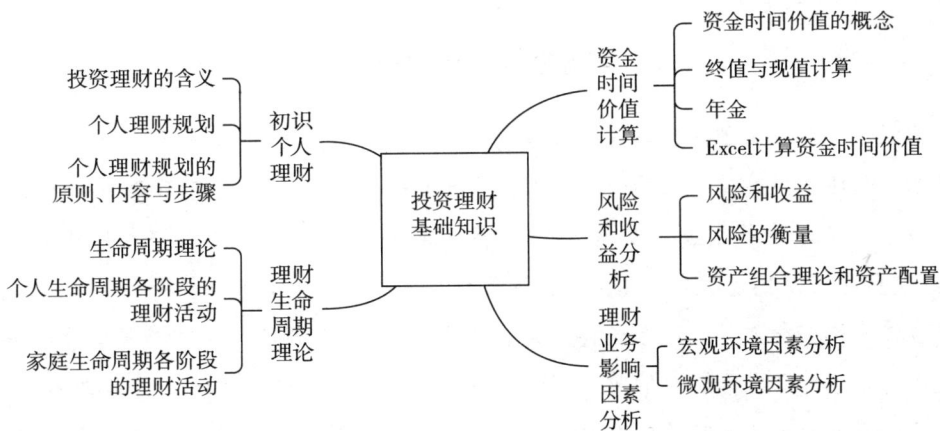

项目情境导入

在人生的坐标里，如何寻找财富的元素？世界富豪沃伦·巴菲特几乎从零出发，开创了他最富传奇色彩的理财人生。随着"后理财时代"的到来，"你不理财，财不理你"成为挂在人们嘴边的一句口头禅。理财规划的重要性日益凸显。所以我们要认识个人理财，做好理财知识储备。

任务 1-1　初识个人理财

知识目标

1. 掌握个人理财的内涵。
2. 熟悉个人理财的基本知识。

能力目标

能够计算并分析客户财务安全度和财务自由度。

思政目标

1. 培养学生的理财意识，引导学生正确对待财富。
2. 养成节俭的好习惯。

思政阅读 1-1

积蓄是为了提高抵抗力

假设有一个人，他一直享受着优厚的工资待遇，现在突然失业了，而他又没有任何积蓄，那将是一种什么样的情形呢？墨斯就是这样一个毫无准备而意外失去工作的人。多年以来，他从来不考虑为将来储蓄，花光了自己所有的工资。他绝望地说："想起这些年来，我就后悔，几年来，如果我一天能够存上 1 美分，持之以恒，那么我现在应该有不少积蓄了。现在这样真是自作自受呀！"有人总是抱怨他没能富裕起来，却是因为他花掉了自己所有的收入。许许多多的人甘愿艰苦地工作，但是能够做到生活节俭、量入为出的人却不到 1/10。大多数人的收入没过多久就被吃喝一空，他们从不拿出哪怕是一小部分作为积蓄，以备在患病或者失业等紧急情况下使用。所以，在金融危机、工厂倒闭、投资者冻结资金不再投资的时候，他们就会陷入困境，甚至要破产。那些赚来钱就立刻花掉、从不为未来做任何储蓄的人，不会比一个奴隶过得更富足。每个人都应该知道，如果他不能养成节俭的习惯，那他将永远不能积蓄财富。

资料来源：张明星．理财小故事[M]．成都：西南财经大学出版社，2011.

知识储备

一、投资理财的含义

（一）个人理财的定义

个人理财，又称个人财务规划，是一种综合的金融服务，指专业理财规划人员通过分析和评估客户生活各方面的财务状况与风险偏好，和客户共同确定其理财目标体系，最终帮助客户制订出合理的、可操作的理财方案的过程。个人理财包括个人生活理财和个人投资理财。

个人生活理财是指通过制订财务计划对个人消费性财务资源进行适当管理，并不断调整计划以达到财务安全和财务自由目的的经济活动。个人投资理财的核心在于根据个人的消费性资源状况和消费偏好实现个人的人生目标。

个人理财的核心是根据客户的资产状况和风险偏好来满足需求，目的是实现人生目标中的经济目标，同时降低人们对于未来财务状况的焦虑。理财是人们为了实现自己的生活目标，对个人、家庭财富进行科学、有计划和系统的管理和安排，是贯穿于一生的过程。通俗地说，理财就是以"管钱"为中心，通过抓好攒钱、生钱、护钱这三个环节，管好现在和未来的现金流，让资产在保值的基础上实现稳步、持续的增值，使自己更少地受到资金的困扰。理财的最终目的是实现财务自由，让生活更加幸福和美好。

（二）理财的原因

（1）理财规划是收支平衡的"调节器"。人们通常要面临收支不平衡问题：收入大于支出的最理想的状况，但更多时候是收入等于支出；收入小于支出，生活拮据。其实，在人生的各个阶段，都有着大笔的支出，如用于支付教育、购房、培育下一代、医疗养老等。这客观上要求人们提早进行理财规划，以免出现入不敷出的情况。从这个角度上讲，理财规划是调节收支平衡的一个利器，不仅仅是打理所挣到的钱财，更是用心经营我们未来的生活。

（2）理财规划是经济生活的"解压器"。面对各种生活成本的不断攀升，你若善用理财工具，进行人生阶段的理财规划，可有效地缓解生活压力、提高生活质量。对于"月光族"而言，应增强理财规划意识，养成良好的理财习惯，压缩消费开支，学会从"透支"到"投资"的转变。对于打工一族来说，收入低并不意味着不必理财或"没财理"。其实每天付账、缴保费、到银行存取款等，都是理财活动。有规划的理财方式，可以帮助自己顺利地累积财富，逐步实现梦想。

（3）理财规划是财富增长的"助推器"。在现代生活中，能否进行科学的理财规划在很大程度上决定了财富收益率的高与低，不同的理财规划，往往会产生两种截然不同的收益。例如：小李和小林同年大学毕业，参加工作的时候都只有24岁，两人收入水平差不多，每年都只有2万元积蓄，假如小李把自己的钱拿去存银行，税后的收益率大约只有2%，而小林把自己的钱拿去买理财产品，收益率大约能达到10%，当他们都到60岁时，小李的总资产为108万元，而小林的总资产为660万元，后者的余额为前者的6倍多。可见，从货币的时间价值上看，理财规划日益成为财富增长的"助推器"。

（4）理财规划是规避经济风险的"防火墙"。有的人认为只要会赚钱就够了，但会赚钱的人不一定会理财。事实上，每个人都有可能遇到财务风险，为了降低风险和实现人生各个阶段的目标，应该有一个完善的理财规划。在现实生活中，许多人看中了房产的升值速度与潜力，将积攒不多的现金投在首付上，不但用钱"告急"，还背上了债务，成为"房奴"，从而影响了家庭的正常生活支出，导致了无能力支付意外开支的无奈。有些人听说股票来钱快，便盲目跟进，几乎把所有的积蓄都投到股市，但连续遇上几个跌停板，一下子被"套牢"了。究其原因，就是缺乏较好的理财规划，没有为规避风险设置一道"防火墙"。

二、个人理财规划

（一）个人理财规划的定义

个人理财规划是指运用科学的方法和特定的程序，通过专业人士收集客户的家庭基本信息、财务状况信息、未来生活目标信息等相关资料，明确客户的风险属性，分析和评估客户的财务状况，与客户共同确定其目标及优先顺序，为客户量身定制合理的理财规划方案并及时执行、监控和调整，使客户不断提高生活品质，最终满足客户在人生不同阶段的财务需求，实现客户的理财目标。

现实生活中，许多人对个人理财的理解存在误区，最典型的是将个人理财完全理解为投资行为，即理财就是使财产升值。实际上，个人理财规划是指合理分配资产和收入，它不仅仅要考虑财富的积累，更要考虑财富的保障。因此，个人理财按照客户理财目标可分为投资理财和保障理财两部分。投资理财是指在客户基本目标得到满足的基础上，由专业人士帮助客户将资金投资于各种投资工具，实现资产升值，从而积累财富。保障理财主要是指专业人士帮助客户设计与其整个生命相关的财务计划，包括保险、购房、医疗、税收、教育等方面，保证客户全部生命周期中的生活品质，实现生活目标。

个人理财规划的定义强调以下几点。

（1）个人理财规划是全方位的综合性服务，而不是简单的金融产品的销售行为。它不局限于提供某种单一的金融产品，而是针对客户不同阶段的多种理财目标进行全方位、多层次、个性化的财务服务。

（2）个人理财规划强调个性化。每个客户都有自己独特的财务状况与非财务状况，并且往往差异巨大。这就决定了个人理财规划服务不可能有一成不变的模式，而是因客户具体情况而异。

（3）尽管个人理财规划经常以短期规划方案的形式表现，但就生命周期而言，个人理财规划是一项长期规划，它贯穿于人的一生，而不是只针对每一阶段进行规划。

（4）个人理财规划通常由专业人士提供。

（二）个人理财规划的目标

（1）个人理财规划的总体目标。每个人的理财目标千差万别，同一个人在不同阶段的理财目标也不相同，但从一般角度而言，理财规划的目标可以归结为两个层次，即实现财务安全和追求财务自由。

财务安全是指个人或家庭对自己的财务现状有充分的信心，认为现有的财富足以应对未来的财务支出和其他生活目标的实现，不会出现大的财务危机。

一般来说，衡量一个人财务安全的标准见表1-1。

表1-1　财务安全的衡量标准

序号	标准描述
1	是否有稳定、充足的收入
2	是否有充足的现金准备
3	是否有发展的潜力
4	是否有适当的住房
5	是否购买了适当的财产保险和人身保险
6	是否有适当、收益稳定的投资
7	是否享受社会保障
8	是否有额外的养老保障计划

个人或家庭的收入大于全部支出，这时即达到了财务自由度，个人或家庭的生活目标相比财务安全层次下有了更强大的经济保障。为了进一步了解财务安全、财务自由和客户个人（家庭）收入之间的关系，我们将收入划分为投资收入、工薪类收入，将个人（家庭）发生的各项支出统一叫作"支出"。

简言之，财务安全指劳动收入可以覆盖支出，财务自由指投资收入可以覆盖支出。前者是理财规划要解决的首要问题，后者是要实现的最终目标。

财务安全度的计算公式为

$$财务安全度 = 投资性资产市场价值/投资性资产原值 \times 100\%$$

如果财务安全度大于 100%，表示个人投资性资产保值能力强；反之，则表示个人投资性资产保值能力弱。

例如，周某 2022 年 1 月 1 日拥有金融资产共计 50 万元，到 2023 年 12 月 31 日，这些金融资产价值达到了 60 万元，则周某的金融资产安全度为 $60/50 \times 100\% = 120\%$，这说明周某的资产保值能力较好。

财务自由度的计算公式为

$$财务自由度 = 投资性收入（非工资收入）/日常消费支出 \times 100\%$$

如果财务自由度大于 100%，表示个人财务自由度大；反之，则表示个人财务自由度小。

例如，周某今年 45 岁，家庭每月消费支出为 5 000 元，现拥有投资性资产共计 80 万元，预计每年能带来 8 万元投资收益，则该家庭的财务自由度为 $80\ 000 \div 60\ 000 \times 100\% = 133.3\%$，说明该家庭个人财务自由度较大。

（2）个人理财规划的具体目标。个人理财的最终目标是实现个人的财务安全与财务自由，这一目标是通过具体的个人理财规划来实现的。根据这些具体规划所要达到的目的，归纳出个人理财规划设计中必须实现的目标。在理财规划实际工作中，财务安全和财务自由在几个具体规划中体现，表现为以下八个方面。

第一，必要的资产流动性。个人持有现金主要是为了满足日常开支需要、预防突发事件需要、投机性需要。个人要保证有足够的资金来支付计划中和计划外的费用，所以理财规划人员在现金规划中既要保证客户资金的流动性，又要考虑现金的持有成本，通过现金规划使短期需求可用手头现金来满足，预期的现金支出通过各种储蓄和短期投资工具来实现。

第二，合理的消费支出。个人理财目标的首要目的并非个人价值最大化，而是使个人财务状况稳健、合理。在实际生活中，减少个人开支有时比寻求高投资收益更容易实现理财目标。通过消费支出规划，使个人消费支出合理，使家庭收支结构大体平衡。

第三，实现教育期望。教育为人生之本，随着时代变迁，人们对受教育程度要求越来越高。再加上教育费用持续上升，教育开支的比重变得越来越大。客户需要及早对教育费用进行规划，通过合理的财务计划，支付自身及其子女的教育费用，充分达到个人（家庭）的教育期望。

第四，完备的风险保障。在人的一生中，风险无处不在，理财规划人员通过风险管理与保险规划做适当的财务安排，将意外事件带来的损失降到最低限度，使客户更好地规避风险、保障生活。

第五，积累财富。个人财富的增加可以通过减少支出得到相对实现，但个人财富的绝对增加最终要通过增加收入来实现。薪金类收入有限，投资则完全具有主动争取更高收益的特质，个人财富的快速积累更主要靠投资实现。根据理财目标、个人可投资额以及风险承受能力，理财规划人员可以确定有效的投资方案，使投资带给个人或家庭的收入越来越多，并逐步成为个人或家庭收入的主要来源，最终达到财务自由的层次。

第六，合理的纳税安排。纳税是每一个人的法定义务，但纳税人往往希望将自己的税负减到最小。为实现这一目标，理财规划人员通过对纳税主体的经营、投资、理财等经济活动的事先筹划和安排，充分利用税法提供的优惠和差别待遇，适当减少或延缓税负支出。

第七，安享晚年。人到老年，其获得收入的能力必然有所下降，所以有必要在青壮年时期进行财务规划，使晚年有一个"老有所养，老有所终，老有所乐"的有尊严的、自立的老年生活。

第八，有效的财产分配和传承。财产分配与传承是个人理财规划中不可回避的部分，理财规划人员要尽量减少财产分配与传承过程中发生的支出，协助客户对财产进行合理分配，以满足家庭成员在家庭发展的不同阶段产生的各种需要，选择遗产管理工具并制订遗产分配方案，确保在客户去世或丧失行为能力时能够实现家庭财产的代际相传。

三、个人理财规划的原则、内容与步骤

（一）个人理财规划的原则

（1）整体规划。整体规划既包含规划思想的整体性，也包含理财规划方案的整体性。作为理财规划人员，不仅要综合考虑客户的财务状况，而且要关注客户非财务状况及其变化，进而提出符合客户实际和预期目标的规划，这是理财规划人员开展工作的基本原则之一。

（2）提早规划。由于货币具有经过一段时间的投资和再投资增值的现象，因此，理财规划应该尽早开始，理财方案应尽早制订。提早规划，一方面可以利用复利的效应；另一方面，准备期越长，可以减轻各期的经济压力，越能承担风险。

（3）现金保障优先。根据专业理财规划的基本要求，为客户建立一个帮助客户家庭即使在出现失业、大病、灾难等意外事件的情况下也能安然度过危机的现金保障系统十分关键，这也是理财规划人员进行任何理财规划前应首先考虑和重点安排的。只有建立完备的现金保障，才能考虑对客户家庭的其他资产进行专项安排。

（4）风险管理优于追求收益。个人理财规划首先应该考虑的因素是风险，而非收益。因此，保值是增值的前提，理财规划人员应该合理安排和利用理财规划工具来规避风险，根据不同客户的不同生命周期阶段及风险承受能力制订不同的理财方案。

（5）家庭类型与理财策略相匹配。基本的家庭模型可分为青年家庭、中年家庭和老年家庭三种。不同的家庭模型，财务收支状况和风险承受能力各不相同，理财需求和具体理财目标也不同。因此，对应的理财策略也不相同。一般来说，青年家庭的风险承受能力较高，理财规划的核心策略为进攻型；中年家庭的风险承受能力中等，理财规划的核心策略为攻守兼备型；老年家庭的风险承受能力较低，理财规划的核心策略为防守型。这就需要通过理财策略，合理利用理财规划工具规避风险。

（6）终生理财、快乐理财。理财是一个贯穿于人生始终的过程，一个人在人生不同时期，其理财需求是不同的，因此必须考虑理财规划方案的阶段性和延续性。同时，理财的根本目的是让生活更美好、快乐，保持快乐、轻松的心态才能充分发挥聪明才智，作出最正确的理财决策。

（二）个人理财规划的主要内容

根据个人理财规划的定义，个人理财规划的内容包括现金规划、消费支出规划、教育规划、风险管理与保险规划、税收规划、投资规划、退休养老规划、财产分配与传承规划等。

（1）现金规划。现金规划是对家庭或者个人日常的、日复一日的现金及现金等价物进行管理的一项活动。现金规划的目的在于确保有足够的资金来支付计划中和计划外的费用，并且使消费模式处于预算限制之内。

（2）消费支出规划。消费支出规划主要是基于一定的财务资源，对家庭消费水平和消费结构进行规划，以达到适度消费、稳步提高生活质量的目标。

家庭消费支出规划主要包括住房消费规划、汽车消费规划及信用卡与个人信贷消费规划等。影响家庭财富增长的重要原则是"开源节流"，在收入一定的情况下，做好消费支出规划对一个家庭整个财务状况具有重要的影响。家庭消费支出规划是理财业务不可或缺的内容，如果消费支出缺乏计划或者消费计划不得当，家庭很可能支付过高的消费成本，严重者甚至会导致家庭出现财务危机。

（3）教育规划。教育规划即教育投资规划，是指为实现预期教育目标所需要的费用而进行的一系列资金管理活动。教育规划可分为本人教育规划和子女教育规划，教育规划主要是指子女教育规划。子女教育规划是指在收集子女教育需求信息、分析教育费用的变动趋势并估算教育费用的基础上，选择适当的教育费用准备方式及工具，制订并根据因素变化调整教育方案。

（4）风险管理与保险规划。风险管理是客户用以降低风险负面影响的决策过程。而保险规划则是指通过对风险的识别、衡量和评价，选择或优化组合各种风险管理技术，对风险实施有效控制和妥善处理风险所致损失的后果，以尽量小的成本去争取最大的安全保障和经济利益的行为。"天有不测风云"，家庭及个人需要及时进行风险管理规划，通过购买保险来满足家庭及个人的安全需求。

（5）税收规划。税收规划是指在税法允许的范围内，通过经营、投资、理财等一系列的安排和活动，获得"节税"的税收利益的方法。

（6）投资规划。根据经济学的定义，投资是指放弃现在可用于消费的价值以获取未来更大价值的一种经济活动。投资活动范畴非常广，这里我们所指的投资主要是个人及家庭投资。

投资可分为直接投资和间接投资。直接投资包括对现金、厂房、机械设备、交通工具、通信、土地或土地使用权等各种有形资产的投资，以及对专利、商标、咨询服务等无形资产的投资。间接投资是指投资者以其资本购买公司债券、金融债券或公司股票等各种有价证券，以期获取一定收益的投资，由于其投资形式主要是购买各种各样的有价证券，所以也被称为证券投资。

投资规划是指根据客户投资理财目标和风险承受能力，为客户制订合理的资产配置方案，构建投资组合来帮助客户实现理财目标的过程。

投资规划是个人理财规划的一个组成部分，同时也是实现其他财务目标的重要手段。

如果没有通过投资实现资产增值，个人可能没有足够的财力资源来实现诸如购房、养老等生活目标。因此，投资规划对于整个个人理财规划具有重要的基础性作用。

（7）退休及养老规划。退休及养老规划是为保证客户在将来有一个自立的、有尊严的、高品质的退休生活，而从现在开始积极实施的规划方案。退休后能够享受自立的、有尊严的、高品质的退休生活是一个人一生中非常重要的理财目标，因此退休及养老规划是整个人生理财规划中不可缺少的部分。合理而有效的退休及养老规划不但可以满足退休后漫长生活的支出需要、保证自己的生活品质、抵御通货膨胀的影响，而且可以显著地提高个人的净资产。

（8）财产分配与传承规划。财产分配规划是指为了家庭财产在家庭成员之间进行合理分配而制订的财务规划。财产传承规划是为了保证家庭财产代际相传、安全让渡而设计的财务方案，也就是遗产规划。遗产规划是当事人在其健在时通过选择遗产管理工具和制订遗产分配方案，对拥有或控制的各种资产或负债进行合理安排，确保在自己去世或丧失行为能力时实现一定的目标，这是从财务的角度对个人一生的财产进行的整体规划。

（三）个人理财规划的步骤

在个人理财规划实务中，为了保证专业服务的质量，客观上需要一个标准的程序对个人理财规划工作进行规范，具体分为六个步骤。

（1）建立和界定与客户的关系。作为理财规划工作流程的第一个环节，建立客户关系是否成功，直接决定了理财规划业务能否得到开展。建立客户关系的方式多样，理财规划人员的沟通技巧显得尤为重要。

（2）收集数据并分析其理财目标和期望。理财规划人员为客户制订的理财方案是否适合客户的实际情况，关键取决于理财规划人员是否对客户的财务信息、非财务信息和理财目标有充分的了解。因此，收集、整理和分析客户的相关信息，是制订理财方案的关键一步。在此基础上，才能针对不同客户提出切实可行的理财方案。

（3）分析客户当前的财务状况。客户现行的财务状况是实现未来财务目标的基础，理财规划人员应先客观分析客户现行的财务状况，并对未来的财务状况进行预测。对客户现行财务状况的分析主要包括客户家庭资产负债表、现金流量表以及财务比率的具体分析。

（4）整合策略并提出综合个人财务计划。理财规划人员在进行理财规划时，要结合客户的实际情况，厘清客户的理财目标和要求，综合考虑每一具体项目的规划，最后形成整体理财方案。在此基础上，理财规划人员才能针对客户具体的理财目标提出理财方案。

（5）执行综合个人财务计划。一份书面的理财方案本身没有意义，需通过执行理财计划才能让客户的财务目标得到实现。为了确保理财计划的执行效果，理财规划人员应遵循准确性、有效性、及时性的原则。理财方案本身也不是一成不变的，在假设前提发生变化或客户的财务状况发生重大变化时，都需要随时调整。因此，理财方案的制订和执行都是一个动态的过程。

（6）监控综合个人财务计划的实施。理财服务并不是一次性完成的。客户本身的财务状况、非财务状况、理财目标以及外部的客观环境都在不断发生变化。因此，理财规划人员在完成方案之后要不断根据新情况来调整方案,帮助客户更好地适应环境,达到预定的理财目标。

实训 1-1

实训目标

1. 掌握客户财务安全和财务自由分析的有关知识。

2. 能够计算并分析客户财务安全度和财务自由度。

实训内容

刘浩奇,一家三口,目前拥有金融资产共计 30 万元,拥有投资性资产共计 60 万元,每月消费支出为 5 000 元,预计每年能带来 9 万元投资收益,到 2022 年 11 月 30 日,这些金融资产的价值达到了 36 万元。

要点提示:

(1) 财务安全度的计算公式为

财务安全度=投资性资产市场价值/投资性资产原值×100%

如果财务安全度大于 100%,表示个人投资性资产保值能力强;反之,则表示个人投资性资产保值能力弱。

(2) 财务自由度的计算公式为

财务自由度=投资性收入(非工资收入)/日常消费支出×100%

如果财务自由度大于 100%,表示个人财务自由度大;反之,则表示个人财务自由度小。

要求:

计算刘浩奇家庭金融资产安全度、财务自由度,并说明刘浩奇的家庭资产保值能力财务自由度的高低。

实训步骤

步骤 1:计算刘浩奇的家庭金融资产安全度。

刘浩奇的家庭金融资产安全度 36/30 ×100% = 120%。

步骤 2:分析结论。

刘浩奇的家庭金融资产安全度达到 120%,说明该家庭资产保值能力较好。

步骤 3:计算刘浩奇的家庭财务自由度。

刘浩奇的家庭财务自由度为 90 000 ÷(5 000 ×12)×100% =150%。

步骤 4:分析结论。

刘浩奇的家庭财务自由度为 150%,说明该家庭财务自由度高。

任务 1-2　理财生命周期理论

知识目标

1. 熟悉生命周期理论。
2. 掌握不同家庭生命周期的理财规划的原理。

能力目标

1. 能够完成不同家庭生命周期的具体理财规划。
2. 建立自己的财务健康体系，实现财务自由和财富增长。

思政目标

1. 培养学生树立正确的价值观。
2. 培养学生养成理财习惯，使其能够进行理性消费。

思政阅读 1-2

理财规划就是规划人生

　　每个人都有自己的人生目标，而理财规划则是实现这些目标的重要手段。人生理财的第一步就是明确自己的人生目标。在人生的不同阶段、不同的家庭形态，财务收支状况、风险承受能力各不相同，个人理财需求、理财内容和目标都在不断地变化。个人理财价值观对个人的财务和生活有着重要的影响。个人理财价值观其实是一个人对财富和金钱的评价与态度。个人理财价值观决定了一个人对财富的态度。一个人如果认为财富只是为了满足自己的物质需求，进行炫耀攀比，那么他可能会过度追求物质的表面价值，而忽略真正的物质价值和精神价值，甚至以牺牲精神价值为代价。相反，如果个人理财价值观告诉他财富是为了更好地实现自己的价值和境界，那么他将更注重精神的丰富和人生的品质。因此，一种正确的个人理财价值观，对于个人的财务和生活有着重要的影响。理财规划就是规划人生。

知识储备

生命周期理论作为指导个人理财的核心理论之一，对此理论的理解，有助于人们对生活进行更好的规划。它是由经济学家弗兰科·莫迪利亚尼（Franco Modigliani）、理查德·布伦伯格（Richard Brumberg）与阿尔伯特·安多（Albert Ando）共同创建的。其中，莫迪利亚尼的贡献尤为突出。因此，生命周期理论又被称为莫迪利亚尼的生命周期理论，该理论从个人的生命周期消费计划出发，最终建立了消费和储蓄的宏观经济理论。其核心是指个人理财追求的目标是使客户在整个人生过程中合理分配财富以达到人生的效用最大化。

一、生命周期理论

（一）生命周期的概念

生命周期指个人在相当长的时间内计划消费和储蓄行为，以在整个生命周期内实现消费的最佳配置。

生命周期理论认为人的生命是有限的，可以分为依赖、成熟和退休三个阶段。一个人一生的财富累积状况就像驼峰的形状，在年轻时很少，赚钱之后开始成长累积，到退休之前（中年时期），其财富累积达到高峰，随后开始降低。

（二）基本思想

一个家庭的生活水平和消费支出和它的财产状况之间保持稳定的比率，当各种社会经济等因素使家庭财产状况发生变化时，其生活水平和消费支出就会受到影响，我们每个人恰恰正在依据生命周期理论所阐述的道理，计划日常的消费和储蓄，使我们在整个生命周期内实现消费的最佳配置。也就是说，一个人将综合考虑其即期收入、未来收入，以及可预期的开支、工作时间、退休时间等诸因素来决定目前的消费和储蓄，以使其消费水平在一生内保持相对平衡的水平，而不会出现消费水平的大幅波动，最终实现在一生中的平滑或者均匀的消费跨期配置。

（三）主要观点

该理论将家庭的生命周期分为四个阶段。家庭生命周期是指包括家庭形成期（建立家庭并生养子女）、家庭成长期（子女长大就学）、家庭成熟期（子女独立且事业发展到巅峰）和家庭衰老期（退休到终老）在内的整个过程。这四个阶段的特征及财务状况见表 1 - 2。

表1-2　家庭生命周期各阶段的特征及财务状况

项目	家庭形成期	家庭成长期	家庭成熟期	家庭衰老期
特征	建立家庭并生养子女	子女长大就学	子女独立且事业发展到巅峰	退休到终老 只有老人（空巢期）
	从结婚到子女出生	从子女上学到完成学业	从子女完成学业独立到夫妻退休	从夫妻退休到过世
	家庭成员数量增加	家庭成员固定	家庭成员减少	夫妻两人
收入和支出	收入以双薪为主	收入以双薪为主	收入以双薪为主 事业发展和收入巅峰	以理财收入为主，或变现资产维持生计
	支出逐渐增加	支出随子女上学增加	支出逐渐减少	医疗费提高，其他费用减少
储蓄	随家庭成员增加而减少	收入增加而支出稳定，储蓄增加	收入巅峰，支出降低	支出大于收入
居住	和父母同住或自行购房租房	和父母同住或自行购房租房	与老年父母同住或夫妻两人居住	夫妻居住或和子女同住
资产	可积累的资产有限，但可承受较高风险	可以积累资产逐年增加，需开始控制风险投资	可积累的资产达到巅峰，要逐步降低投资风险	开始变现资产来应对退休后的生活，投资固定收益为主
负债	信用卡透支或消费、房屋贷款	降低负债余额	还清债务	无新增负债

二、个人生命周期各阶段的理财活动

个人生命周期各阶段的理财活动就是根据个人不同生命周期的特点，针对学业、职业的选择到家庭、居住、退休所需要的财务状况，综合使用银行产品、证券、保险产品等金融工具，来进行理财活动和财务安排。

（一）个人生命周期各阶段的划分

按年龄层把个人生命周期比照家庭生命周期分为六个阶段，分别为探索期、建立期、稳定期、维持期、高原期、退休期。

（1）探索期。15~24岁，学生时代是对理财活动的探索期。家庭形态以父母家庭为生活重心；理财活动以求学深造、提高收入为目的；投资工具以活期存款、定期存款、基金定投为主；保险计划则以意外险、寿险为预备；房产暂不考虑。

（2）建立期。25~34岁，单身创业时代是个人财务的形成期。家庭形态表现为择偶结婚、有学前子女；理财活动要量入为出、攒房产首付款；投资工具以活期存款、股票、基金定投为主；保险计划则以寿险、储蓄险为准备。

（3）稳定期。35～44岁，成家立业时代的理财任务是三大准备：一是子女教育金准备；二是购房购车准备；三是为自己养老费用准备。家庭形态表现为子女上中小学，理财活动以偿还房贷、筹集教育金为主；投资工具以实业、自用房产、股票、基金为主；保险计划则以定期寿险、养老险为主。

（4）维持期。45～54岁，持续发展时代面临为子女准备教育费用、为父母准备赡养费用、为自己准备养老费用的三大考验。家庭形态表现为子女进入高等教育阶段，理财活动目的是增加收入、养老防病；投资工具可选择多元化投资组合；保险计划选择养老型、投资型、防病型保单。

（5）高原期。55～60岁，辉煌时代，事业有成，个人理财主要是妥善管理好自己的财富。家庭形态表现为子女独立；此时理财负担减轻、准备退休；投资工具可选择风险较低的投资组合；保险计划选择长期看护险、有固定退休年金的险种为佳。

（6）退休期。60岁以后，养老时代个人理财的重点是稳健投资保住自己的财产。家庭形态表现为夫妻二人为主，俗称"空巢家庭"。理财活动为享受生活，规划遗产为主；投资工具可选择固定收益投资（房产出租、存款）为主；保险计划是领退休年金至终老。

（二）个人生命周期各阶段理财策略分析

个人生命周期各阶段理财策略分析见表1-3。

表1-3 个人生命周期各阶段理财策略分析

期间	探索期	建立期	稳定期	维持期	高原期	退休期
对应年龄	15～24岁	25～34岁	35～44岁	45～54岁	55～60岁	60岁以后
家庭形态	以父母家庭为生活重心	择偶结婚、有学前子女	子女上中小学	子女进入高等教育阶段	子女独立	夫妻二人生活
理财活动	求学深造、提高收入	量入为出、攒房产首付款	偿还房贷、筹集教育金	增加收入、养老防病	负担减轻、准备退休	享受生活、规划遗产
投资工具	活期存款、定期存款、基金定投	活期存款、股票、基金定投	实业、自用房产、股票、基金	多元化投资组合	风险较低的投资组合	固定收益投资
保险计划	意外险、寿险	寿险、储蓄险	定期寿险、养老险	养老型、投资型、防病型保单	长期看护险、退休年金	退休年金

三、家庭生命周期各阶段的理财活动

（一）家庭生命周期各阶段的划分

按照生命周期理论，家庭的生命周期分为四个阶段。

（1）家庭形成期（夫妻 25 ~ 35 岁）：建立家庭，生养子女。

（2）家庭成长期（夫妻 30 ~ 55 岁）：子女长大就学。

（3）家庭成熟期（夫妻 50 ~ 60 岁）：子女独立，达到事业巅峰。

（4）家庭衰老期（夫妻 60 岁以上）：退休到家庭消失。

（二）家庭生命周期各阶段理财策略分析

家庭生命周期各阶段的理财重点见表 1 - 4。

表 1 - 4　家庭生命周期各阶段的理财重点

项目	家庭形成期	家庭成长期	家庭成熟期	家庭衰老期
夫妻年龄	25 ~ 35 岁	30 ~ 55 岁	50 ~ 60 岁	60 岁以上
保险安排	提高寿险保额	以子女教育年金储备高等教育学费	以养老保险和递延年金储备退休金	投保长期看护险
核心资产	股票 70% 债券 10%	股票 60% 债券 30%	股票 50% 债券 40%	股票 20% 债券 60%
货币配置	货币 20%	货币 10%	货币 10%	货币 20%
信贷运用	信用卡、小额信贷	房屋贷款、汽车贷款	还清贷款	无贷款或反按揭

表 1 - 4 的策略可以帮助客户根据其个人生命周期计划选择适合客户的保险、信托、信贷理财套餐，帮助客户根据其个人生命周期的流动性、收益性和获利性需求给予资产配置建议。

（三）家庭生命周期各阶段理财总体原则

（1）单身期。收入不高，风险意识淡薄，没有保障，"月光族"较多，这个阶段需要积极开始做资产配置，建立良好的风险意识，可以适当买意外、重大疾病和定期寿险，减轻风险来临时的负担。

（2）子女小时和客户年老时。注重流动性好的存款和货币基金的比重要高。

（3）家庭形成期至家庭衰老期。随着客户年龄增大，投资股票等风险性资产的比重应逐步降低。

（4）家庭衰老期。流动性需求在客户子女很小和客户年龄很大时较强，家庭衰老期的资产安全性要求较高，投资组合中债券比重应该最高。

总之，理财规划必须和不同的生命周期、不同的家庭模型相结合才能产生最好

的理财效果，表 1-5 具体说明了理财规划在不同的生命周期阶段、不同的家庭模型中的应用。

表 1-5 不同生命周期、不同家庭模型下的理财规划

生命周期	家庭模型	理财需求分析	理财规划
单身期	青年家庭	1. 租赁房屋 2. 满足日常支出 3. 偿还教育贷款 4. 储蓄 5. 小额投资积累经验	1. 现金规划 2. 消费支出规划 3. 投资规划
家庭与事业形成期	青年家庭	1. 购买房屋 2. 子女出生和养育 3. 建立应急基金 4. 增加收入 5. 风险保障 6. 储蓄和投资 7. 建立退休基金	1. 消费支出规划 2. 现金规划 3. 风险管理规划 4. 投资规划 5. 税收规划 6. 子女教育规划 7. 退休养老规划
家庭和事业成长期	中年家庭	1. 购买房屋、汽车 2. 子女教育费用 3. 增加收入 4. 风险保障 5. 储蓄和投资 6. 养老金储备	1. 子女教育规划 2. 风险管理规划 3. 投资规划 4. 退休养老规划 5. 现金规划 6. 税收规划
退休前期	中年家庭	1. 提高投资收益的稳定性 2. 养老金储备 3. 财产传承	1. 退休养老规划 2. 投资规划 3. 税收规划 4. 现金规划 5. 财产传承规划
退休期	老年家庭	1. 保障财务安全 2. 遗嘱 3. 建立信托 4. 准备善后费用	1. 财产传承规划 2. 现金规划 3. 投资规划

（四）理财工具

为了做好合理的配置整合，根据风险承受能力和财务状况更好地选择理财工具，需要了解每个产品的投资特性和对这些工具的优、缺点等进行比较分析。

1. 各种理财工具优缺点比较

理财方式多种多样，不过最终目的都是实现财富的保值增值。应比较各自的优劣，选出适合自己的理财方式。各种理财工具优缺点比较一览表见表 1-6。

表1-6 各种理财工具优缺点比较一览表

理财工具	优点	缺点
储蓄	获取稳定的利息收入,方便、灵活、安全,被认为是最保险、最稳健的理财工具	相对于其他投资,收益即利息收入较低,同时,存款利息往往无法弥补通货膨胀所带来的资金贬值的损失
债券	属于收益相对稳定、风险较低的投资品种,国债投资收益不必缴纳各种税费;交易成本低,一般购买国债只收取2‰手续费	个人投资者难以介入收益较高的企业债、可转换债券等品种。企业债虽然利息较高,但要交纳20%的利息税,且存在一定的信用风险
基金	专家理财,避免个人投资盲目性;注重投资组合,分散投资风险;费用相对低廉;透明度相对较高（开放式基金）	收益不固定,且不保本,适合长期投资;系统性风险难以避免
保险	保障功能、避税功能、强制储蓄;分红型保险在一定程度上可以抵御通货膨胀和利率波动;不被冻结,真正实现个人资产的保全;还可以办理保单贷款	总体收益不高,算是稳健投资,流通性差;短期不见利,领取时限较长,一般要到20年乃至40年以后再领取,退保会有很大的损失
股票	入市门槛低,波动幅度小,风险预期收益高,而且流通性不错	$T+1$ 交易,有可能被套牢;只能做多;有庄家操纵,控股厉害;中国市场不成熟,受国家政策、小道消息、国际市场、期货等影响很大
外汇	成本低廉,只收取点差,即千分之一的交易费用;不受金额、币种限制,不受时空影响;$T+0$ 交易,可随时买卖;没有庄家	种类繁多,不利于分析;一般是外汇保证金交易,外汇保证金交易放大了收益和风险,如果操作不当,就会面临巨大亏损的风险
期货	保证金交易,高杠杆、高资金利用率;$T+0$ 交易灵活;双向交易使保值成为可能	受外围市场影响较大,易出反向跳空缺口,缺乏持续行情;资金风险相对较高,需很强的心理承受能力;交易时间相对零散;入市门槛较高,风险度增加
信托	风险低、收益较高,投资领域广;产品横跨货币、资本、实业三个领域;专家理财	门槛较高,一般需要100万元资金作为起步;投资期限一般为1～2年,投资期间变现能力差
黄金	是对抗通胀的理想武器之一,无时间限制、24小时可以交易;价格信息公开透明,不会被人为操纵,而且交易时段比较分散	金价波动大,受国际上各种政治、经济因素以及各种突发事件的影响,金价经常处于剧烈的波动之中,需要投资者有一定的经济、金融知识
收藏	具有安全性、可靠性;陶冶情操,提高生活品位;极具增值潜力,其收益是几倍、几百倍乃至上万倍	需要有专业知识,因为不是任何藏品都有升值潜力的

续表

理财工具	优点	缺点
房地产	价值相对稳定，有较好的保值、增值的功能；由于土地资源的稀缺和不可再生性，以及居民需求和生活质量的提高，房地产具有不断升值的潜力	流动性较差，一般是长期投资项目；投资金额比较大，动辄数十万或上百万；同时具有政策风险和道德风险，可能给房地产投资者带来损失

2. 各种理财工具综合比较

我国证券市场正在向多元化方向发展，个人投资理财产品类型比较多，不同产品的投资起点不一，对应的风险级别、收益也不相同。各种理财工具综合比较一览表见表1-7。

表1-7 各种理财工具综合比较一览表

理财工具	风险	收益	流动性	准入门槛
储蓄	低	低	高	无
债券	低	中	中	低
基金	中	中	中	低
保险	低	低	低	低
股票	高	高	高	低
外汇	高	高	高	高
期货	高	高	高	高
信托	低	中	低	高
黄金	中	中	低	低
收藏	中	中	低	高
房地产	中	中	低	高

3. 不同理财价值观的理财特点及投资建议

分析客户理财价值观的目的是根据不同的理财价值观进行相匹配的理财规划，包括针对不同的理财价值观提供理财产品组合的差异化服务。不同理财价值观的理财特点及投资建议见表1-8。

表1-8 不同理财价值观的理财特点及投资建议

项目	偏退休型	偏当前享受型	偏购房型	偏子女型
特征	习惯于将大部分选择性支出都存起来，储蓄投资的最重要目标就是退休后享受更高品质的生活	把大部分选择性支出用在当前消费上，提升当前的生活水平	义务性支出以购房贷款为主或将选择性支出都储蓄起来准备购房	当前投入子女教育经费的比重偏高，其首要储蓄动机也是筹集未来子女的高等教育经费

续表

项目	偏退休型	偏当前享受型	偏购房型	偏子女型
理财特点	储蓄率高	储蓄率低	购房本息支出占收入25%以上，牺牲目前与未来的享受以换得房地产	子女教育支出占一生总收入的10%以上，牺牲自己目前与未来的消费，将大部分资产留给子女
理财目标	退休养老规划	目前消费	购房规划	教育规划
付出代价	在年轻时过于苛待自己，想留到退休后消费，但是，届时可能没有精力享受，反而会引起遗产问题	赚多少花多少，一旦退休，其累积的净资产大多不够老年生活所需，必须大幅降低生活水平或靠社会救济为生	既不能维持较好的生活水平，也没有多余钱可以储蓄起来以备退休之用，因此会影响现在及退休后的生活质量	把太多资源投入在子女身上，在资源有限的情况下，会影响现在及退休后的生活质量

实训 1－2　分析客户家庭不同生命周期阶段的理财需求

实训目标

1. 掌握处于不同生命周期家庭的理财规划的原理。

2. 能够完成处于不同生命周期家庭的具体理财规划。

实训内容

1. 赵磊，25 岁，独生子。大学毕业后在北京的一家国企从事技术工作，月收入5 000 元，参加了社会保险。喜欢郊游，平时花钱又没有计划，每月的结余几乎为零。对赵磊情况进行分析并给出理财建议。

2. 李翔 50 岁，国企办公室主任，妻子 48 岁，国企普通员工。二人都有社会保险，有一个参加工作两年的女儿。夫妇月收入均在 4 000 元左右，每月支出约 1 500元，没有其他经济负担，有一处自己的房屋。银行存有 10 万元以应对大病支出。对该客户家庭情况进行分析并给出理财建议。

依据家庭生命周期各阶段理财总体原则分析。

要求：

1. 情况分析。

2. 处于家庭生命周期的哪个阶段。

3. 理财建议。

实训步骤

步骤 1：对赵磊、李翔的情况进行分析。

（1）赵磊处于人生的创业期，收入少、花销大、没有存款，是典型的"月光族"。喜欢郊游客观上存在较大风险，父母的赡养问题要及早解决，并在财力允许的情况下考虑重大疾病风险。

（2）李翔正值中年，月收入 4 000 元，固定支出为 1 500 元，结余 2 500 元，收支比例为 37.5%。银行储蓄不完全属于自己的家庭资产，有不少于 50% 的部分是用于应对大病支出的资金，相当于替医院暂时管理的现金。

步骤 2：判断赵磊、李翔所处的家庭生命周期阶段。

（1）赵磊属普通收入青年单身期。

（2）李翔属普通收入成熟型家庭。

步骤 3：提出理财建议。

（1）对于普通收入的青年单身者赵磊，保险理财规划应侧重于基本保障，投保一些交费低、保障高的"意外伤害保险 + 定期重大疾病保险"。建议赵磊的总保额控制在 30 万元左右，年交保费在年收入的 10% 以内，多留下一些资金用于储蓄，为将来的成家和创业打下坚实的基础。

（2）对于普通收入成熟型家庭的李翔来说，将银行里的 10 万元储蓄合理分配，5 万元用于购买国债和基金等，为养老做好准备；将每年结余的 3 万元中的 15 000 元用于买入一些高保障的意外伤害保险、终身健康保险，转移医疗费的支付责任，满足健康和意外等风险发生时的医疗费用和养老需要，使家庭的储蓄和其他投资不受影响，也不给孩子增加负担。余下的 15 000 元可以用于健康投资等。

任务 1-3 资金时间价值计算

知识目标

熟悉资金时间价值。

能力目标

培养学生利用资金时间价值分析客户资金的能力。

思政目标

1. 培养学生正确的风险意识。

2. 正确处理财富和人生追求的关系。

现值与终值的智慧

相传古代印度国王舍罕王要褒赏他聪明能干的宰相达依尔（国际象棋发明者），问他需要什么。达依尔回答说：您只要在国际象棋棋盘的第一格子里放 1 粒麦子，在第 2 个格子里放 2 粒，在第 3 个格子里放 4 粒，在第 4 个格子里放 8 粒麦子，以此类推，以后每一个格子里放的麦粒数都是前一个格子里放的麦粒数的 2 倍，直到放满第 64 个格子，我就感恩不尽，其他我什么也不要了。"好吧！"舍罕王哈哈大笑，慷慨地答应了宰相的这个谦卑的请求。但很快舍罕王发现，就是把全印度甚至全世界的麦子都拿过来也满足不了宰相的要求。尽管起点十分低，但是经过多次乘方，形成了庞大的数字。这就是复利计算的魔力。我们可以换一种方式来计算，$(1+1\%)^{365}=37.783\,4$，$(1-1\%)^{365}=0.025\,5$。$(1+1\%)^{365}=37.783\,4$ 说的就是一个人如果一天进步 0.01，那一年将 1 变为 37.783 4，将远远超越那些裹足不前的人，同样说明了数字倍增的效果。$(1-1\%)^{365}=0.025\,5$，它告诉我们：每天懈怠一点点，一年后不但没有收获，连原来的资本都消耗殆尽！

难怪科学家爱因斯坦说：世界上最厉害的武器不是原子弹，是"时间+复利"！

富兰克林也说："复利这块神奇的石头是能够把铅变成金子的。"可见，复利的威力早已被注意到。

作为新时代的大学生要积跬步以至千里，不断进取，以脚踏实地、精益求精的工匠精神做好每一件事。

知识储备

时间轴如图 1-1 所示。

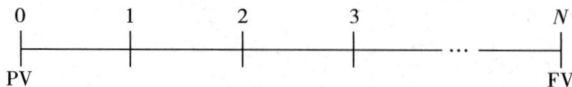

图 1-1　时间轴

图 1-1 中，PV 为现值，FV 为终值，N 为终值和现值之间的时间，i 为利率。

资金时间价值所有的问题都与 PV、FV、N、i 这四个变量有关，确定其中三个，即能得出第四个。

一、资金时间价值的概念

资金时间价值是理财规划的基础观念之一，由于其涉及所有理财活动，因此，被人们称为理财的"第一原则"。

资金时间价值，或者称货币时间价值，是指在不考虑风险和通货膨胀的条件下，资金历经一定时间的投资和再投资所增加的价值。资金的时间价值体现了货币资金随着时间的推移，进行周转使用后增值的情况。一定量的货币资金在不同时点上具有不同的价值。因此年初的 100 元不等于年末的 100 元，并且前者较后者有更高的经济价值。

资金时间价值可以用绝对数表示，也可以用相对数表示，即以利息额或利息率来表示。

一般来讲，利息率可以用无风险、无通货膨胀下的社会资金利润率来表示。

由于资金具有时间价值，因此在理财规划与决策的时候，不同时点的资金应换算到相同的时点下才能进行价值的比较。

资金时间价值的计算根据时间点的不同可分为现值与终值；根据资金收付方式的不同，又分为一次性收付款与年金的计算。

二、终值与现值计算

（一）单利

单利是指只对本金计息，其产生的各期利息不再加入本金计算利息的一种计息方式。

（1）单利终值的计算。终值又称将来值，是指现在一定量的资金在未来某一时点上的价值，单利终值的计算公式为

$$F = P + P \times i \times n = P \times (1 + i \times n)$$

其中，F 为终值；P 为现值；i 为一定期间的利率；n 为计息期数。

要注意的是，利率与计息期数的时间范围应一致。

（2）单利现值的计算。现值又称本金，是在已知未来某一时点下的一定量资金折合到现在的价值，其计算公式为

$$P = F/(1 + i \times n)$$

例 1-1 小张将 9 000 元存入银行，5 年后的单利为 2 550 元，则年利率为多少？

解：设年利率为 X，则 $9\ 000 \times X \times 5 = 2\ 550$，求得 $X = 0.057 = 5.7\%$

例1-2 小张将一笔钱存入银行 5 年后得到的本息和是 5 260 元，单利计算，已知年利率为 4%，则他当初存入的金额为多少？

解：设当初存入的金额为 X，则有 $X + X \times 4\% \times 5 = 5\,260$，求得 $X = 4\,383.33$。

例1-3 小许现在存入银行 5 500 元，年利率为 4.95%，在单利方式下，3 年后取出的本息和为多少？

解：$5\,500 + 5\,500 \times 4.95\% \times 3 = 6\,316.75$ 元。

（二）复利

复利是指将每期利息加入下期本金再计利息的一种计息方式，也称利滚利。我们称相邻两次计息的时间间隔为计息期，可以按年、月、日计息等。除非特别说明，个人理财实务中通常以年为计息期，复利计算。

（1）复利终值的计算。复利终值是指按复利计算若干计息期后的本利和。其计算公式为

$$F = P(1 + i)^n$$

其中，$(1 + i)^n$ 标记为复利终值系数，用符号 $(F/P, i, n)$ 表示。$P = F(1 + i)^{-n}$。

在理财实务中，我们会发现随着时间的推移，复利计息下终值的增长速度会越来越快，它对理财结果的影响是相当大的。

（2）复利现值的计算。复利现值是复利终值的对称概念，即已知未来一定的本利和，计算现在需要收付的本金。其计算公式为

$$P = F(1 + i)^{-n}$$

其中，$(1 + i)^{-n}$ 标记为复利现值系数，用符号 $(P/F, i, n)$ 表示。该系数与复利终值系数互为倒数，同样可以通过查表得到。

三、年金

（一）年金的类型

在理财实务中，有些消费信贷和住房按揭要求按月等额偿还，那么消费者究竟是一次性还贷合适还是分期等额付款合适呢？这就需要掌握年金的概念与计算。

年金是指在一定时期内一系列在相等时间间隔上等额收付的款项。例如零存整取的银行存款、住房按揭的分期等额还贷、消费信贷的分期付款、养老金的等额发放等。

按年金收付时点的不同，可将年金分为普通年金、预付年金、递延年金和永续年金四种形式。普通年金的收付时点在每期期末。预付年金的收付时点在每期期初。递延年金的第一次年金收付时间发生在第二期或第二期以后。永续年金是无限期等

额收付的年金。

(二) 普通年金的终值计算

普通年金又称后付年金。其终值是一定时期内每期期末等额收付的系列款项的复利终值之和，相当于银行零存整取的本利和。利用复利终值公式可以计算出普通年金各期收付款项的终值合计。普通年金终值的计算公式为

$$P = A \times \frac{(1 + i)^n - 1}{i}$$

其中，$\frac{(1 + i)^n - 1}{i}$ 标记为年金终值系数，符号为 $(F/A, i, n)$，可通过查阅年金终值系数表查得。

(三) 普通年金的现值计算

普通年金的现值是指一定期间内每期期末等额收付系列款项的现值之和。普通年金现值计算也可以通过各期收付款的复利现值求和得到。普通年金的现值计算公式为

$$P = A \times \frac{1 - (1 + i)^{-n}}{i}$$

其中，$\frac{1 - (1 + i)^{-n}}{i}$ 标记为年金的现值系数，符号为 $(P/A, i, n)$，可通过查阅年金现值系数表得到。

例 1-4　梅女士每年年末存入银行 4 000 元作为养老准备金，按年复利计息，当 $i = 8.39\%$ 时，10 年后养老准备金的终值为多少？

解： 已知 PMT = 4 000，$i = 8.39\%$，$n = 10$，求得 FV = 59 030.53 元。

例 1-5　期初模式下的终值：假定每年年初存入银行等额资金 4 500 元，按年复利，若年利率为 6.54%，则 9 年后的年金终值应为多少？

解： 已知 PMT = 4 500，$n = 9$，$i = 6.54\%$，求得 FV = 56 339.43 元。

例 1-6　求现值：假定 3 年后收到的复利终值为 8 500 元，年利率 5.32%，则现值为多少？

解： 已知 FV = 8 500，$i = 5.32\%$，$n = 3$，求得 PV = 7 275.89 元。

四、Excel 计算资金时间价值

在 Excel 中，有一组用于时间价值计算的函数，这组函数是相互关联的，并且可以互为参数，包括利率函数、终值（现值）函数、年金函数、内部报酬率函数等。

（一）调用 Excel 财务函数的方法

（1）打开 Excel 电子表格，在菜单中选择【公式】功能。

（2）选择插入【函数】中的【财务】。

（3）选择需要使用的财务函数。

（二）关于时间价值函数的参数说明

（1）FV 终值函数。如果此参数省略，则假设其值为 0。

（2）PV 现值函数。如果此参数省略，则假设其值为 0。

（3）PMT 年金函数。每期固定支付或收入的数额，即年金。

（4）TYPE 函数。年金类型，其值可以为 0 或 1，1 表示期初（先付年金），0 表示期末（普通年金），默认值为 0。

（5）NPER 期数函数。年金处理中的总期数。

（6）RATE 利率函数。每期利率。

（三）复利终值计算

假如现在要将 20 000 元的现金存入银行，已知银行的利率为 7%，那么 5 年后得到的本利和为多少呢（终值计算）？如果想在未来 5 年后取得 20 000 元，那么现在要在银行存入多少钱（现值计算）？下面用 Excel 来进行计算。

首先打开 Excel 表格，切换到【公式】选项，然后再选择【公式】功能区下的【财务】，如图 1-2 所示。

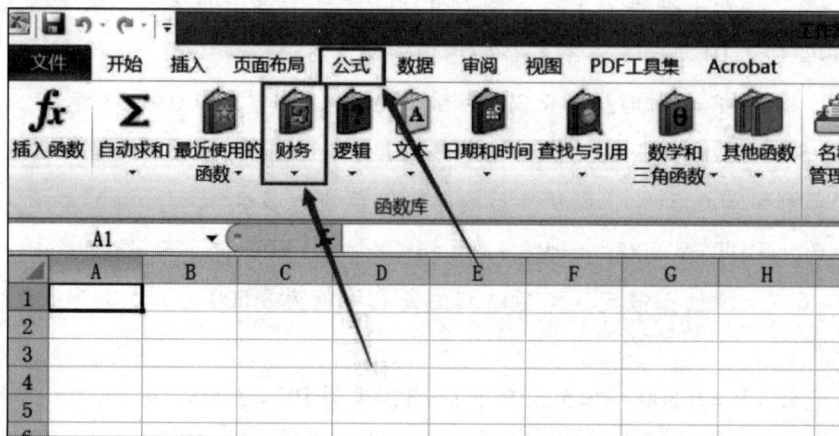

图 1-2　Excel 计算终值步骤 1

单击【财务】。在弹出的下拉菜单中找到【FV】（FV 表示复利终值），如图 1-3 所示。

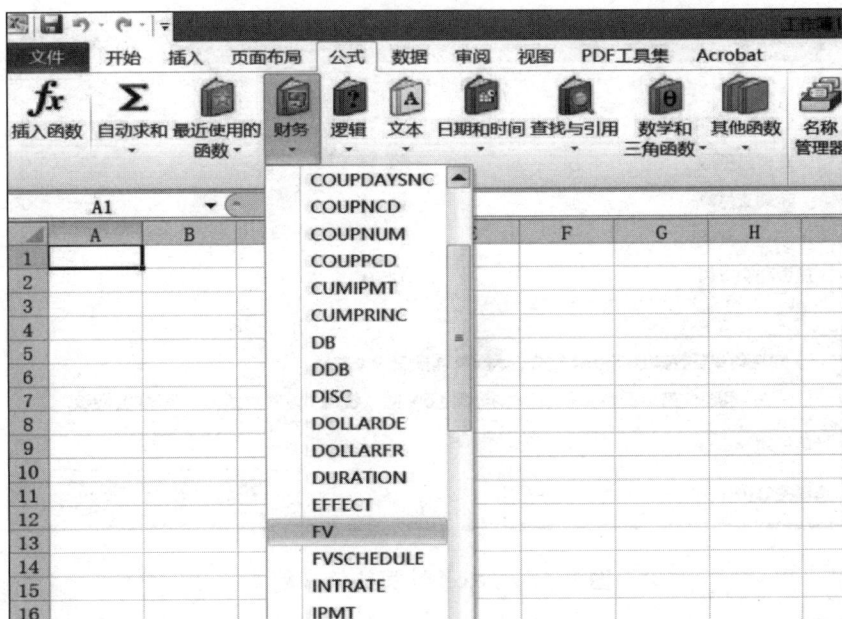

图 1-3   Excel 计算终值步骤 2

如果不能直接找到【财务】，也可以单击最左边的【fx 插入函数】，在弹出的对话框中，在"或选择类别"中选择【财务】，在"选择函数"中选择【FV】，并单击"确定"按钮，如图 1-4 所示。

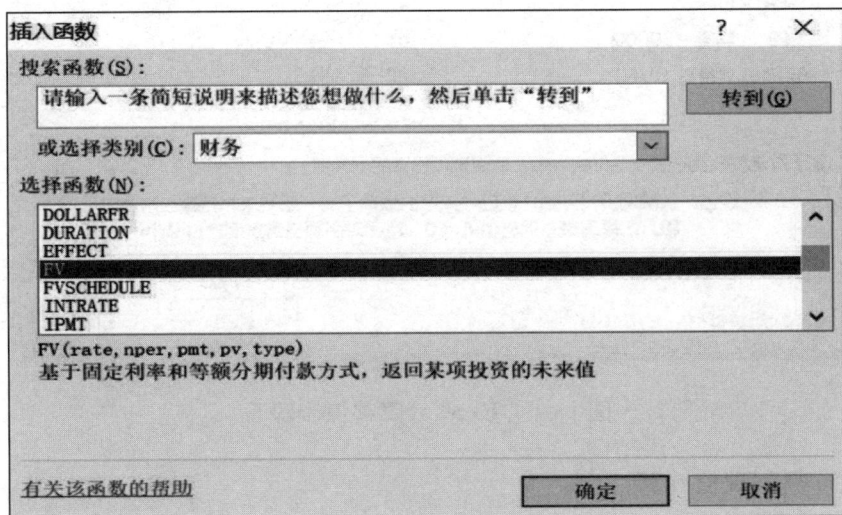

图 1-4   Excel 计算终值步骤 3

在弹出的新对话框中，（以上面的例子为例）在利率框中输入 0.07（7%），在支付总期数框中输入 5，在现值框中输入 -20 000，其他的框可以忽略，如图 1-5 所示。

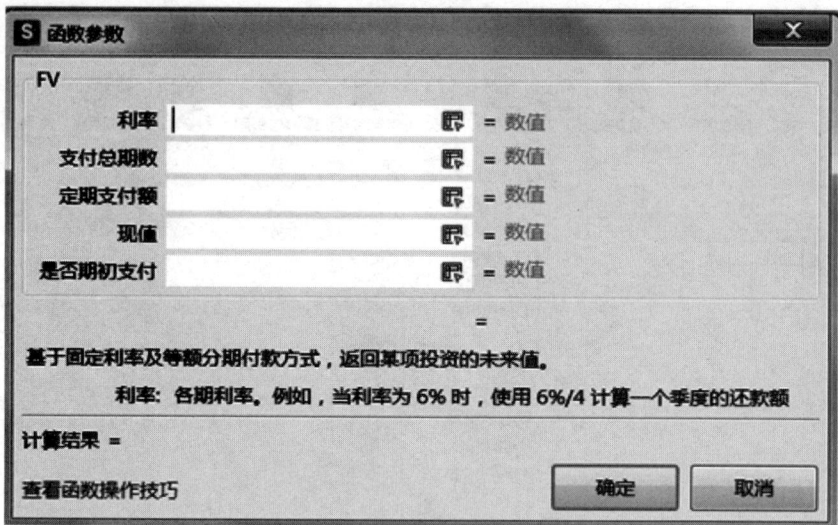

图 1 – 5　Excel 计算终值步骤 4

单击"确定"按钮或者直接按 Enter 键，结果就计算出来了，如图 1 – 6 所示。

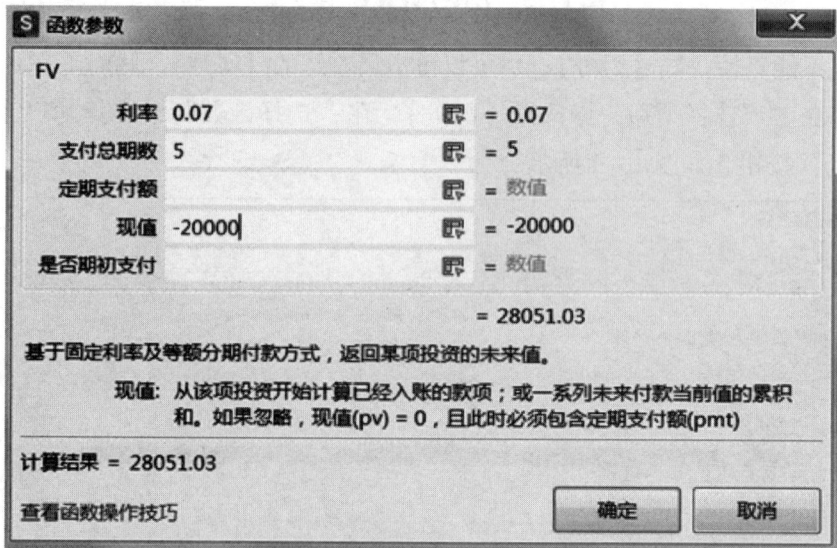

图 1 – 6　Excel 计算终值步骤 5

（四）复利现值计算

同样是在【财务】功能区中找到 PV 函数（PV 表示复利现值），单击"确定"按钮，然后弹出对话框。接着在弹出的利率对话框中输入 0.07，在支付总期数框中输入 5，在终值框中输入 20 000（FV 表示复利终值），如图 1 – 7 所示。

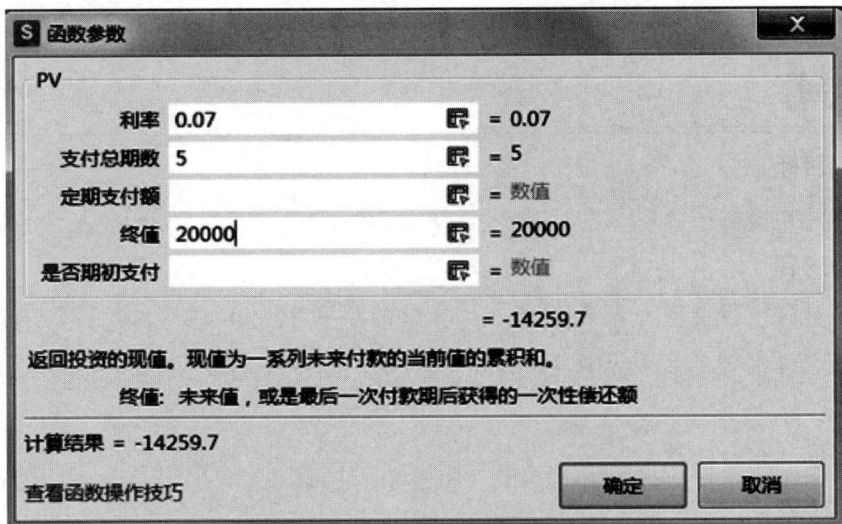

图 1 - 7　Excel 计算终值步骤 6

再单击"确定"按钮就可以得到计算结果了，Excel 默认负数为红字，表示我们要支出这么多钱。

(五) PMT 年金函数、NPER 期数函数和 RATE 利率函数的计算

例 1 - 7　周先生现在有 1 万元可供投资，希望 30 年后积累 100 万元的退休金，投资报酬率为 6%。要实现这一目标，每月月底还应定投多少钱？

PMT (RATE, NPER, PV, FV, TYPE)

= PMT (6%/12, 30×12, -1, 100, 0)

= 935.56 (元)

例 1 - 8　周先生住房贷款 100 万元，每月固定向银行还本息 10 000 元，年利率 5%，多少个月后可还清？

NPER (RATE, PMT, PV, FV, TYPE)

= NPER (5%/12, -1, 100, 0, 0)

= 129.63 (月)

即 130 个月后还清。

例 1 - 9　周先生目前有笔投资，金额 1 万元，每个月月底定投 1 000 元，若打算 20 年后退休时累积 100 万元的退休金，那么年投资报酬率需达到多少？

RATE (NPER, PMT, PV, FV, TYPE)

= RATE (20×12, -0.1, -1, 100, 0)

= 1% (月投资报酬率)

$1\% \times 12 = 12\%$（年投资报酬率）

实训 1 - 3

实训目标

准确计算递延年金现值。

实训内容

某公司向银行借入一笔款项，银行贷款的年利率为 6.8%，按照双方约定，前 10 年不用还本付息，但是从第 11 年至第 20 年，每年年末偿还本息 50 000 元。

要求：

计算该笔贷款的现值。

实训步骤

步骤 1：计算第 11 年至第 20 年每年年末偿还本息 50 000 元在第 11 年年初的现值。

已知 $PMT = 50\ 000$，$i = 6.8\%$，$n = 10$，求得 $PV = 354\ 448.85$ 元。

步骤 2：计算该笔贷款的现值。

已知 $FV = 354\ 448.85$，$n = 10$，$i = 6.8\%$，求得 $PV = 183\ 586.63$ 元。

实训 1 - 4

实训目标

正确计算不同方案的时间价值。

实训内容

某人准备投资一项目，有三个付款方案可供选择。

A 方案：从现在起每年年初付款 10 万元，连续支付 5 年，共计 50 万元。

B 方案：从第 3 年起，每年年初付款 12 万元，连续支付 5 年，共计 60 万元。

C 方案：从现在起每年年末付款 11 万元，连续支付 5 年，共计 55 万元。

假定投资报酬率为 8%。

要求：

通过计算说明应选择哪个方案。

实训步骤

步骤 1：计算 A 方案的现值。

已知 $PMT = 100\ 000$，$i = 8\%$，$n = 5$，求得 $PV = 431\ 212.68$ 元。

步骤 2：计算 B 方案的现值。

已知 PMT = 120 000，$i = 8\%$，$n = 5$，求得 PV = 517 455.22。再求得 B 方案的现值。已知 FV = 517 455.22，$i = 8\%$，$n = 2$，求得第 1 年年初 PV = 443 634.45 元。

步骤 3：计算 C 方案的现值。

已知 PMT = 110 000，$i = 8\%$，$n = 5$，求得 PV = 439 198.10 元。

步骤 4：比较三个方案，A 方案计算结果数值最小，说明支出最少，故应选择 A 方案。

任务 1-4　风险和收益分析

知识目标

1. 掌握风险和收益的关系。
2. 掌握资产配置的概念及基本步骤。

能力目标

1. 风险与报酬的计算。
2. 能够准确计算各种收益率。
3. 通过问卷调查对客户进行风险偏好测试。

思政目标

培养学生风险意识。

思政阅读 1-4

通往财富自由的稳健之路

投资理财是追求财富增值和财务安全的重要手段之一。然而，投资也存在风险，所以需要通过投资组合来分散风险，以减少损失。这个原则就是投资理财的黄金法则：不要把所有的鸡蛋放在一个篮子里。其理由是：把鸡蛋放进不同的篮子，可以规避一损俱损的风险。然而要提醒大家的是，你要找到最好的"篮子"，然后把所有的"鸡蛋"都放进去，除非这只"篮子"装不下了！理性的选择是：根据自身的风险承受能力和投资目标，选择合适的投资策略和产品。

知识储备

一、风险和收益

（一）风险的概念

说到投资，就必然要提及风险和收益。投资的目的是获得收益，然而在很多情况下，收益的获得具有不确定性。比如投资股票和不动产，投资的结果有可能是赚钱，也可能是不亏不赚，还有可能是亏本。这就是风险。

风险一般是指预期结果的不确定性。

由于未来的不确定性而产生的预期收益损失的可能，具体表现为实际收益率和预期收益率的离差。

投资的风险来自两个方面：一方面是投资产品本身价格的波动，如股票价格的涨跌、房价的涨跌等；另一方面是投资产品本身的流动性，即该投资产品是否容易卖出变现，如房地产、古玩等投资产品。

（二）风险与收益的关系

世界上根本不存在低风险、高收益的投资产品，要想获得高收益，就要承担一定的高风险。反过来讲，即便承担了高风险，也不一定能获得高收益，有可能导致更严重的损失。因此，人们常说的"高风险，高收益"是一种不准确的说法，应该描述为"高风险可能高收益，但也有可能高亏损"。

在研究风险与收益时，要把握如下几个方面。

（1）风险与收益的对称性。在一个完全竞争的市场，风险和收益往往是同方向变化的，风险高的投资收益率高，风险低的投资收益率低。高收益、低风险的投资必然会吸引更多的投资者介入而逐渐降低收益。

（2）现实市场信息的不对称性和垄断会导致风险与收益相背离。市场中存在以下四种状况：高风险低收益（赌博）；高风险高收益；低风险低收益；低风险高收益（机遇）。

（3）市场中常见的两种状态是高风险高收益和低风险低收益。高风险的额外收益实际上是投资者由于承担更多的风险所需要的报酬。保守的投资者会选择低风险低收益的投资，激进的投资者则青睐高风险高收益的投资。

（4）投资者对风险的接受程度各不相同。这就是投资者的风险偏好。大多数理性的投资者不会选择高风险低收益的投资，在收益相同的情况下，他们希望承受最小的风险，除非投资收益率提高到能够补偿投资者承受的风险，否则他们不会进行投资。

风险和收益的上述本质联系可以用公式表示为

预期收益率 = 无风险（收益率）利率 + 风险补偿

无风险利率是指把资金投资于某一没有任何风险的投资对象而能得到的收益率，这是一种理想的投资收益率。美国一般将联邦政府发行的短期国库券视为无风险证券，把短期国库券利率视为无风险利率。

（三）风险的分类

从证券市场及投资组合角度来分析，风险可分为系统性风险和非系统性风险。

（1）系统性风险。系统性风险也称宏观风险，是指由于某种全局性的因素而对所有投资品种的收益都会产生作用的风险，具体包括市场风险、利率风险、汇率风险、购买力风险、政策风险等。这类风险涉及所有的投资对象，多元化投资无法分散这种风险。

（2）非系统性风险。非系统性风险也称微观风险，是因个别特殊情况造成的风险，与整个市场没有关联，具体包括财务风险、经营风险、信用风险、偶然事件风险等。这类风险是随机发生的，可以通过多元化投资来分散。

（四）投资收益

收益率是指投资金融工具所带来的收益与本金的比率。衡量各种投资工具的收益大小需要计算各种收益率，以下是投资者常用的计算收益率的方法。

（1）持有期收益（HPR）。投资的时间区间为投资持有期，此期间的收益为持有期收益，即投资持有期的面值收益，可以用绝对数表示。应该注意的是，投资的持有期可以是任意时间段，如20年、10年、1年、6个月、1个月、1星期、1天等。持有期收益为现金收入及其带来的资产总值变化，用公式表示为

持有期收益 HPR = 红利 + 市值变化

但投资者一般倾向于用持有期收益率来评价投资收益，以便直接比较具有不同特性可供选择的投资。持有期收益率，是指某投资者在持有某投资对象一段时间后所获得的收益率，它等于这段时间内所获得的收益额与初始市值的比率，计算公式为

持有期收益率 HPY = 持有期收益 ÷ 初始市值 × 100%

例 1 - 10 假定王某在去年的今天以每股 28 元的价格购买了 A 股票 1 000 股，这一年中得到红利每股 0.20 元，年底时股票价格为每股 30 元，试计算持有期收益及持有期收益率。

$$期初投资额 = 28 \times 1\,000 = 28\,000 \text{ (元)}$$

$$年底股票价格 = 30 \times 1\,000 = 30\,000 \text{ (元)}$$

$$现金红利 = 0.20 \times 1\,000 = 200 \text{ (元)}$$

$$持有期收益\ \text{HPR} = 200 + (30\,000 - 28\,000) = 2\,200 \text{ (元)}$$

$$持有期收益率\ \text{HPY} = 2\,200 \div 28\,000 \times 100\% = 7.9\%$$

（2）预期收益率。预期收益率是指某投资对象未来可能获得的各种收益率的平均值。其具体方法是：投资者对每一种可能出现的结果都赋予一个概率值，这个概率值是个人主观估量值，投资者可以基于历史因素或其他因素作出修正，概率值的取值区间是［0，1］，0表示这种收益率没有机会出现，1表示这种收益率肯定要出现。预期收益率的计算公式为

$$E(R_i) = P_1 R_1 + P_2 R_2 + \cdots + P_n R_n = \sum_{i=1}^{n} P_i R_i$$

其中，$E(R_i)$ 为预期收益率；R_i 为第 i 项投资的收益率；P_i 为第 i 项投资可能发生的概率；n 为资产的项数。

例：某项投资有关资料见表1-9。

表1-9　预期收益率

经济状况	概率	收益率/%
经济运行良好	0.15	20
经济衰退	0.15	−20
正常运行	0.70	10

根据以上数据即可算出该项投资的预期收益率，计算如下：

$$E(R_i) = 0.15 \times 20\% + 0.15 \times (-20\%) + 0.70 \times 10\% = 7\%$$

（3）到期收益率。到期收益率是指投资者持有债券到期的前提下，使债券各个现金流的净现值（NPV）等于零的贴现率。在现实情况中，投资者并非根据承诺回报率来决定是否购买债券，而是在综合考虑债券价格、到期日、息票收入的基础上，推断债券在它的整个生命期内可提供的回报。

到期收益率是衡量债券投资收益最常用的指标之一，债券的到期收益率越高，表明投资该债券的收益率越高，越具有投资吸引力。

如果每年复利一次，那么按照债券定价的贴现模型，到期收益率可以用公式表示为

$$P = \sum_{i=1}^{n} \frac{C}{(1 + Y_{Tm})^n} + \frac{\text{FV}}{(1 + Y_{Tm})^n}$$

其中，P 为债券的购买价格；Y_{Tm} 为该债券的到期收益率；C 为该债券每年支付的利息；FV 为债券的面值；n 为该债券的到期年限。

二、风险的衡量

风险意味着结果的不确定性，因此在具体测量中一般用概率与统计的方法。

（一）概率

在相同条件下可能发生多种不同结果的现象称为随机现象。随机现象的每一个可能结果都是一个随机事件。概率就是用来表示随机事件发生或某种结果出现可能性大小的数值。在现实理财活动中，随机现象随处可见。例如，某客户进行股票投资，该客户购买的股票在某一天的走势具有不确定性，可能上涨，可能下跌，也可能持平，因此该客户当天的盈亏就可能出现三种不同的结果。这种不确定性是可以进行预测的。

用 X 来表示随机事件，X_i 来表示随机事件的第 i 种结果，P_i 来表示该结果的相应概率，其取值范围在 ［0，1］ 之间，当 $P_i = 0$，说明该事件结果出现的可能性为0；当 $P_i = 1$，说明该事件结果必然发生。P_i 越大，表明该结果出现的可能性越大。所有可能结果出现的概率之和一定等于1。

（二）期望值

期望值是指一个概率分布中的所有可能结果以各自相应的概率为权数的加权平均值。它反映了所有结果的一个平均值，是集中趋势的一种度量。期望值的计算公式为

$$\overline{E} = \sum_{i=1}^{n} X_i P_i$$

其中，P_i 为第 i 种结果的概率；X_i 为第 i 种结果的数值；n 为所有可能结果的个数。

（三）方差

为衡量风险的大小，还要使用统计学中的方差。方差是一组数据偏离其均值的程度，其计算公式为

$$\delta^2 = \sum_{i=1}^{n} P_i [R_i - E(R_i)]^2$$

方差可理解为一组数据偏离其均值的平方的加权平均值。方差越大，这组数据就越离散，数据的波动也就越大；方差越小，这组数据就越聚合，数据的波动也就越小。预期收益率的方差越大，预期收益率的分布也越离散，不确定性及风险也越大。

（四）标准差与标准离差率

风险是指结果的不确定性，可以用反映离散程度的指标来衡量风险的大小，一般使用标准差和标准离差率两个指标。

标准差是各种可能结果偏离期望值的综合差异，是反映离散程度的一种度量。标准差的计算公式为

$$\delta = \sqrt{\sum_{i=1}^{n} P_i \left(X_i - \overline{E} \right)^2}$$

标准离差率是标准差与期望值的比率，通常用 V 来表示。标准差只适用于期望值相同的方案比较，对于期望值不同的决策方案，只能通过比较标准离差率来确定风险的大小。标准离差率的计算公式为

$$V = \frac{\delta}{期望值}$$

三、资产组合理论和资产配置

（一）资产组合理论

现代资产组合理论是由美国经济学家哈里·马科维茨（Harry Markowitz）提出的。1952 年，马科维茨在《投资组合选择》一文中第一次提出了现代资产组合理论（也称均值—方差模型）。该理论描述了投资怎样通过资产组合，在最小风险水平下获得既定的期望收益率，或在风险水平既定的条件下获得最大期望收益率。

（1）资产组合理论原理。投资者或资产组合管理者的主要意图，是尽可能建立起一个有效组合，即在市场上为数众多的证券中选择若干证券进行组合，使得单位风险水平收益最高，或单位收益水平上风险最小。

（2）资产组合的风险和收益。我们可将资产组合视为一项资产，那么资产组合的收益率和风险也可用期望收益率和方差来计量。

（3）资产组合的相关系数。对证券组合来说，相关系数可以反映一组证券中，每两组证券之间的期望收益做同方向运动或反方向运动的程度。理论上，用相关系数来反映两个随机变量之间共同变动程度。相关系数处于区间［−1，1］内。

一般而言，由于资产组合中每两项资产间具有不完全的相关关系，所以随着资产组合中资产个数的增加，资产组合的风险会逐渐降低。但当资产的个数增加到一定程度时，资产组合风险的下降将趋于平稳，这时资产组合风险的降低将非常缓慢直至不再降低。

（4）两种资产组合的收益率和方差。设有两种资产 A 和 B，某投资者将一笔资

金以 X_A 的比例投资于资产 A，以 X_B 的比例投资于资产 B，且 $X_A + X_B = 1$，则称该投资者拥有一个资产组合 P。如果在期末，资产 A 的收益率为 r_A，资产 B 的收益率为 r_B，则资产组合 P 的收益率 $R_p = X_A r_A + X_B r_B$。

（5）最优资产组合。一般而言，投资者在选择资产组合过程中遵循两条基本原则：一是在既定风险水平下，选择预期收益率最高的资产组合；二是在既定预期收益率条件下，选择风险水平最低的资产组合。

（6）资产组合的管理。资产组合管理的根本任务是对资产组合的选择，即确定投资者认为最满意的资产组合。整个决策过程分为五步：资产分析、资产组合分析、资产组合选择、资产组合评价和资产组合调整。

（二）资产配置

（1）资产配置的概念。资产配置是指依据所要达到的理财目标，按资产的风险最小与报酬最佳的原则，将资金有效地分配到不同类型的资产上，构建达到提高资产组合报酬率与控制风险目的的资产投资组合。

资产配置之所以能对投资组合的风险与报酬产生一定的影响，在于其可以利用各种资产、各自不同的报酬率和风险特征以及彼此价格波动的相关性来降低资产组合的整体投资风险。通过资产配置投资，除了可以降低资产组合的风险，更可稳健地提高资产组合的报酬率。

（2）常见的资产配置组合模型。通常，将权证、期权、期货、对冲基金、垃圾债券等视为极高风险、极高收益性资产；将股票、股票型基金、外汇投资组合等视为高风险、高收益性资产；将金银、部分理财产品、集合信托、部分债券基金等视为中风险、中收益性资产；将债券、债券基金、理财产品、投资分红险视为低风险、低收益性资产；而将存款、国债、货币基金等视为无风险、低收益性资产。针对不同风险与收益的投资产品和客户的风险偏好，理财规划人员可以选择最合适的资产配置组合模型，如金字塔形、哑铃形、纺锤形和梭镖形。

①金字塔形。在金字塔形资产结构的客户资产中，存款、债券、货币基金等低风险、低收益性资产占 50% 左右，基金、理财产品、房地产等中风险、中收益性资产占 30% 左右，而高风险性的股票、外汇、权证等资产比例最小。这种根据资产的风险度由低到高、占比越来越小的金字塔形结构，其安全性、稳定性无疑是最佳的。

②哑铃形。在哑铃形的资产结构中，低风险、低收益性的储蓄债券资产与高风险、高收益性的股票基金资产比例相当，都在资产配置中占主导地位，而中风险、中收益性的资产占比最小，形成中间小、两端大的哑铃形结构。这种结构较为平衡，可以充分享受黄金投资周期的收益。

③纺锤形。在纺锤形的资产结构中，中风险、中收益性资产占主体地位，而高风险性与低风险性资产占比较小。这种两端小、中间大的资产结构安全性很高，很适合成熟市场。

④梭镖形。这种资产结构几乎没有低风险性的保障资产与中风险性的理性投资资产，而是将所有资产都放在高风险、高收益性的投资市场与工具上，属于赌徒型的资产配置结构。这种资产结构的稳定性差、风险度高，但是投资力度强、冲击力大，如果在黄金投资机遇下，有可能集中资源在短时间内博取很高的收益。

实训 1-5

实训目标

准确计算期望值。

实训内容

某只股票牛市时会上涨 14%，熊市时会下跌 20%，正常状态会上涨 7%。据悉牛市发生的概率是 32%，熊市发生的概率是 23%，正常状态发生的概率是 45%。

要求：

请计算该股票的期望值。

实训步骤

计算该股票的期望值：

$$14\% \times 32\% - 20\% \times 23\% + 7\% \times 45\%$$
$$= 0.0448 - 0.046 + 0.0315 = 0.0303 = 3.03\%$$

实训 1-6

实训目标

准确计算预期收益率。

实训内容

某企业投资某种股票，预计未来的收益与金融危机的未来演变情况有关，如果演变趋势呈现"V"字形态，收益率为 40%；如果呈现"U"字形态，收益率为 30%；如果呈现"L"形态，收益率为 -30%。假设金融危机呈现三种形态的概率预计分别为 25%、40%、35%。

要求：

请计算该股票的预期收益率。

实训步骤

计算该股票的预期收益率：

$$40\% \times 25\% + 30\% \times 40\% - 30\% \times 35\%$$
$$= 10\% + 12\% - 10.5\%$$
$$= 11.50\%$$

实训 1−7

实训目标

用标准差系数比较两种股票的风险大小。

实训内容

项目 A 和项目 B 的投资收益率及相应的概率情况见表 1−10。

表 1−10　项目 A 和项目 B 的投资收益率及相应的概率情况　　　　　　　　　%

项目实施情况	该种情况发生的概率		投资收益率	
	A 股票	B 股票	A 股票	B 股票
好	0.2	0.3	15	20
一般	0.6	0.4	10	15
差	0.2	0.3	0	−10

要求：

请采用标准差系数比较 A、B 两项目风险大小。

实训步骤

步骤 1：分别计算项目 A 和项目 B 的期望报酬率。

项目 A 的期望报酬率：

$$0.2 \times 15\% + 0.6 \times 10\% + 0.2 \times 0 = 9\%$$

项目 B 的期望报酬率：

$$0.3 \times 20\% + 0.4 \times 15\% + 0.3 \times (-10\%) = 9\%$$

步骤 2：分别计算项目 A 和项目 B 投资报酬率的方差和标准离差。

项目 A 的方差：0.0024

项目 A 的标准离差 $\delta = \sqrt{\sum_{i=1}^{n} P_i (X_i - \overline{E})^2} = 0.049$

项目 A 的标准离差率：0.049/0.09 = 54.44%

项目 B 的方差：0.0159

项目 B 的标准离差 $\delta = \sqrt{\sum_{i=1}^{n} P_i (X_i - \overline{E})^2} = 0.126$

项目 A 的标准离差率：0.126/0.09 = 140%

步骤 3：从计算结果可以看出，两个项目的期望投资报酬率都是 9%，但不能认为两个项目等同，因为它们的概率分布不同，需要通过标准离差和标准离差率来进行分析。通过计算可知，B 项目标准离差和标准离差率大，风险高于项目 A。本题两个项目的期望投资报酬率都是 9%，如果比较的项目期望投资报酬率不同，则一定要计算标准离差率才能进行比较。

任务 1-5　理财业务影响因素分析

知识目标

了解影响个人理财业务环境因素。

能力目标

理解各种因素对理财策略的影响。

思政目标

养成关注国内外时事政治和财经新闻的习惯。

思政阅读 1-5

央行降准对个人理财的影响：谨慎配置

2024 年 1 月 24 日，中国人民银行行长潘功胜在北京举行的新闻发布会上宣布，自 2024 年 2 月 5 日起，下调金融机构存款准备金率 0.5 个百分点（不含已执行 5% 存款准备金率的金融机构）。本轮降准预计可能释出 1 万亿元人民币（1 398 亿美元）的长期资金。在央行降准的大环境下，经济增长的活力被激发，市场的流动性也得以提高。然而，潜藏着的金融风险也随之增加。因此，在央行降准的情况下，树立正确的理财价值观，提升金融素养，做到理性投资，预防和减少金融诈骗和欺诈行为的发生是每个公民的必修课。在加强风险防范意识的同时，根据自身风险承受能力和理财目标进行合理配置是很必要的。

一、宏观环境因素分析

（一）政治、法律与政策环境

在现行法律体系中，与金融机构的经营与管理相关的法令很多，因此金融机构开展个人理财业务必然受到相关法律法规的制约。例如《中华人民共和国商业银行法》《中华人民共和国银行业监督管理法》《中华人民共和国证券法》《中华人民共和国保险法》《中华人民共和国证券投资基金法》《中华人民共和国信托法》《中华人民共和国公司法》《中华人民共和国个人所得税法》等。

另外，国家政策对金融机构的影响显著，我国改革开放以来实施的各类政策对金融机构产生了深刻影响，其中宏观经济政策对投资理财具有实质性影响。

（1）财政政策。国家政府通常根据宏观经济形势，采取税收、预算、国债、财政补贴、转移支付等手段来调整财政收入和支出的规模与结构，使其实现预期的财政政策目标，并对整个经济运行产生影响。积极的财政政策可以有效地刺激投资需求的增长，从而提升资产价格。

（2）货币政策。中央银行通常根据当前宏观经济走势，运用法定存款准备金率、公开市场业务操作、再贴现等货币政策工具调控货币供应量和信用规模，使其实现预定货币政策目标，进而影响整体经济运行。宽松的货币政策有助于刺激投资需求增长、支持资产价格上升；相反，紧缩性的货币政策则会抑制投资需求，导致利率上升和金融资产价格下跌。

（3）收入分配政策。收入分配政策是指国家为实现宏观调控总目标和总任务，针对居民收入水平高低、收入差距大小在分配方面制定的原则和方针。偏紧的收入分配政策会抑制当地投资需求等，造成相应的资产价格下跌；而偏松的收入政策则会刺激当地投资需求，支持资产价格上涨。收入分配政策除了影响总体收入水平之外，还会直接影响一个经济体的收入分配结构，从而影响理财业务的开展。例如，当不同社会群体之间的收入差距加大时，就凸显了私人银行业务的发展空间。

（4）税收政策。由于税收政策会直接影响投资收益与成本，因此对个人和家庭的投资策略具有直接的影响。税收政策不仅影响到可用于投资的个人可支配收入的多少，而且通过改变投资的交易成本可以改变投资收益率。例如，在股市低迷时期，通过降低印花税可以减少交易成本，从而刺激股市反弹。房地产价格飞速上涨过程中，提高交易税率，具有抑制房地产价格上涨的作用。

宏观经济政策对投资理财的影响具有综合性、复杂性和全面性的特点。各种宏观经济政策由于其发挥作用的方式不同，因此通常配合使用以实现整个宏观调控的目标。宏观调控的整体方向和趋势决定了个人和家庭投资理财的战略选择。

（二）经济环境

经济环境对于经济环境的认知和理解主要包括以下几个方面。

1. 经济发展阶段理论

经济发展阶段按照美国学者沃尔特·惠斯曼·罗斯托（Walt Whitman Rostow）的观点，将世界各国的经济发展归纳为以下五个阶段：①传统经济社会；②经济起飞前的准备阶段；③经济起飞阶段；④迈向经济成熟阶段；⑤大量消费阶段。处于前三个阶段的国家称为发展中国家，而处于后两个发展阶段的国家则称为发达国家。

2. 消费者的收入水平

个人金融业务以消费者收入为基础，但是消费者不可能将全部收入均用于购买金融产品，因此需要从不同角度衡量一个经济体中的消费者的收入水平。衡量消费者收入水平的指标主要包括国民收入、人均国民收入、个人收入、个人可支配收入和个人可任意支配收入。

3. 宏观经济状况

从具体的金融产品设计与定价，到投资组合的构建与投资策略的选择，均受到宏观经济状况的制约。因此，我们需要掌握宏观经济指标的运行规律。

（1）经济增长速度和经济周期。投资者在投资理财时，应该清楚地认识和了解经济周期的演变过程：一个经济周期通常要经过恢复、繁荣、衰退和萧条等不同阶段。经济增长与个人理财策略见表1-11。

表1-11 经济增长与个人理财策略

理财产品	预期未来经济增长比较快、处于景气周期		预期未来经济增长缓慢、处于衰退周期	
	理财策略调整建议	调整理由	理财策略调整建议	调整理由
储蓄	减少配置	收益偏低	增加配置	收益稳定
债券	减少配置	收益偏低	增加配置	风险较低
股票	增加配置	企业盈利增长、支撑牛市	减少配置	企业亏损增加、引发熊市
基金	增加配置	可以实现增值	减少配置	资产缩水
房地产	增加配置	价格上涨	适当减少	市场转淡

（2）通货膨胀率。物价水平持续大幅上涨就会引起通货膨胀，在通货膨胀条件下，名义利率不能反映真实收益率，名义利率减去通货膨胀率之后得到的实际利率将远远低于名义利率，甚至是负值。在通货膨胀环境下，所有的固定利率（不随市场利率变化而调整产品利率）资产都将大幅贬值，居民的实际工资收入也远远跟不上物价上涨，个人和家庭的购买力大大下降。为避免通货膨胀风险，个人和家庭应回避固定利率债券和其他固定收益产品，持有一些浮动利率资产、股票和外汇，以对自己的资产进行保值。当然，在严重通货膨胀的条件下，股票等资产同样也面临贬值，持有外汇和其他国外资产可能成为保值选择。如果发生通货紧缩，则情况正好相反。通货膨胀、通货紧缩与个人投资理财策略见表 1 – 12。

表 1 – 12　通货膨胀、通货紧缩与个人投资理财策略

理财产品	预期未来温和通货膨胀		预测未来通货紧缩	
	理财策略调整建议	调整理由	理财策略调整建议	调整理由
储蓄	减少配置	净收益降低	维持配置	收益稳定
债券	减少配置	净收益降低	减少配置	价格下跌
股票	适当增加配置	资金涌入、价格上升	减少配置	价格下跌
黄金	增加配置	规避通货膨胀	维持配置	价格稳定

（3）就业率。如果就业率较高，预期未来家庭收入可通过努力劳动获得明显增加，那么个人理财策略可以偏于积极，更多地配置收益比较好的股票、房地产等风险资产；反之，个人理财策略应偏向于保守，更多配置防御性资产，如储蓄产品等。

（4）国际收支与汇率。在开放经济体系下，一个经济体的国际收支状况和货币汇率的变动对个人理财策略具有显著影响。当一个经济体出现持续的国际收支顺差（或逆差），将会使本币汇率升值（或贬值），那么个人理财组合应同时考虑本币理财产品与外币理财产品的搭配，对于外币理财产品的选择，还需要考虑不同币种结构的配置问题。开放金融体系下的个人理财业务必须考虑汇率风险的影响。汇率变化与个人投资理财策略见表 1 – 13。

表 1 – 13　汇率变化与个人投资理财策略

理财产品	预期未来本币升值		预期未来本币贬值	
	理财策略调整建议	调整理由	理财策略调整建议	调整理由
储蓄	增加配置	收益将增加	减少配置	收益将减少
债券	增加配置	本币资产升值	减少配置	本币资产贬值
股票	增加配置	本币资产升值	减少配置	本币资产贬值
基金	增加配置	本币资产升值	减少配置	本币资产贬值

续表

理财产品	预期未来本币升值		预期未来本币贬值	
	理财策略调整建议	调整理由	理财策略调整建议	调整理由
房地产	增加配置	本币资产升值	减少配置	本币资产贬值
外汇	减少配置	外币资产贬值	增加配置	外币资产升值

（三）社会环境

1. 社会文化环境

社会文化环境主要是指一个国家、地区或民族的传统，如风俗习惯、伦理道德观念、价值观念、宗教信仰、审美观、语言等。伴随着金融业的开放，我国的金融机构也迫切需要开拓国际金融市场业务和产品。因此，国内、国际社会文化环境对理财业务的开展均有影响。在一个开放、进步、文明的文化环境中，个人理财业务的发展空间非常广阔。

2. 社会制度环境

各种制度的变迁也对个人理财业务产生了深远的影响。新中国成立至今，伴随着计划经济向市场经济的转变，发生了一系列制度变迁。其中，社会保障体系、教育体系以及住房制度的改革尤为典型。

（四）人口环境

人口环境对个人理财业务的影响表现在规模与结构两个方面。人口总量的增长会使金融业务和金融产品的需求量增大。人口结构对个人理财业务的影响也很显著。性别、年龄、民族、职业、教育程度不同的消费者，由于在收入、阅历、生活方式、价值观念、风俗习惯、社会活动等方面存在的差异，必然会有不同的金融消费需求和消费方式，因此金融机构在发展理财业务时，必须认真考虑人口环境对个人理财业务的影响。

（五）技术环境

21 世纪的今天，科学技术在各个领域飞速发展，技术变革与进步深刻地影响着金融机构的市场份额、产品生命周期和竞争优势。如今在发达国家的金融市场中有上千种金融衍生品，这些都和计算机信息技术与网络技术的发展紧密相关。由于技术的发展和互联网的普及应用，理财产品网络销售日益普及，金融机构和投资者均可以节约交易成本。金融机构通过网络技术不断为投资者提供理财产品的相关信息，介绍新产品，加快了理财产品的推陈出新。

二、微观环境因素分析

对个人理财业务产生直接影响的微观因素主要是金融市场,下面分别从不同的角度分析金融市场对个人理财业务的影响状况。

(一) 金融市场的竞争程度

金融市场的竞争程度是影响商业银行个人理财业务的一个重要因素。一方面,伴随着金融业的全面开放,我国的个人理财业务一直是内外资银行争抢的一个重要领域;另一方面,证券公司等其他金融机构也在金融市场上与商业银行竞争个人理财业务。当市场需求相对稳定时,提供同类产品的金融机构越多,竞争者的业务创新越快,营销手段越先进,各金融机构面临的发展个人理财业务的压力也就越大。

(二) 金融市场的开放程度

随着金融市场开放程度的提高,各金融机构可提供的个人理财业务的产品种类不断增加。开放的金融市场为各金融机构个人理财业务的不断创新提供了必要条件。同时,市场开放程度的提高,对各金融机构管理个人理财业务风险提出了更高的要求。

(三) 金融市场的价格机制

理财产品的定价是影响理财产品业务的一个重要因素,金融市场上的一系列价格指标对理财产品的定价都有重要的影响,特别是利率水平。利率对于个人理财策略来说,是最基础、最核心的影响因素之一。

利率包括法定利率和市场利率。市场利率是市场资金借贷成本的真实反映,而能够及时反映短期市场利率变动的指标有银行间同业拆借利率、国债回购利率等,新发行的债券的利率一般也是按照当时的市场基准利率来设计的,通过观察并参照这些指标的变化,投资者往往就能够迅速掌握市场资金供求关系的真实变化情况,从而作出及时的反应和正确的理财决策。此外还需要注意区分名义利率和实际利率,由于物价水平是处在变动之中的状态,名义利率不能够真实反映投资收益率,将名义利率减去通货膨胀率得到实际利率,可以反映理财产品的真实收益水平。利率变化与个人投资理财策略见表1-14。

表1-14　利率变化与个人投资理财策略

理财产品	预期未来利率水平上升		预期未来利率水平下降	
	理财策略调整建议	调整理由	理财策略调整建议	调整理由
储蓄	增加配置	收益增加	减少配置	收益将减少

续表

理财产品	预期未来利率水平上升		预期未来利率水平下降	
	理财策略调整建议	调整理由	理财策略调整建议	调整理由
债券	减少配置	面临下跌风险	增加配置	面临上涨机会
股票	减少配置	面临下跌风险	增加配置	面临上涨机会
基金	减少配置	面临下跌风险	增加配置	面临上涨机会
房地产	减少配置	贷款成本高	增加配置	贷款成本低
外汇	减少配置	本币回报率高	增加配置	外汇汇率可能高

案例延伸阅读 1－1

　　财商对于个人生活和事业的重要性不言而喻，它意味着你未来的生活品质，刚参加工作获得同样收入的人，财商低的可能一直停留在开始时的水平，到退休时还像大学刚毕业的时候那样一点积蓄都没有，退休生活捉襟见肘，而财商高的人可能很快利用钱生钱，进入富人的行列，退休时可以悠闲地享受人生。以下测试就是通过你现阶段的理财行为来测试你的财商，并且给你最适合的理财建议和理财方向。

财 商 测 试

　　1. 你即将有 14 小时的飞行旅行，而包里只放得下一本书。你想从两本书中做选择，其中一本书是你最喜欢的作者的书，但他最近出版的书却令你相当失望。另有一本热门的畅销书，可除了畅销之外，你对它一无所知。你会：

　　A. 选择畅销书　　　　　　　　　B. 选择你喜欢的作者的新书

　　2. 你去买正在上映的某知名电影的电影票，你要买 8 时 30 分的票，售票员却告诉你票已经卖完了，只剩下午和夜场的票。她还告诉你，8 时 45 分在小厅有一个新电影上映，不过你没有听过那部新电影的名字，你会：

　　A. 购买新电影的票　　　　　　　B. 购买下午或夜场的票

　　3. 你去专卖店买衣服，看中一款上衣，但你喜欢的颜色缺货。导购告诉你，在其他连锁店肯定有，不过现在是打折季节，不能为你特别保留。你会：

　　A. 马上赶到另一家连锁店　　　　B. 买下手中的裙子

　　4. 下列哪件事会让你最开心：

　　A. 你在报纸竞赛中赢了 10 万元

　　B. 你从一个富有的亲戚那里继承了 10 万元

　　C. 你冒着风险，投资的 2 000 元期权带来了 10 万元的收益

　　D. 任何上述一项，你很高兴 10 万元的收益，无论是通过什么渠道

5. 你继承了叔叔价值10万元的房子，已付清了所有的按揭贷款。尽管房子在一个时尚社区，预期将以高于通货膨胀率的水平升值，但是房子现在很破旧。目前，房子正在出租，每月有1 000元的租金收入。不过，如果房子新装修，租金可以有1 500元。装修费可以用房子来抵押获得贷款。你会：

A. 卖掉房子　　　　B. 保持现有租约　　　　C. 装修它，再出租

6. 你购买一项投资，在一个月后跌去了15%的总价值。假设该投资的其他任何基本面要素没有改变，你会：

A. 坐等投资回到原有价值

B. 卖掉它，以免日后如果它不断跌价，让你寝食难安、夜不成寐

C. 买入更多，因为如果以当初价格购买时认为是个好决定，现在应该看上去机会更好

7. 你在某个电视竞赛中有下列选择。你会选：

A. 1 000元现钞　　　　　　　　　B. 50%的机会获得4 000元

C. 20%的机会获得10 000元　　　　D. 5%的机会获得100 000元

8. 专家估计一些资产，如金、珠宝、珍藏物和房屋（实质资产）的价格会上升，而债券的价格会下跌，但他们认为政府债券相对比较安全。如你现时持有大量政府债券，你会：

A. 继续持有

B. 把债券卖掉，然后把得来的资金一半投资到货币市场，另一半投资到实质资产

C. 把债券卖掉，然后把所有得来的资金投资到实质资产

D. 把债券卖掉，除了把所有得来的资金投资到实质资产，还向别人借钱来投资实质资产

9. 你购买一项投资产品，在一个月后暴涨了40%。假设你找不出更多的相关信息，你会：

A. 卖掉它

B. 继续持有它，期待未来可能更多的收益

C. 买入更多——也许它还会涨得更高

10. 你在一家私营的呈上升期的小型电子企业工作。公司通过向员工出售股票募集资金。管理层计划将公司上市，但要至少4年以后。如果你买股票，你的股票只能在公司股票公开交易后，方可卖出。同时，股票不分红。公司一旦上市，股票会以你购买的10～20倍的价格交易。你会做多少投资：

A. 一股也不买　　　　　　　　　B. 1个月的薪水

C. 3 个月的薪水   D. 6 个月的薪水

11. 你选购电脑，选好品牌后，店员告诉你，如果你买销售展示用的电脑可以打 8 折，全新的电脑是没有折扣的，你会：

A. 选择全新的电脑   B. 选择打 8 折的电脑

12. 以下四个投资选择，你个人比较喜欢：

A. 最好的情况下会赚取 200 元；最差的情况下损失 0

B. 最好的情况下会赚取 800 元；最差的情况下损失 200 元

C. 最好的情况下会赚取 2 600 元；最差的情况下损失 800 元

D. 最好的情况下会赚取 4 800 元；最差的情况下损失 2 400 元

13. 你在一项博彩游戏中，已经输了 500 元。为了赢回 500 元，你准备的翻本钱是：

A. 不来了，你现在就放弃   B. 100 元

C. 250 元   D. 500 元

E. 超过 500 元

14. 如果你现在得到 1 000 元的现金，并要求你选择以下其中一项，你会：

A. 再额外多赚 500 元（即肯定得到 1 500 元）

B. 50% 机会额外多赚 1 000 元，50% 机会维持得到 1 000 元现金

15. 假设你继承了 100 000 元遗产，你必须把所有遗产投资于以下其中一项，你会选择投资：

A. 一个储蓄户口或货币市场基金

B. 一个拥有股票和债券的基金

C. 一个拥有 15 只蓝筹股票的投资组合

D. 一些保值的投资产品，如金、银或石油

16. 如果你拥有 20 000 元并可投资，你会选择下列哪一个组合？高风险投资包括期货和期权；中风险投资包括股票和股票基金；低风险投资包括债券和债券基金：

A. 低风险占 60%，中风险占 30%，高风险占 10%

B. 低风险占 30%，中风险占 40%，高风险占 30%

C. 低风险占 10%，中风险占 40%，高风险占 50%

17. 你比较愿意做下列哪件事：

A. 投资于货币市场基金，但会目睹今后 6 个月激进增长型基金增长翻番

B. 投资于今后 6 个月不断上升的激进增长型基金

18. 假设你喜欢运用不同的理财工具，如股票、基金或是期货来投资。当行情

看涨时，你会利用借款来扩张你的额度吗？

A. 是　　　　　　　　　　　　　B. 有可能

C. 不会

19. "投资的亏损只是短期现象。我认为只要继续持有投资项目，终必可收复失地。"你同意这说法吗？

A. 非常同意　　　　　　　　　　B. 可以接受

C. 倾向同意　　　　　　　　　　D. 倾向不同意

E. 绝不同意

20. 若市价忽然下跌，你是否仍会继续持有该投资项目：

A. 肯定会　　　　　　　　　　　B. 极有可能会

C. 不肯定　　　　　　　　　　　D. 极有可能不会

E. 绝对不会

评分标准：A，0分；B，1分；C，2分；D，3分；E，4分。

根据得分给最适合的理财建议和理财方向。

得分 0～15 分

建议你还是先不着急掌钱袋子，因为你的财商比较低，并且对自己没有信心。基本上你目前属于理财盲，你要学习的东西太多，而且投资对于你还是一个太遥远的概念，建议你还是先从最基本的东西着手，先弄清楚自己到底需要的是什么样的生活目标吧！

典型的投资组合是：100%存款货币市场基金（目前凭你的财商也只能做到这一步了）。

你的财商比较低，现在的你或许还比较贫穷。但是，你要知道，只有努力才能创造财富，你必须从各方面都努力提高自己。

得分 15～30 分

恭喜你已经初步意识到你的钱财需要打理，但你也需要多关注你的钱袋子，多看看周围的人是如何管理自己的资源的，在关注各种投资理财信息的同时，加紧开发自己的财商，掌握各种理财工具，只有努力才能创造财富，你必须努力提高自己的财商。多参加诸如富太太理财俱乐部之类的活动，在专家的指导下，稳步实现你的财富增长。

投资趋向：鉴于你期望获得中等程度入息及资本增值，可能你并不十分看重目前收入，而是更注重投资的稳定成长，也可以承受一些波动，但更希望自己的投资风险小于市场的整体风险。

建议投资组合：45%股票及50%债券和基金，5%现金。

得分 30 ~ 35 分

你已经具有一定的理财能力，也经常独立地作出一些投资判断，但有些地方你可能还不太在意，如果你对你花出去的每一块钱都多一分关注的话，你会发现原来你可以做得更好！在学习理财知识的同时，虚心采纳专家的意见。富裕的生活离你不会太远！

投资趋向：你的资产组合应该较为丰富，股票的比例不会太低，但应预留短时期内足够的现金流。你可能较为年轻，对未来的收入充分乐观，个人财务上有足够的资金保障。

建议投资组合：60%股票及30%基金，5%债券和5%现金。

得分 35 分以上

你的理财能力非常强，财商很高。可以说，你懂得如何充分利用身边的资源使其发挥最大的作用。你的理财目的不是在短期内兑现资金，所以你有很高的回报波动承受能力，最主要看重追求长期的、高速的资金增值。你的财商已经足够你作出正确的投资决定了，基本上可以说，你是一个理财高手啦！

专家的话：经过测试，你的财商有多高？通向财务自由的道路还有多远？如果有差距，那么就要抓紧时间，迎头赶上。学习对每个人说，既永不言早，也永不言迟，用自己的智慧开启财富之门。

资料来源:财商测试[EB/OL]. https://wenku. baidu. com/nddesktopview/browse/view/96ced11352d380eb6 2946da0.

项目小结

本项目分为5个任务：主要介绍了投资理财的含义、个人理财规划、原则、内容与步骤。重点阐述了财务安全和财务自由的原理；生命周期理论，生命周期各阶段理财活动；资金的时间价值与风险收益。分析了宏观环境因素和微观环境因素对个人理财规划的影响。本项目是个人理财实务的入门内容，需要很好地把握本项目的基础知识，深入了解个人理财规划的本质。

即测即练

项目训练

1. 客户张先生于 2018 年 5 月 8 日存入银行 10 000 元,年利率 3.15%,期限 5 年,于 2023 年 5 月 8 日到期,则分别按单利计息和复利计息到期时的本利和是多少?

2. 李先生打算 3 年后用 40 000 元供子女上学,假设银行年利率 2.6%,则现在应存入多少钱(单利计息)?

3. 本金为 5 000 元,利率或投资回报率为 3%,投资年限为 30 年,那么 30 年后所获得的本息收入,按单利计算是多少,按复利计算又是多少?

4. 李明,30 岁,地产经纪公司的项目总监;妻子 29 岁,在外企上班。有一套价值 120 万元的房产和一辆价值 30 万元的轿车,每月房贷还款 7 000 元,养车费每月在 2 000 元左右,家庭月收入约 28 000 元,都享受 13 个月的薪酬待遇,并且每年有不少于 10 万元的年终奖金,还享有社会保险和单位的补充保险。他们的月生活支出约 10 000 元,银行存款合计 30 万元,计划要孩子。

要求:

(1)对李明的家庭情况进行分析。

(2)李明的家庭处于家庭生命周期的哪个阶段。

(3)理财建议。

5. 刘某,30 岁,工作于科研单位的办公室;妻子 28 岁,在科技贸易工作,二人都有社保。孩子 4 岁。有一套价值 45 万元的住房,月供 2 000 元。家庭月收入 6 000 元,年终奖金 10 000 元,月支出 2 800 元左右,现在银行存款 30 000 元。

要求:

(1)对刘某的家庭情况进行分析。

(2)刘某的家庭处于家庭生命周期的哪个阶段。

(3)理财建议。

6. 张老先生夫妇 60 岁,已退休,孩子在 3 年前已成家。老两口退休金每月 2 000 元,每月生活费支出 1 000 元,保健医疗支出 500 元左右,银行储蓄约 10 万元。

要求:

(1)对张老先生的家庭情况进行分析。

(2)张老先生的家庭处于家庭生命周期的哪个阶段。

(3)理财建议。

7. A 公司有甲、乙两个投资方案，其未来的期望报酬率及发生的概率见表 1 – 15，请采用概率法比较甲、乙两方案的风险大小。

表 1 – 15　甲、乙投资方案的期望报酬率及发生的概率

经济状况	发生概率	期望报酬率（X_i）/%	
		甲方案	乙方案
繁荣	0.4	50	25
一般	0.4	20	20
衰退	0.2	− 60	10
合计	1	—	—

（1）分别计算甲、乙两个投资方案的期望报酬率。

（2）结论。

8. 分析讨论央行降准对个人理财的影响。

项目2　证券产品理财

证券产品理财是个人或家庭理财规划中最为重要的一环。在本项目中，我们首先将认识股票、债券、基金和金融衍生产品等投资理财工具。其次，从每一种理财工具的收益与风险入手分析各种投资理财工具可能的收益。最后，从宏观经济环境、行业、企业等方面分析各种投资理财工具的投资可行性，并简要介绍各类投资理财工具的投资策略。

思维导图

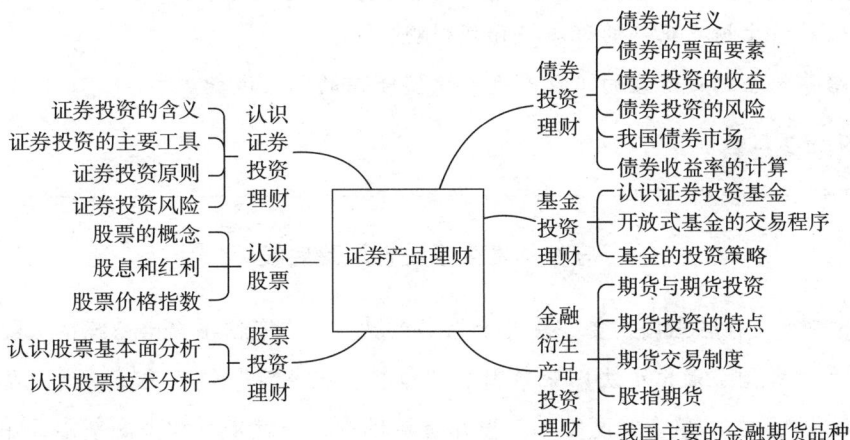

项目情境导入

作为一名理财经理，在为客户制订理财规划时，首先要考虑该理财产品是否符合客户的理财目标。要做到这一点，就要熟悉各种理财工具的特性以及收益与风险。因此，理财规划的一个重要方面就是对理财产品的收益和风险进行分析，从而选择符合客户需求的理财产品。证券产品是理财产品中收益较高、风险最大的项目，理财经理应该熟悉各类证券产品的特点，为客户做好证券产品理财计划。

任务2-1　认识证券投资理财

知识目标

1. 了解证券投资理财工具和证券投资原则。
2. 掌握证券投资的收益和风险。

能力目标

1. 能说出开立各类证券账户的流程。
2. 能分析证券产品理财过程中的各类风险。
3. 能运用证券投资的原则完成证券产品理财规划。

思政目标

1. 培养学生树立正确的证券投资理财观。
2. 培养学生细心严谨的工作态度和诚实守信的职业道德。

思政阅读2-1

守住不发生系统性风险底线

党的二十大报告强调，要"深化金融体制改革""守住不发生系统性风险底线"。《中华人民共和国金融稳定法》紧紧围绕"维护金融稳定"这条主线，通过防范化解和处置金融风险的一整套制度安排，提升金融机构、金融市场和金融基础设施的稳健性和安全性，以进一步筑牢金融安全网，坚决守住不发生系统性金融风险的底线。

防范化解金融风险特别是防止发生系统性金融风险，是金融工作的根本性任务。以全面加强监管、防范化解风险为重点做好金融工作，就要认真落实中央金融工作会议作出的工作部署，切实提高金融监管有效性，依法将所有金融活动纳入监管，及时处置中小金融机构风险，建立防范化解地方债务风险长效机制，促进金融与房地产良性循环，维护金融市场稳健运行。防范化解金融风险，要把握好权和责的关系，健全权责一致、激励约束相容的风险处置责任机制；把握好快和稳的关系，在稳定大局的前提下把握时度效，扎实稳妥化解风险，坚决惩治违法犯罪和腐败行为，严防道德风险；对风险早识别、早预警、早暴露、早处置，健全具有硬约束的金融风险早期纠正机制。

一、证券投资的含义

证券投资是指投资者买卖股票、债券、基金等有价证券以及这些有价证券的衍生品以获取差价、利息及资本利得的投资行为和投资过程。证券投资是一种对能带来预期收益的有价证券的风险投资，收益具有较大的不确定性。

二、证券投资的主要工具

市场上的证券投资工具主要有股票（包括 A 股、B 股、H 股等）、债券（国债、企业债券、金融债券、可转换债券等）、证券投资基金（公募基金、私募基金等）、金融衍生产品（期货、期权、权证等）和其他产品（外汇、黄金等）。

三、证券投资原则

（一）收益与风险组合

在证券投资中，收益是风险的报酬。风险较大的证券，其收益率相对较高；相反，收益率较低的投资对象，风险相对较小。因此收益与风险组合的原则是：在风险一定的前提下，尽可能使收益最大化，或在收益一定的前提下，使风险最小化。

（二）分散投资

投资分散化原则，是指不要把全部资金投资于一种证券，而是要分散化投资在多种证券标的上，这样可以有效地分散风险，也就是"不要将鸡蛋都放在同一个篮子里"。

（三）理性投资

投资者一定要牢固树立理性投资理念，根据自身的财务状况、投资经验，选择符合自身承受能力的投资产品，切忌道听途说、盲目跟风。在分析、比较后进行审慎投资，谨记"市场有风险，投资需谨慎"。

四、证券投资风险

证券投资风险就其性质而言，可分为系统性风险和非系统风险。

（一）系统性风险

系统性风险是指由于全局性事件引起的投资收益变动的不确定性。系统风险对所有公司、企业、证券投资者和证券种类均产生影响，通过多样化投资不能抵消这样的风险，所以又称为不可分散风险。系统性风险主要由政治、经济及社会环境等宏观因素造成，主要包括以下几个方面。

1. 政策风险

每一项经济政策、法规出台或调整，对证券市场都会有一定的影响，有的甚至会产生很大的影响，从而引起市场整体的较大波动，如经济政策的变化、经济环境的变化、证券交易政策的变化，都可以直接影响到证券的价格。

2. 利率风险

在证券交易市场上，证券的交易是按市场价格进行，而不是按其票面价值进行的，市场价格的变化随时受市场利率水平的影响。一般来说，市场利率提高时，证券市场价格就会下降，而市场利率下调时，证券市场价格就会上升，这种反向变动的趋势在债券市场上尤为突出。

3. 购买力风险

购买力风险也称为通货膨胀风险，在证券市场上，证券投资实际收益率 = 名义收益率 – 通货膨胀率。由于投资证券的回报是以货币的形式来支付的，在通货膨胀高企的时期，投资的实际收益会下降，这将给投资者带来损失的可能。

4. 市场风险

市场风险是指由证券价格的涨跌直接引起的风险，证券价格时刻都在变动，价格波动越大，市场风险也就越大。

（二）非系统风险

非系统风险是指由非全局性事件引起的投资收益率变动的不确定性，这些因素跟其他企业没有什么关系，只会造成该家公司证券收益率的变动，不会影响其他公司的证券收益率。这类风险可以通过证券多样化方式来消除，所以又被称为可分散的风险。其主要包括以下几个方面：经营风险、财务风险、信用风险、道德风险。

案例延伸阅读 2 –1

中国居民家庭资产配置结构

党的二十大报告专门提出，要多渠道增加城乡居民财产性收入。目前，居民投资渠道已经从实物资产投资转变到金融资产投资，资本市场已成为增加居民财产性收入的重要平台，中金发布的《2023 年中国财富报告》显示，2022 年，固定收益类资产稳步上升。股权类资产虽然净值下跌，但不少投资者逢低吸纳、基金份额保持稳中有增。值得一提的是，虽然 2022 年存款的增量明显超过了非存款金融资产（包括权益和泛固收类产品），但从 2018 年以来的中长期趋势看，金融资产的增长速度还是处于各类资产前列，特别是其中的权益类资产。中国家庭财富主要大类的分布（2018—2022 年）见表 2 - 1。

表 2 - 1 中国家庭财富主要大类的分布（2018—2022 年）

项目	2018 年	2019 年	2020 年	2021 年	2022 年	配置占比/%
地产/万亿元	271	296	320	337	330	58.5
存款/万亿元	72	81	93	100	115	20.4
寿险/万亿元	15	17	20	21	23	4.1
股票及股票基金/万亿元	19	25	37	44	38	6.8
泛固收产品（债基等）/万亿元	41	45	49	55	58	10.3
合计/万亿元	417	464	519	558	564	
权益固收比/%	46	57	75	80	66	

权益固收比 = 股票及股票基金/泛固收产品

2022 年，居民银行储蓄大幅增长。居民存款配置比例增加。银行存款规模增长 15 万亿元至 115 万亿元，是除了地产之外最大的资产类别。居民存款中，约 1/3 为短期流动性存款，2/3 为定期存款（其中一年期及以下占比约 50%），定期存款的比例高于企业和机构存款，这表明很多家庭持有存款是重视其约定收益和无净值波动风险的特质。但是长期来看，存款的收益低于证券类产品，从定期存款向股债证券组合进行优化配置是未来的大趋势。

实训 2 - 1 学会开立证券账户

实训目标

不同的证券产品，需要开立不同的证券账户，本任务要求同学们学会开立各类证券账户。

实训内容

登录中信证券官网，分组查找开立证券账户的流程和所需的资料，根据自己看到的内容，绘制出开户流程图并进行实训，完成情况的汇报。（用海报形式，分股票、债券、投资基金账户开立）

任务2-2　认识股票

知识目标

1. 了解股票的含义、特性和分类。
2. 掌握股票价值、股票价格指数、股息和红利的内容。

能力目标

1. 能开立股票模拟交易账户并进行模拟交易。
2. 能熟练计算股票的除息价和除权价。
3. 能分析股票交易盘面和各类股票价格指数。

思政目标

1. 培养学生树立证券产品理财的风险意识。
2. 培养学生爱岗敬业的职业精神和良好的职业素养。

思政阅读2-2

严把新股发行上市关口，服务实体经济高质量发展

2023年8月底以来，中国证券监督管理委员会（以下简称"证监会"）加强逆周期调节，阶段性收紧IPO（首次公开募股），合理把握新股发行节奏。证监会和交易所坚守监管主责主业，严把新股发行上市关口，优化新上市企业结构，统筹一、二级市场平衡，科学合理保持新股发行常态化，服务实体经济高质量发展。

2023年全年，沪深市场核发IPO批文245家，启动发行237家。其中，2023年1月到8月核发IPO批文213家，启动发行193家；2023年9月到12月核发批文32家，启动发行44家。下一步，证监会和交易所将继续把好IPO入口关，从源头提升上市公司质量，做好逆周期调节工作，更好地促进一、二级市场协调平衡发展。

资料来源：2024年1月12日新闻发布会［EB/OL］.（2024-01-12）. http://www.csrc.gov.cn/csrc/c100029/c7457231/content. shtml.

知识储备

一、股票的概念

（一）股票的含义

股票是股份有限公司在筹集资金时向出资人发行的股份凭证，股票代表其持有者对股份公司的所有权。

（二）股票的特性

1. 收益性

首先，股东凭其持有的股票，有权从公司领取股息或红利，获取投资的收益。股息或红利的大小，取决于公司的盈利水平和公司的盈利分配政策。其次，股票的收益性还表现在股票投资者可以获得价差收入，通过低价买入和高价卖出股票，投资者可以赚取价差利润。

2. 流通性

股票的流通性是指股票在不同投资者之间可以进行一定数量和价格的交易。

3. 价格波动性和风险性

股票在交易市场上作为交易对象，有自己的市场行情和市场价格，由于股票价格要受到诸如公司经营状况、供求关系、银行利率、大众心理等多种因素的影响，其波动有很大的不确定性，正是这种不确定性，有可能使股票投资者遭受损失，价格波动的不确定性越大，投资风险也越大。因此，股票是一种高风险的金融产品。

4. 不可偿还性

股票是一种无偿还期限的有价证券，投资者认购了股票后，就不能再要求退股，只能到二级市场卖给第三者。

5. 参与性

股东有权出席股东大会，选举公司董事会，参与公司重大决策，股东参与公司决策的权力大小取决于其所持有的股份的多少。

（三）股票的分类

股票根据不同的性质可以有多种分类。以下主要介绍按享有权利的不同分类，可分为普通股和优先股。

1. 普通股

普通股是指在公司的经营管理和盈利及财产的分配上享有普通权利的股票，代表满足所有债权偿付要求及优先股股东的收益权与求偿权要求后对企业盈利和剩余财产的索取权，它构成公司资本的基础，是股票的一种基本形式，也是发行量最大、最为重要的股票。

2. 优先股

优先股是相对于普通股而言的，主要指在利润分红及剩余财产分配的权利方面，优先于普通股的股票。优先股有两种权利：一是在公司分配盈利时，持有优先股的股东比持有普通股的股东分配在先，而且享受固定数额的股息，即优先股的股息率都是固定的，普通股的红利却不固定，要视公司盈利情况而定，上不封顶，下不保底。二是在公司解散、分配剩余财产时，优先股在普通股之前分配。

（四）股票的类型

1. A 股

A 股即境内上市人民币普通股票，以人民币计价，面向中国公民发行且在境内上市。

2. B 股

B 股即境内上市外资股，是指在我国境内上市的用外币计价的股份，上海证券交易所的 B 股采用美元计价，深圳证券交易所的 B 股采用港币计价。

3. 境外上市外资股

境外上市外资股是指上市公司向境外投资者募集并在境外上市的股份，主要由 N 股（在纽约上市的股票）、S 股（在新加坡上市的股票）等构成。

（五）股票的价值与价格

1. 股票的价值

在股票的价值中，有面值、净值、清算价值和内在价值四种。

（1）股票的面值。股票的面值是股份公司在所发行的股票上标明的票面金额。股票的面值一般都印在股票的正面且基本都是整数，如百元、拾元、壹元等。在我国上海证券交易所和深圳证券交易所流通的股票，其面值基本都统一定为壹元，即每股 1 元。规定股票票面价值的最初目的在于保证股票持有者在退股之时能够收回票面所标明的资产，随着股票的发展，购买股票后将不能再退股，所以股票面值的作用主要是表明股票的认购者在股份公司总股本中所占的比例和作为发行定价的一个依据。一般来说，股票的发行价都将会高于面值。当股票进入二级市场流通后，股票的价格就与股票的面值相分离了，彼此并没有什么直接的联系，有些股票的价格可能很高，比如茅台的价格一度达到每股 2 489.11 元，但其面值也就仅为 1 元。

（2）股票的净值。股票的净值，又称账面价值，也称每股净资产，指的是用会计的方法计算出来的每股股票所包含的资产净值，股票的账面价值是股份公司剔除了一切债务后的实际资产，是股份公司的净资产。其计算方法是：每股净值 = 公司净资产÷公司总股本。由于账面价值是财会计算结果，其数字准确程度较高、可信度较强，所以它是股票投资者评估和分析上市公司经营实力的重要依据之一。股份公司的账面价值高，则股东实际所拥有的财产就多；反之，股东拥有的财产就少。股票的净值虽然只是一个会计概念，但它对于投资者进行投资分析具有较高的参考价值，也是产生股票价格的直接根据，在股票市场中，股民除了要关注股份公司的经营状况和盈利水平外，还需特别注意股票的净资产含量，净资产含量越高，公司所拥有的本钱就越大，抗拒各种风险的能力也就越强。

（3）股票的清算价值。股票的清算价值，是指股份公司破产或倒闭后进行清算时每股股票所代表的实际价值。从理论上讲，股票的每股清算价值应当与股票的净值相一致，但是企业在破产清算进行财产处置时，其财产价值是以实际的销售价格来计算的，其销售价格往往都低于实际价值。所以股票的清算价值就与股票的净值不相一致，一般都要小于净值。

（4）股票的内在价值。股票的内在价值即理论价值，是股票未来收益的现值，是在某一时刻股票的真正价值，也是股票的投资价值。股票的内在价值需用折现法进行计算，但是由于上市公司的寿命期、每股税后利润及社会平均投资收益率等都是未知数，所以股票的内在价值较难计算，在实际应用中，一般都是取预测值。

2. 股票的价格

股票的价格有市场价格和理论价格之分。

（1）股票的市场价格。股票的市场价格即股票在股票市场上买卖的价格，股票市场可分为发行市场和流通市场。发行市场也称一级市场，流通市场也称二级市场，因此股票价格也就有发行价格和流通价格之分，股票的发行价格就是发行公司与证券承销商议定的价格，股票发行价格的确定受到很多因素的影响，如利率、股息、流通市场的股票价格等。股票的流通价格是指股票在流通市场上进行交易的价格，是股票的市场价格，一般称为股票市价或股票行市。股票的市场价格由股票的价值决定，但同时受到许多其他因素的影响，供求关系是最直接的影响因素，供大于求时，价格下跌；供不应求时，价格上涨。在流通市场，股票价格表现为开盘价、收盘价、最高价、最低价等形式，其中收盘价是分析股市行情时采用的重要数据。

（2）股票的理论价格。从理论上讲，股票价格由价值决定，股票本身并没有价值，股票之所以有价格，是因为股票代表的是持有者的股东权益，股东权益所代表的直接经济利益，表现为股息和红利收入。股票的理论价格，就是为获得这种股息、红利收入的请求权而付出的代价，是股息资本化的表现。股息收入与利息收入具有同样的意义，投资于股票还是存于银行，取决于不同投资项目收益率的高低。股票理论价格的计算需要考虑的因素包括预期股息和必要收益率。

二、股息和红利

（一）股息和红利的定义

股息是股东定期按一定的比率从上市公司获得的盈利，红利则是在上市公司分派股息之后按持股比例向股东分配的剩余利润。一般来讲，上市公司在财务年度结算以后会根据股东的持股数将一部分利润作为股息分配给股东。

（二）股息和红利的发放形式

股息和红利的发放形式有现金股利、财产股利、负债股利和股票股利这四种。现金股利是上市公司以货币形式支付给股东的股息和红利，也是最常见的股利分派形式。财产股利是上市公司用现金以外的其他资产向股东分派的股息和红利，它可以是上市公司持有的其他公司的有价证券，也可以是实物资产。负债股利是上市公司通过建立某种负债，用债券或应付票据作为股利分派给股东。这些债券或应付票据一方面作为股利支付给股东，另一方面也确定了股东对上市公司享有的独立债权。股票股利是上市公司用股票的形式向股东分派的股利，也就是通常所说的"送红股"。

（三）除权与除息

上市公司发放股息和红利的形式虽然有上述四种，但我国上市公司进行利润分配一般只采用股票红利和现金红利两种，即通常所说的"送红股"和"派现金"。上市公司向股东送红股时，要对股票进行除权；上市公司向股东分派股息时，要对股票进行除息。上市公司一般要宣布一个日期作为股权登记日，即在该日收市时持有该股票的股东就享有分红的权利。

在股票的除权除息日，证券交易所要计算出股票的除权除息价，以作为股民在除权除息日开盘时的参考。这是因为，在收盘前拥有的股票是含权的，而收盘后次日交易持有的股票将不再参加利润分配，所以除权除息价实际上是将股权登记日的收盘价予以变换。除息价即登记日收盘价减去每股股票应分得的现金红利，其计算公式为

$$除息价 = 登记日的收盘价 - 每股股票应分得的现金红利$$

股权登记日的收盘价格除以所含有的股权，就是除权报价，其计算公式为

$$除权除息价 = 股权登记日的收盘价 \div （1 + 每股送股率）$$

若股票在分红时既有现金红利又有红股，则除权除息价计算公式为

$$除权除息价 = （股权登记日的收盘价 - 每股应分得的现金红利） \div （1 + 每股送股率）$$

上市公司有时也将配股与分红派息同时进行，其除权除息价的计算公式为

$$除权除息价 = （股权登记日的收盘价 - 每股应分得的现金红利 + 配股率 \times 配股价） \div （1 + 每股送股率 + 每股配股率）$$

三、股票价格指数

（一）股票价格指数概述

股票价格指数就是用以反映整个股票市场上各种股票市场价格的总体水平及其变动情况的指标，简称股票指数。它是由证券交易所或金融服务机构编制的表明股票行市变动的一种供参考的指示数字。由于股票价格起伏无常，投资者必然面临市场价格风险。

对于某一种股票的价格变化，投资者容易了解，而对于多种股票的价格变化，要逐一了解，比较困难。因此，一些金融服务机构就利用自己的业务知识和熟悉市场的优势，编制出股票价格指数，以此作为市场价格变动的指标，投资者据此就可以检验自己投资的效果，并用以预测股票市场的动向。股票价格指数是表明了股票行市变动情况的价格平均数。编制股票价格指数，通常以某年某月为基础，以基期的股票价格作为100，用以后各期的股票价格和基期价格比较，计算出的百分比，就是该时期的股票指数。根据指数的升降，可以判断股票价格的变动趋势。

（二）我国股票价格指数分类

1. 上证综合指数

上证综合指数是以上海证券交易所挂牌上市的全部股票（包括A股和B股）为样本、以发行量为权数（包括流通股本和非流通股本）、以加权平均法计算、以1990年12月19日为基日、基日指数定为100点的股价指数，1991年7月15日正式发布。

2. 深证综合指数

深证综合指数由深圳证券交易所从 1991 年 4 月 3 日开始编制并公开发表，该指数规定 1991 年 4 月 3 日为基期，基期指数为 100 点。深证综合指数是以在深圳证券交易所上市的所有股票为计算范围、以发行量为权数的加权综合股价指数。

3. 上证 180 指数

上海证券交易所于 2002 年 7 月 1 日正式对外发布的上证 180 指数，用以取代原来的上证 30 指数。新编制的上证 180 指数的样本数量扩大到 180 家，入选的个股均是一些规模大、流动性好、行业代表性强的股票。该指数不仅在编制方法的科学性、成分选择的代表性和成分的公开性上有所突破，同时也恢复和提升了成分指数的市场代表性，从而更全面地反映股价的走势。

4. 上证 50 指数

上证 50 指数于 2004 年 1 月 2 日正式对外发布，简称上证 50，基日为 2003 年 12 月 31 日，基点为 1 000 点。上证 50 指数是从上证 180 指数样本中挑选出规模大、流动性好的 50 只股票组成样本股，综合反映上海证券市场最具市场影响力的一批优质大盘股的整体状况。

5. 深证成指

深证成指是深圳证券交易所编制的一种成分股指数，是从上市的所有股票中抽取具有代表性的 40 家上市公司的股票作为计算对象，并以流通股股数为权数计算得出的加权股价指数，综合反映深圳证券交易所上市 A、B 股的股价走势。

6. 沪深 300 指数

沪深 300 指数正式发布于 2005 年 4 月 8 日。首先，其在备选样本中直接剔除了 ST、*ST 股票和暂停上市股票；其次，沪深 300 指数完全按照市值、流动性等加权数值排序选取；最后，300 个大市值股票占市值覆盖率大约在 60%。

7. 恒生指数

恒生指数是香港股市历史最久的一种股价指数，由香港恒生银行于 1969 年 11 月 24 日公布使用。现行恒生指数以 1996 年 7 月 31 日为基期，根据各行业在港上市股票中的 33 种具有代表性的股票价格加权计算编制而成。恒生指数是目前香港股票市场最具权威性和代表性的股票价格指数。

（三）国外的股票价格指数

1. 道琼斯股票价格平均指数

道琼斯股票价格平均指数又称道氏指数，采用不加权算术平均法计算。其以1928年10月1日为基期，纽约证券交易所交易时间每30分钟公布一次，用当日的股票价格算术平均数与基期的比值求得，是被新闻媒介引用最多的股票指数。

2. 标准普尔指数

标准普尔指数由美国标准普尔公司于1923年开始编制发表，当时主要编制两种指数：一种是包括90种股票每日发表一次的指数，另一种是包括480种股票每月发表一次的指数。1957年，其扩展为现行的、以500种采样股票通过加权平均综合计算得出的指数，在开市时间段，每半小时公布一次。

3. 日经股票价格指数

日经股票价格指数是日本股票市场的股票价格指数，它是用近500种股票价格之和除以一个常数得出来的。

4. 金融时报指数

金融时报指数采样股票是根据英国伦敦国际证券交易所上市的100家大公司的股票选定的，以每分钟一次的频率更新，采用加权算术平均法计算得出。

案例延伸阅读 2-2

股市中的"羊群效应"

"羊群效应"是投资里的一个术语，主要意思是模仿别人，比喻人都有从众心理，从众心理容易导致盲从，而盲从往往会使人陷入骗局或遭遇失败。

股票市场的虚拟性、交易的便捷性以及不稳定性让市场投资者不能在投资判断决策中趋于理性，也让"羊群效应"在股市中反映得更为充分。

在股票投资市场中，形成"羊群效应"的表现是个人投资者的能量迅速集聚起来，追涨时，信心百倍，蜂拥而至。当大盘"跳水"时，恐慌开始体现为连锁反应，人们在恐慌中逃离。"跳水"时量可以放大，这时容易将股票杀在地板价上。

正如巴菲特所言："在别人贪婪的时候恐惧，在别人恐惧的时候贪婪。"这句话在金融市场的人都熟悉，也比较简单，但又有几个能够做到在情绪激昂或者悲观绝望的时候冷静判断呢？

实训 2-2　开设股票模拟交易账户

实训目标

开设股票模拟交易账户，熟悉证券交易软件的应用。

实训内容

下载同花顺模拟交易软件，根据所下载的证券交易软件，每个同学在同花顺模拟交易软件开立个人股票交易账户，并熟悉股票交易的盘面术语。

任务 2-3　股票投资理财

知识目标

1. 了解股票基本面分析和技术分析的含义与区别。
2. 掌握股票基本面分析和技术分析方法。

能力目标

1. 能利用基本面分析选股。
2. 能利用技术分析法确定买卖时机。
3. 能利用基本分析和技术分析模拟交易。

思政目标

1. 培养学生合理投资、遵纪守法的意识。
2. 帮助学生树立中国资本市场的制度自信。

思政阅读 2-3

促进融资端与投资端平衡发展，推动注册制走深走实

证监会一直以来高度重视融资端与投资端动态平衡，2019 年启动股票发行注册制改革后，在保持 IPO 常态化的同时，大力发展权益类基金、加大中长期资金引入力度，积极培育主动、稳定的长期投资力量。从融资端看，2019—2024 年这 5 年以来 A 股 IPO 总额 2.2 万亿元，再融资总额 3.8 万亿元，合计融资总额约 6 万亿元。资本市场只有不断有新的优质公司上市，才能保持一池活水，资本市场的基石才能不断夯实。从投资端看，加强建设，积极推动各类投资者加大对 A 股市场的投资力度。公募基金、养老金、保险等中长期资金合计持有 A 股流通市值从 6.4 万亿元增长至 15.9 万亿元，增幅超 1 倍，持股占比从 17% 提升至 23%。权益类基金从 2.3 万亿元增长至 7 万亿元，占公募基金规模比例从 18% 提升至 26%。北上资金持 A 股流通市值从 0.7 万亿元增长至 2 万亿元。个人投资者持有 A 股流通市值从 10.8 万亿元增长至 22.1 万亿元。资本市场投融资两端总体保持平衡发展。

资料来源:2024 年 1 月 19 日新闻发布会[EB/OL]. (2024 - 01 - 19). http://www.csrc.gov.cn/csrc/c100029/c7458464/content.shtml.

知识储备

一、认识股票基本面分析

股票投资基本面分析在整个投资分析方法体系中占有十分重要的地位。通过股票投资的基本面分析，能使投资者比较清楚地把握影响证券行情波动的宏观及微观层次的各种因素，从而为投资者作出正确的投资决策提供重要的参考依据。

（一）基本面分析的含义及特点

基本面分析又称基本分析，是指投资者根据经济学、金融学、会计学及管理学原理，对决定证券价值及价格的基本要素，如宏观经济指标、经济政策走势、行业发展状况、产品市场态势、公司销售和财务状况等进行分析，以预测证券市场走势、评估证券投资价值、提出投资建议的一种分析方法。首先，它以价值分析为基础，通过研究证券价格变化的原因，对证券市场中长期前景预测有很大帮助。其次，相对于技术分析、心理分析和理论分析来说，它是投资界的主流分析方法和派别，是其他分析方法的基础和前提，也是一种最简单、最重要的分析方法。最后，它对选择具体投资对象和中长期投资决策作用大，而对选择买卖时机和短期投资的决策作用不是很大。

（二）基本面分析的理论基础及内容

基本面分析的理论基础是商品价值决定商品价格，价格围绕价值上下波动。公司发行的股票也是一种商品，具有价值，它们在证券市场上的价格则以价值为依据上下波动。基本面分析包括宏观经济分析、行业分析和公司分析三个部分。

宏观经济分析主要探讨各项宏观经济指标和经济政策对证券价格的影响。行业分析主要研究行业所属的不同市场类型、所处的不同生命周期以及行业的业绩对于证券价格的影响。行业的发展状况对该行业上市公司的影响是巨大的，投资某个上市公司，实际上就是以某个行业为投资对象。公司分析是基本分析的重点，无论什么样的分析报告，最终都要落实在某个公司股票价格的走势上。如果没有对发行股票的公司状况进行全面分析，就不可能准确地预测其价格走势。

综上所述，基本面分析是通过对影响股票价格及其变动趋势的宏观因素的研究，来评价股票总体价值，从而对股票市场或某只股票走势的方向作出判断。

二、认识股票技术分析

技术分析是股票分析的重要方法，作为证券市场最古老的分析方法，其理论是众多投资者在进行股票投资的实践中总结出来的，可以帮助投资人预测市场未来发展变化趋势，避免明显的错误。对技术分析的掌握和运用程度，有时会直接影响到投资人的切身利益。

（一）技术分析的含义和作用

技术分析是以股票市场过去和现在的市场行为为分析对象，应用数学和逻辑的方法，探索出一些典型变化规律，并据此预测证券市场未来变化趋势的分析方法。利用技术分析决策，不需要去做宏观分析和行业、公司研究，投资者只要研究该股票价格走势以及各种指标和图表，就能够从中把握买卖的时机。

技术分析的理论和方法有多种，主要有道氏理论、波浪理论、K 线理论、形态理论、切线理论和技术指标。技术分析深受股票、期货市场投资者的青睐。

（二）技术分析的理论基础

技术分析在 19 世纪末产生，纯粹是人们的一种经验总结，但随着技术分析的不断普及和研究的不断深入，不断得到充实、完善和发展，并逐步形成一个颇为复杂的体系。一般来说，技术分析作为一个理论体系，是建立在以下三大假设基础上的，即市场行为包含一切信息、价格沿趋势运动并保持趋势和历史会重演。

1. 市场行为包含一切信息

其主要思想是：任何一个影响股票市场的因素，最终都必然体现在股票价格变动上。因此，投资者只需关心这些因素对市场行为的影响结果，而不必去分析影响证券价格变动的所有因素。

2. 价格沿趋势运动并保持趋势

其主要思想是：股票价格的变动是有一定规律的，即保持原来运动方向的惯性，在市场力量没有根本性逆转的时候不要轻言趋势已经结束，盲目断言市场的顶部或底部。这也是技术分析最为看重的"顺势而为"投资原则的理论依据。

3. 历史会重演

由于人类心理行为模式具有遗传性特征，因此，在市场具备相似情况和波动趋势时，投资者倾向于采取相同的行为进行应对，从而使市场表现出与历史现象类似的重演特征。具体到股票市场上，一个人在某种情况下按照某种方法进行操作取得成功，以后遇到类似的情况，就会按同一方法进行操作。

应该辩证看待以上三个假设。例如，假设市场行为包括一切信息，但市场行为反映的信息同原始的信息毕竟有一些差异，信息损失是必然的。因此，在进行技术分析的同时还应该适当进行基本分析，以弥补不足。技术分析法由于逻辑关系不够充分引起争论。

（三）技术分析的四要素

技术分析主要研究股票的市场行为，即价格、成交量、时间、空间。这几个要素是进行正确分析的基础。

1. 价格和成交量是市场行为最基本的表现

价格和成交量作为市场行为最基本的表现，两者之间的对应关系存在一定的规律。

（1）价升量增、价跌量减。当股价从底部开始启动时，部分先知先觉的投资者捕捉到这一信号开始提前进入，从而使股价形成向上趋势，一旦趋势形成，势必会吸引更多的投资者跟进，从而表现为价格进一步抬高、成交量进一步放大。相反，当股价由上升转为下降时，投资者的心态变得悲观，从而多数采取观望的态度，表现到市场行为上即价跌量减。

（2）价升量不增、行情难长久。成交量是股价上升的动力，如果股价上升而成交量没有有效放大，即多方量能不足，升势肯定不能持续多久。

（3）高位放量、行情到顶。随着股价的上升，市场多空双方的力量对比不断地发生变化，多方买入的动力越来越弱，同时持股者卖出股票的动力越来越强，当股价到达一定高度，持股者会集中卖出获利，那么这种价格处于高位的大成交量也就意味着一次行情的结束。

（4）低位放量、行情启动。股价经过长时间的下跌到达一定低位后，空方动能消耗殆尽，而多方动能开始积聚，表现在成交量上有一个温和的放大过程，所以，低位放量往往意味着一个新行情的开始。

2. 时间和空间是市场潜在能量的表现

在进行行情判断时，时间是很重要的因素。一个已经形成的趋势在短时间内不会发生根本改变，一个形成了的趋势又不可能永远不变，经过一定时间又会有新的趋势出现。在股市中，时间更多地与循环周期理论相联系，反映市场起伏的内在规律和事物发展周而复始的特征，体现了市场潜在的上升或下降的能量的大小。上升或下降幅度越大，潜在能量越大；反之，潜在能量越小。

技术分析中的空间，是指一个市场波动周期内价格运动的最高点与最低点间的距离。长周期的价格变动的空间也会大，短周期价格变动的空间也会更小。时间长、波动空间大的过程，对今后价格趋势的影响和预测作用较大；时间短、波动空间小的过程，对今后价格趋势的影响和预测作用较小。

案例延伸阅读 2 –3

投资的 80 定律

80 定律就是投资时买高风险产品的资金比例不能超过 80 减去你的年龄再乘以 100%。随着年龄的增长，收入会下降，风险的承受能力也会有所不同。

20 多岁的时候，我们的收入可能很低，风险承受能力比较高，60 岁的时候收入会达到一生的高峰，但是风险承受能力是比较弱的。

投资的 80 定律强调了年龄和风险投资之间的关系：年龄越大，就越要降低高风险项目的投资比例，从对收益的追求转向对本金的保障。因此，需要投资于一些具有较高保障性的资产，以满足紧急情况下资金的需要，如各类保险以及国债、外汇、黄金等，这些都是相对比较安全的投资。

任务 2 –4 债券投资理财

知识目标

1. 了解债券的定义、券面要素的内容。
2. 掌握债券投资的收益来源和风险构成。

能力目标

1. 能够计算债券投资的收益率。
2. 能够根据客户需求做债券投资规划。

1. 培养学生的爱国情怀和良好的职业素养。
2. 培养学生的责任感和担当意识。

思政阅读2-4

地方债募投愈加精准多元，持续聚焦稳增长与补短板

2023年以来，经济呈现波浪式修复，地方债尤其是专项债作为宏观调控的重要抓手，持续助力稳基建、促投资、补短板、扩内需、调结构。地方债募投持续聚焦市政、交通领域，合计超万亿元专项债资金投向相关项目；新基建特别是信息网络建设明显发力，政策持续加码下新基建领域专项债资金占比继续抬升，其中过半数资金投向信息网络建设项目；同时，符合条件的城中村改造项目被纳入专项债支持范围，积极助力保民生、扩内需、稳地产。

此外，中小银行专项债发行规模超2 000亿元，创历史新高，更全面地发挥稳企业、调结构的作用。从区域看，各地因地制宜、各有侧重地投向不同领域。东部地区积极推进城市更新等新型城镇化建设并加大城中村改造支持力度；中部地区多投向棚改并积极支持新基建项目；西部地区更多向交通、文旅领域倾斜；东北地区继续加强市政及产业园建设，助推产业转型升级。

资料来源:袁海霞,汪苑晖,闫彦明.稳步扩容规模创新高需更加注重"质""量"平衡——2023年中国地方政府债券发展分析及展望[J].债券,2024(1):40-44.

知识储备

一、债券的定义

债券是政府、金融机构、企业等直接向社会借债筹措资金时，向投资者发行，承诺按约定条件支付利息并偿还本金的债权债务凭证。

二、债券的票面要素

（一）债券的票面价值

债券的票面价值是债券票面标明的货币价值，是债券发行人承诺在债券到期日偿还给债券持有人的金额。债券的票面价值要标明的内容主要有币种、票面的金额。

（二）债券的到期期限

债券的到期期限是指债券从发行之日至偿清本息之日的时间，也是债券发行人承诺履行合同义务的全部时间。

（三）债券的票面利率

债券的票面利率是债券年利息与债券票面价值的比值，影响票面利率的因素包括：①借贷资金市场利率水平；②筹资者的资信；③债券期限长短。一般来说，期限较长的债券流动性差，风险相对较大，票面利率应该高一些，而期限较短的债券流动性强，风险相对较小，票面利率就可以低一些。

（四）债券发行者名称

标明债券的债务主体，为债权人到期追回本金和利息提供依据。

三、债券投资的收益

债券投资的收益来自三个方面：债券的利息收益、资本利得和再投资收益。

（1）债券的利息收益。这是债券发行时就决定的，除了零息债券和浮动利率债券，债券的利息收入是不会改变的。

（2）资本利得。资本利得是债券买入价与卖出价或买入价与到期偿还额之间的差额。

（3）再投资收益。再投资收益是投资债券所获现金流量再投资的利息收入。

四、债券投资的风险

（一）违约风险

违约风险是指债券的发行人不能按时支付利息或偿还本金给债券投资者带来损失的风险。财政部发行的国债，由于有政府做担保，所以没有违约风险。地方政府和公司发行的债券都有违约风险。因此，信用评级机构要对债券进行评价，以反映其违约风险。一般来说，如果市场认为一种债券的违约风险相对较高，那么就会要求较高的债券收益率，从而弥补可能承受的损失。

（二）利率风险

债券的利率风险是指由于利率变动而使投资者遭受损失的风险。利率是影响债券价格的重要因素之一。当利率提高时，债券的价格就降低；当利率降低时，债券的价格就会上升，即便是没有违约风险的国债，也会存在利率风险。

（三）购买力风险

购买力风险是指由于通货膨胀而使货币购买力下降的风险。通货膨胀期间，投资者实际利率应该是票面利率扣除通货膨胀率。若债券利率为10%，通货膨胀率为8%，则实际的收益率只有2%，购买力风险是债券最常见的风险。

（四）变现能力风险

变现能力风险是指投资者在短期内无法以合理的价格卖掉债券的风险。

（五）经营风险

经营风险是指发行债券的单位的管理与决策人员在其经营管理过程中发生失误，导致资产减少而使债券投资者遭受损失的风险。

五、我国债券市场

债券市场包括发行市场和交易市场两个层次。我国目前主要债券品种有国债、金融债券、公司（企业）债券、中央银行票据、短期融资券等。

国债是以国家财政收入为偿还保证的债券，一般不存在违约风险。根据期限长短，国债一般分为三类：一是期限在1年以下（含1年）的短期国债，即国库券；二是期限在1年以上10年以下（含10年）的中期国债；三是期限在10年以上的长期国债。

国库券的期限一般分为3个月、4个月、6个月和12个月，通常按贴现方式折价发行。在实际中，国库券的收益状况一般用贴现收益率衡量。贴现收益率是指贴现收益与票面价值的比率按单利法转化得到的年收益率。其计算公式为

$$贴现收益率 = \frac{票面价值 - 国库券购买价格}{国库券购买价格} \times \frac{360}{剩余天数} \times 100\%$$

六、债券收益率的计算

债券收益率有票面收益率、直接收益率等。这些收益率分别反映投资者在不同买卖价格和持有年限下的实际收益水平。

（一）票面收益率

票面收益率是指债券的票面利率，即年利息收入与债券面值之比。其计算公式为

$$Y_n = \frac{C}{M} \times 100\%$$

其中，Y_n为票面收益率；C为债券年利息；M为债券面值。

（二）直接收益率

直接收益率又称本期收益率、当前收益率，指债券的年利息收入与债券的买入

价之比。债券的买入价可以是发行价，也可以是在流通市场上的交易价格，它可以等于债券面值，也可以高于或者低于债券面值。其计算公式为

$$Y_d = \frac{C}{p_0} \times 100\%$$

其中，Y_d 为直接收益率；C 为债券年利息；p_0 为债券买入价。

直接收益率反映了投资者的投资成本带来的收益。直接收益率也有不足之处，它和票面收益率一样，不能全面地反映投资者的实际收益，因为它忽略了资本损益，既没有计算投资者买入价格与持有债券到期满按面额偿还本金之间的差额，也没有反映买入价格与到期前出售或赎回价格之间的差额。

任务 2-5 基金投资理财

知识目标

1. 了解证券投资基金的定义、特点和分类。
2. 掌握基金投资策略。

能力目标

1. 能够计算基金投资的费用。
2. 能够做基金投资前的分析。
3. 能够根据客户需求做基金理财规划。

思政目标

1. 培养学生爱岗敬业、认真负责的职业态度。
2. 培养学生团队协作精神和沟通协调能力。

思政阅读 2-5

大力推动中长期资金入市，持续壮大长期投资力量

来源稳定、行为规范、运作专业的中长期资金是构建资本市场内在稳定性的重要基础之一。近年来，证监会着力发展权益类基金，会同相关部门完善中长期资金参与权益投资的制度环境，取得了阶段性成效。2023 年年底，各类专业机构投资者

共持有 A 股流通市值 16 万亿元，5 年增长 1 倍多，持股占比从 17% 提高到 23%。其中，公募基金持有 A 股流通市值 5.1 万亿元，持股占比从 4% 提高到 7.3%，已成为 A 股市场最大的专业机构投资者。

但总体上看，资本市场的中长期资金总量仍然不足，配套机制还不够完善，"长钱长投"的政策环境没有完全形成。其中，公募基金作为资管行业权益投资的代表，权益类产品占比不高，市场引领力不足；保险资金、养老金股票投资，在绩效考核、投资运作等方面的制度环境还有不少可以优化的空间。针对这些问题，《国务院关于加强监管防范风险推动资本市场高质量发展的若干意见》提出了明确的指引和要求，证监会正在会同相关主管部门，研究制定具体工作举措，加快形成合力，引导各类中长期资金加大权益投资规模，增强促进资本市场健康稳定发展的影响力，形成中长期投资与资本市场的良性互动。

资料来源:2024 年 4 月 12 日新闻发布会[EB/OL]. (2024－04－12). http://www.csrc.gov.cn/csrc/c100029/c7473708/content.shtml

知识储备

一、认识证券投资基金

（一）证券投资基金的定义

证券投资基金是指通过公开发售基金份额募集资金，由基金托管人托管，由基金管理人管理和运用资金，以资产组合方式进行投资的一种利益共享、风险共担的集合投资方式。

（二）证券投资基金的特点

1. 集合投资

基金是这样一种投资方式：它将零散的资金巧妙地汇集起来，交给专业机构投资于各种金融工具，以谋取资产的增值。基金对投资的最低限额要求不高，投资者可以根据自己的经济能力决定购买数量。

2. 分散风险

在投资活动中，风险和收益总是并存的，"不能将所有的鸡蛋都放在一个篮子里"，这是证券投资的箴言。基金可以凭借其雄厚的资金，在法律规定的投资范围内进行科学的组合，分散投资于多种证券，达到分散投资风险的目的。

3. 专业理财

基金实行专家管理制度，专家具有丰富的证券投资和其他项目投资经验，他们善于运用先进的技术手段分析各种信息资料，能对证券价格变动趋势作出比较正确的预测，最大限度地避免投资决策的失误，提高投资成功率。

（三）投资基金的分类

1. 按基金的组织形式分类

按基金的组织形式，基金可分为契约型基金和公司型基金。

（1）契约型基金。契约型基金是指将投资者、管理人、托管人三者作为基金的当事人，通过签订基金契约的形式发行受益凭证而设立的一种基金。契约型基金的投资者即基金的委托人和受益人，享有基金的受益权。

（2）公司型基金。公司型基金是依据基金公司章程设立，在法律上具有独立法人地位的股份投资公司。公司型基金在组织形式上与股份有限公司类似，基金管理公司负责管理基金的投资业务。但不同于一般股份公司的是，它委托基金管理公司作为专业的财务顾问或管理公司来经营、管理基金资产。

2. 按基金运作方式分类

按基金运作方式，基金可分为封闭式基金和开放式基金。

（1）封闭式基金。封闭式基金是指经核准的基金份额总额在基金合同期限内固定不变，基金份额可以在依法设立的证券交易场所交易，但基金份额持有人不得申请赎回原基金。基金期限届满即为基金终止，管理人应组织清算小组对基金资产进行清产核资，并将清产核资后的基金净资产按照投资者的出资比例进行公正、合理的分配。

（2）开放式基金。开放式基金是指基金份额总额不固定，基金份额可以在基金合同约定的时间和场所申购或者赎回的基金。

封闭式基金与开放式基金的份额除了首次发行价都是按面值加一定百分比的购买费计算外，以后的交易计价方式不同。封闭式基金的买卖价格受市场供求关系的影响，常出现溢价或折价现象，并不必然反映单位基金份额的净资产值。开放式基金的交易价格则取决于每一基金份额净资产值的大小，其申购价一般是基金份额净资产值加一定的购买费，赎回价是基金份额净资产值减去一定的赎回费，不直接受市场供求影响。

3. 按基金的投资标的分类

按基金的投资标的，基金可分为债券基金、股票基金、货币市场基金、混合型基金等。

（1）债券基金。债券基金以债券为主要投资对象，债券比例须在80%以上，风险高于货币市场基金、低于股票基金。

（2）股票基金。股票基金以股票为主要投资对象，股票比例须在80%以上，股票基金的投资目标侧重于追求资本利得和长期资本增值。

（3）货币市场基金。货币市场基金是以货币市场工具为投资对象的一种基金。其投资对象一般期限在1年内，包括银行短期存款、国库券、公司债券、银行承兑票据及商业票据等。份额净值始终维持在1元，每天计算收益，一般以1万份基金份额当日获得的收益或是以最近7天的万份收益计算出来的年化收益率计算，具有低风险、低收益、高流动性、低费用等特征。

（4）混合型基金。混合型基金是指投资于股票、债券及货币市场工具的基金，且不符合股票型基金和债券型基金的分类标准，根据股票、债券投资比例以及投资策略的不同，混合型基金又可以分为偏股型基金、偏债型基金、灵活配置型基金等多种类型。

4. 其他特殊类型的基金

（1）指数基金。指数基金的投资组合模仿某一股价指数或债券指数，收益随着即期的价格指数上下波动。指数基金可以作为避险套利的工具，具有费用低廉、风险较小的优势。

（2）交易所交易的开放式基金。交易所交易的开放式基金是传统封闭式基金的交易便利性与开放式基金可赎回性相结合的一种新型基金。目前，我国上海证券交易所和深圳证券交易所已经分别推出交易型开放式指数基金和上市型开放式基金。①ETF（交易型开放式指数基金）。ETF的申购是用一篮子股票换取ETF份额，赎回时也是换回一篮子股票而不是现金。②LOF（上市型开放式基金）。LOF是一种可以同时在场外市场进行基金份额申购、赎回，在交易所进行基金份额交易，并通过份额转托管机制将场外市场与场内市场有机地联系在一起的新的基金运作方式。

我国第一只LOF是在2004年10月14日由南方基金管理公司募集设立的南方积极配置证券投资基金，并于2004年12月20日在深圳证券交易所上市交易。

案例延伸阅读2-4

一文看懂ETF

我们知道ETF通常跟踪的是某一项指数，指数可以按照地区、产品类别、行业类别细分。按产品大类，ETF可以分为股票ETF、商品ETF、债券ETF、货币ETF等。按地区，ETF可以分为A股ETF、港股ETF、美股ETF、海外ETF等。按指数覆盖的范围，ETF 可以分为宽基 ETF 和窄基 ETF。窄基 ETF 包含行业 ETF、主题 ETF、策略 ETF 等。宽基 ETF 跟踪的指数所覆盖的行业最广，如国内的上证 50ETF、沪深 300ETF、中证 500ETF 等。行业 ETF 是在宽基的基础上，进一步细分行业产生的，如养殖 ETF、证券 ETF、煤炭 ETF 等。

1. ETF 的交易特征

（1）ETF 的交易制度。ETF 实行一级市场和二级市场并存的交易制度。在一级市场，投资者可以在交易时间内以 ETF 指定的一篮子股票申购 ETF 份额或以 ETF 份额赎回一篮子股票，ETF 有最小申购、赎回份额的规定，通常最小申购、赎回单位为 30 万份、50 万份、100 万份，申购和赎回必须以最小申购、赎回单位的整数倍进行。

（2）ETF 的交易门槛。ETF 与普通股票一样在证券交易所挂牌交易，基金买入申报数量为 100 份或者其整数倍，不足 100 份的基金可以卖出，机构投资者和中小投资者都可以按市场价格在二级市场进行 ETF 份额交易。

（3）ETF 的交易效率。由于 ETF 锚定的是某一项指数，因此 ETF 的交易效率就取决于该指数底层资产交易情况。如果 ETF 标的资产是 $T+0$ 交易，ETF 就是 $T+0$ 交易。目前 A 股股票是 $T+1$ 交易，因此 A 股 ETF 就是 $T+1$ 交易。

（4）ETF 的交易费。在二级市场交易 ETF 基金时，证券公司会收取一笔佣金，和交易股票的佣金大体一致，费率是开立账户时和证券公司协商好的。

2. ETF 联接基金

由于 ETF 是一种场内基金，交易时需要通过股票账户进行。如果投资者没有股票账户，但又想投资 ETF 该怎么办呢？ETF 联接基金的出现便解决了上述问题。ETF 联接基金是一种以绝大部分资产投资于目标 ETF 的基金产品，投资比例不低于基金资产净值的 90%。

资料来源：常福强.ETF 基金概览：什么是 ETF？一文看懂 ETF 的起源、发展、分类、交易特征、联接基金［EB/OL］.（2023 - 07 - 07）. https：//finance. sina. com. cn/money/fund/etf/2023 - 07 - 07/doc - imyzuvmf8733772. shtml.

二、开放式基金的交易程序

开放式基金不在交易所上市，其基金总额可以变动，其交易程序包括以下几个。

（一）阅读有关法律文件

投资者购买基金前，需要认真阅读有关基金的招募说明书、基金契约及开户程序、交易规则等文件，对准备购买基金的风险、收益水平有一个总体评估，并据此作出投资决定。

（二）购买基金

（1）认购。投资者在开放式基金募集期间、基金尚未成立时购买基金单位的过程称为认购。认购份额的计算公式为

①净认购金额＝认购金额／（1＋认购费率）

②认购费用＝认购金额－净认购金额

③认购份额＝（净认购金额＋利息）÷基金单位净值

例2－1 某投资人投资10万元认购基金，认购资金在募集期产生的利息为3元，其对应的认购费率为1.2%，基金份额面值为1元，计算认购费用和认购份额。

根据题意，计算可得

$$净认购金额＝100\,000÷（1＋1.2\%）＝98\,814（元）$$

$$认购费用＝100\,000－98814＝1\,186（元）$$

$$认购份额＝（98\,814＋3）÷1＝98\,817（份）$$

（2）申购。在募集期结束即基金成立之后，投资者通过销售机构申请向基金管理公司购买基金单位的过程称为申购。申购基金单位的数量是以申购日的基金单位资产净值为基础计算的。由于基金资产价值随着股票、债券等证券的市场价格的变化而波动，因此基金净值也会发生变化。申购份额的计算公式如下：

①净申购金额＝申购金额÷（1＋申购费率）

②申购费用＝申购金额－净申购金额

③申购份额＝净申购金额÷T日（指基金交易日）基金单位净值

（三）赎回

与申购过程一样，投资者可以通过直销机构和代销机构向基金公司下达赎回指令。基金赎回中较关键的事项如下。

（1）下达赎回指令。投资者可以通过传真、电话、互联网或者到基金公司柜台（或代销机构）下达基金赎回指令，指令主要包括赎回份数、赎回日期等。

（2）赎回价格。基金赎回价格理论上是赎回当日的基金净值，但由于多数基金公司会收取赎回手续费，所以实际赎回价格是赎回当日的基金净值扣除赎回手续费。

（3）领取赎回款。投资者赎回基金时，无法在交易当天拿到款项，一般会在交易日的5～7天内收到款项。

基金管理公司在接到投资者赎回指令后，首先要确认赎回是否有效，其次是准

备赎回资金，最后指示托管银行将投资者的赎回款汇至其指定的银行账户或寄发支票到指定地址。

赎回金额的计算公式为

赎回金额 =（赎回份数 × 赎回日基金单位净值）×（1 - 赎回费率）

赎回费率一般按持有时间的长短分级设置。持有时间越长，适用的赎回费率越低。实行后端收费模式的基金，还应扣除后端认购/申购费，才是投资者最终得到的赎回金额。其计算公式为

赎回金额 = 赎回总金额 - 赎回费用 - 后端收费金额

例 2 - 2　某投资者通过银行投资 1 万元申购某开放式基金，假设基金管理人规定的申购费率是 1.5%，申购当日基金份额净值为 1.025 元，申购费用和申购份额分别是多少？

根据题意，计算可得

净申购金额 = 10 000 ÷（1 + 1.5%）= 9 852（元）

申购费用 = 10 000 - 9 852 = 148（元）

申购份额 = 9 852 ÷ 1.025 = 9 612（份）

例 2 - 3　如果投资者持有上述基金 1 年半，投资者将基金赎回，对应的赎回费率为 0.5%，赎回当日基金份额净值为 1.305 元，可赎回金额是多少？

根据题意，计算可得

赎回总金额 = 9 612 × 1.305 = 12 543.66（元）

赎回费用 = 12 543.66 × 0.5% = 62.72（元）

赎回金额 = 12 543.66 - 62.72 = 12 480.94（元）

三、基金的投资策略

（一）固定比例

固定比例即将一笔资金按固定的比例分散投资于不同种类的基金上，当某类基金因净值变动而使投资比例发生变化时，就卖出或买进这类基金，从而保证投资比例维持原有的固定比例，不至于因某只基金表现欠佳或过度奢望价格会进一步上升而使到手的收益成为泡影。

（二）基金定投

基金定投指不论行情如何，每月（或定期）投资固定的金额于固定的基金上，长期下来，所购买基金单位的平均成本将较平均市价低，即所谓的平均成本法。

采用基金定投这种方式，由于基金定投是定期定额分批进场投资的，当股市

在盘整或是下跌的时候，反而可以越买越便宜，股市回升后的投资报酬率也胜过单笔投资。中国股市呈长期震荡上升的趋势，因此定期定额非常适合长期投资理财计划。

案例延伸阅读2-5

选择适合自己的投资理财方式

2023年股市波动幅度比较大，资产的价格在下降，投资者风险偏好也在下降，投资信心受到很大的打击。因此接下来主打的理财策略是"稳"，投资者可以聚焦一些低波动的理财产品，如大额存单、定期存款、储蓄国债，这些更受普通投资者的欢迎。

投资者应该平衡好风险和收益的关系进行资产配置。如果追求稳健收益，可以在存款产品外，适当配置现金管理类理财产品、货币基金和储蓄国债等。

投资理财要以个人的风险偏好、投资能力、投资经验为基础做好资产配置。投资者在投资时容易出现"羊群效应"，大家买什么就跟着去买什么，这个做法不可取，投资理财一定要选择适合自己的方式。

任务2-6 金融衍生产品投资理财

知识目标

1. 了解期货投资的定义、特点。
2. 掌握期货交易制度和我国的股指期货交易。

能力目标

1. 能够开立股指期货交易账户。
2. 能够分析股指期货交易的收益和风险。
3. 能够计算股指期货交易的收益。

思政目标

1. 培养学生创新精神。
2. 使学生能够运用所学知识甄别网络投资产品的真伪。

思政阅读 2－6

2010 年 4 月 16 日，股指期货的上市给中国资本市场带来了新的契机。无论是对传统证券市场的投资者还是对金融衍生品市场的投资者来讲，新的创新工具都会促使其调整思维模式、重新审视投资策略。2008 年的国际金融危机表明，金融衍生品本身是个好东西，但失去监管就会变异，就会放大风险。股指期货等金融衍生品也是一把"双刃剑"，使用得当可以用来管理风险，如果使用不当，也会引发风险。

知识储备

一、期货与期货投资

期货是指以某种大宗产品如棉花、大豆、石油等实物资产及金融资产如股票、债券等为标的的标准化、可交易合约，一般分为商品期货和金融期货，金融期货主要包括股指期货、利率期货、外汇（汇率）期货等。

期货投资是指通过在期货交易所买卖标准化的期货合约而进行的一种有组织的交易方式，期货交易的对象并不是商品本身，而是商品的标准化合约。

二、期货投资的特点

（一）高杠杆和高风险

期货交易无须支付全部资金，只需交纳一定的履约保证金就可控制 100% 的虚拟资产，行情和盈利被以 10 余倍放大，达到以小搏大的效果，但也就意味着亏损也会被以 10 余倍放大，因此期货投资存在高风险。

（二）双向性

期货与股市的一个最大区别就是期货可以双向交易，期货可以买多，也可以卖空，价格上涨时可以低买高卖，价格下跌时可以高卖低买，做多可以赚钱，而做空也可以赚钱，所以说期货无熊市。在熊市中，股市会萧条，而期货市场却机会依旧。

（三）随时平仓

期货交易实行"$T+0$"的交易制度，在把握趋势后，可以随时交易、随时平仓。

（四）交易效率高

期货交易通过公开竞价的方式使交易者在平等的条件下公平竞争，同时，期货交易有固定的场所、程序和规则，运作高效。

三、期货交易制度

为了保证期货交易的正常进行，发挥期货市场功能，期货交易所制定了一套完整的交易制度，主要有保证金制度、结算制度和平仓制度等。

（一）保证金制度

期货交易者只需要按照期货合约价格的一定比率交纳少量资金作为履行合约的担保，即可以进行期货合约的买卖，这种资金就是期货保证金。保证金又分为初始保证金和追加保证金。

初始保证金是交易者新开仓时需要交纳的资金，根据交易额和保证金比率确定，即

$$初始保证金 = 交易金额 \times 保证金比率$$

一般初始保证金为交易金额的3%～8%。交易者在持仓过程中，会因为市场行情的变化而产生浮动盈亏，因而保证金账户中实际可用来弥补亏损和提供担保的资金就会随时发生增减。保证金账户中必须维持的最低金额为维持保证金。

$$维持保证金 = 结算价 \times 持仓量 \times 保证金比率$$

当保证金账面金额低于维持保证金时，交易者必须在规定时间内补充保证金至初始保证金水平或以上，否则交易所有权实施强行平仓。需要补充的保证金为追加保证金。

（二）结算制度

结算是期货交易结算机构根据交易所公布的结算价格对客户持有头寸的盈亏进行资金清算的过程。结算制度也是风险控制的重要手段之一。期货交易实物交割较少，因此多以对冲完成期货合约的交易。

期货交易双方的盈亏通过保证金账户的划转实现，但亏损方若不及时追加保证金，则交易所将代为承担该部分亏损。为防止该现象发生，交易所实行了逐日盯市制度。逐日盯市制度是指结算部门在每日闭市后计算保证金账户余额，通过适时发出追加保证金通知，使保证金余额维持在一定水平上，从而防止交易所承担亏损的结算制度。

（三）平仓制度

平仓制度指强行平仓，强行平仓是指交易所按照有关规定对会员、客户持仓实行平仓的一种强制措施。期货交易所每日根据会员持仓结算浮动盈亏，调整会员保证金账户可动用余额。若调整后的保证金余额小于维持保证金，交易所便发出通知，

要求会员在下一个交易日开市之前追加保证金，若会员不能按时追加保证金，交易所将有权强行平仓。

四、股指期货

（一）股指期货的概念及交易特征

股指期货是一种以某种股票指数为标的的标准化期货合约。买卖双方交易的是一定时期的股票价格水平，在合约到期后以现金结算差价的方式进行交割。

股指期货具有以下特征：标的物为特定的股价指数；杠杆性；高风险和风险多样性；联动性，股指期货价格与其标的资产变动的联系极为密切。

（二）股指期货的交易流程

股指期货的交易流程主要包括选择期货公司、开户、下单、竞价、成交、结算和交割等环节。选择期货公司可以通过证券公司介绍或自己直接找期货公司。找到合适的期货公司后，就可进入开户阶段。开户是指在期货公司开立专门用于期货交易的账户。

（三）期货投资策略

1. 套期保值

套期保值是指买入或卖出与现货市场数量相当但交易方向相反的期货合约，以期在未来某一时间通过卖出或买入期货合约来补偿现货市场价格变动带来的实际价格风险。套期保值分为买入套期保值和卖出套期保值两种。

2. 套利交易

套利交易是指利用现货价格与期货价格的差异进行获利的交易行为，其操作方式是在低价市场买入、在高价市场卖出，即"低买高卖"。在指数期货市场和现货市场进行套利交易，应注意两个市场的时间差异。股票市场买卖都用现货交割，而期货市场则交割远期的股票指数。

3. 投机交易

投机交易是指在期货市场上以获取价差收益为目的的期货交易行为。投机者根据自己的判断进行买入或卖出，如果判断准确，投机者平仓出局时可获取投机利润；如果判断失误，则投机者平仓出局时会承担损失。

4. 股指期货交易风险

股指期货交易的最根本风险来自"杠杆效应"，"杠杆效应"使投资者可交易金额被放大的同时，也使投资者风险加大了很多倍。

五、我国主要的金融期货品种

我国已经在交易所上市的金融期货有股指期货和国债期货。股指期货有四种，分别是上证 50 股指期货合约、沪深 300 股指期货合约、中证 500 股指期货合约、中证 1 000 股指期货合约。国债期货也有三种，分别是 2 年期国债期货、5 年期国债期货、10 年期国债期货。

案例延伸阅读 2-6

股指期货的开户条件

根据中国金融期货交易所（以下简称"中金所"）的适当性规定，如果投资者满足下面任意一条，就可以直接申请开通股指期货，无须 50 万元验资、考试及交易经历。

（1）若您在其他期货公司已经有金融期货的交易权限，可以直接申请开通股指期货，无须再次验资、考试和满足交易经历。

（2）若您有股票 ETF 期权（上证 50ETF 期权和沪深 300ETF 期权）交易权限，也可直接申请开通股指期货交易权限。

（3）若您有原油期货交易权限，且是通过 50 万元验资开通的原油期货交易权限，也可申请豁免开通股指期货。

如果是首次开通股指期货交易权限，且不满足豁免开通股指期货的条件，则需同时满足以下条件方能开通中金所的交易权限。

（1）进行 50 万元验资：开通商品账户后进行验资，连续 5 个交易日账户可用资金不低于 50 万元。

（2）通过期货业协会的知识测试：测试成绩不低于 80 分。

（3）满足交易经历：10 笔实盘交易经历或者 10 天 20 笔仿真交易经历（一开一平算 2 笔）。

国内除了股指期货还有股指期权和金融 ETF 期权，ETF 期权的交易限制相对较低，部分刚入行的投资者都是通过 ETF 期权入市，交易门槛以及试错风险都较低，是入门的最佳选择。

资料来源. 股指期货的开户条件是什么？［EB/OL］.（2023 - 01 - 31）. https://xueqiu. com/2171305922/240927684.

实训 2 – 3 学会开立股指期货账户

实训目标

要求同学们学会开立期货模拟交易账户。

实训内容

1. 登录金仕达期货模拟交易软件（可用来模拟中金所的国债期货和股指期货交易）开立期货模拟交易账户。

2. 绘制股指期货交易流程图。请完善图 2 – 1。

```
1.阅读期货交易风险说明书  ⟹  2.

4.  ⟸  3.

5.  ⟹  6.进行交易
```

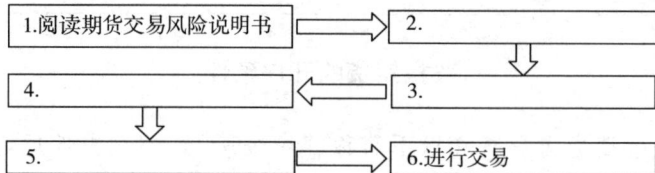

图 2 – 1 期货开户步骤

实训 2 – 4 查找我国股指期货合约的主要条款

实训目标

了解我国的股指期货。

实训内容

登录中信证券官网，分组查找我国股指期货合约标的的主要条款，根据自己查看到的内容，填入表 2 – 2。

表 2 – 2 股指期货合约主要条款

合约名称	沪深 300 股指期货合约	上证 50 股指期货合约	中证 500 股指期货合约
合约标的			
合约乘数			
报价单位			
最小变动价位			
合约月份			
交易时间			
每日价格最大波动限制			
最低交易保证金			
最后交易日			
交割日期			
交割方式			

续表

合约名称	沪深 300 股指期货合约	上证 50 股指期货合约	中证 500 股指期货合约
交易代码			
上市交易所			

项目小结

证券市场的投资理财工具主要有股票（包括 A 股、B 股、H 股等）、债券（国债、企业债券、金融债券、可转换债券等）、证券投资基金（公募基金、私募基金等）、金融衍生产品（期货、期权、权证等）和其他产品（外汇、黄金等）。

证券投资是指投资者买卖股票、债券、基金等有价证券以及这些有价证券的衍生品以获取差价、利息及资本利得的投资行为和投资过程。证券投资是对预期会带来收益的有价证券的风险投资，收益具有较大的不确定性。

在证券投资中，风险与收益相对应、共生共存，承担风险是获取收益的前提，收益是风险的成本和报酬。对于证券投资而言，风险较大的证券，其收益率相对较高；相反，收益率较低的投资对象，其风险相对较小。因此收益与风险组合原则是：在风险一定的前提下，尽可能使收益最大化，或在收益一定的前提下，尽可能使风险最小化。

股票是股份有限公司在筹集资金时向出资人发行的股份凭证，股票代表着其持有者对股份公司的所有权。

债券是政府、金融机构、企业等直接向社会借债筹措资金时，向投资者发行，承诺按规定利率支付利息并按约定条件偿还本金的债权债务凭证。

证券投资基金是指通过公开发售基金份额募集资金，由基金托管人托管，由基金管理人管理和运用资金，以资产组合方式进行投资的一种利益共享、风险共担的集合投资方式。

期货投资是指通过在期货交易所买卖标准化的期货合约而进行的一种有组织的交易方式，期货交易的对象并不是商品本身，而是商品的标准化合约。

即测即练

项目训练

第一部分　项目知识训练

1. 某只股票在股权登记日的收盘价为 15 元，拟定的分配方案分别为：方案一，每股派息 0.8 元；方案二，每股送 0.8 股；方案三，每股送 0.5 股，派息 0.3 元；方案四，每股送 0.5 股，派息 0.3 元，配 0.4 股，配股价为 5 元。分别计算以上四个方案的除息价、除权价和除权除息价。

2. 期限为 91 天、票面价值为 100 元的国库券，售价为 99.6 元。那么按一份计算，投资额为 99.6 元，折现收益为 0.4 元，该国库券贴现收益率是多少？

3. 某债券面值为 100 元，3 年期，票面利率为 5%，现以 95 元的发行价发行，则投资者在认购债券后持有至期满时，可获得的直接收益率为多少？

4. 某投资者持有 50 000 元用来申购某一开放式基金，如申购基金的费率为 1.5%，申购当日基金份额净值为 1.6 元，那么这位投资者能购得多少基金份额？

5. 某投资者想要赎回 50 000 份基金单位，假设赎回费率为 0.5%，当日该基金单位资产净值为 1.168 8 元，其得到的赎回金额为多少元？

6. 沪深 300 指数目前是 5 000 点，投资者甲和乙就 3 个月后的走势签订了一个协议，甲做多，乙做空。协议规定 3 个月后指数 5 300 点，每点价值 300 元。

（1）如果 3 个月后指数上涨至 5 380 点，分别计算甲、乙的收益；

（2）如果 3 个月后指数下跌至 5 220 点，分别计算甲、乙的收益。

第二部分　项目能力训练

1. 请使用互联网查找资料，了解我国股票交易规则并填入表 2-3。

表 2-3　我国股票交易规则

交易时间	
交易方式	
交易单位	
报价单位	
涨跌幅限制	
交收制度	

2. 根据实训 2-3 学习的股票开户程序，每个同学在同花顺模拟交易软件开立个人股票交易账户。

3. 认识股票交易的盘面，对盘面术语的含义作出说明并写出来，填入表 2-4。

表 2 - 4　股票交易盘面术语表

项目	含义
委比	
最新	
涨幅	
振幅	
总手	
开盘	
最高	
最低	
量比	
内盘	
外盘	
换手率	

4. 利用所学证券投资知识，通过上一任务开设的股票模拟交易账户，试买入某几只股票，利用股票投资的基本分析和技术分析方法分析其投资价值，增强股票投资理财能力，实现课程教学中理论与实践的有机统一。全部同学根据以上所完成的工作任务完成表 2 - 5。（小组成果汇报，PPT 演示、图片或文档资料，可附页）

表 2 - 5　股票模拟交易实训报告

股票交易实训报告

小组成员（标明组长）：

实训目标：

任务完成过程记录：
一、我的成交记录

二、分析个股
1. 基本面分析：

2. 行业板块分析：

3. 上市公司分析（公司情况、买入点等）：

盈利能力（提示：运用盈利能力指标分析）：

市场热点分析：

技术走势分析：

三、卖出情况记录和分析
实训体会、总结：

成绩考核表：

自评分数	小组测评分数	教师综合评分	总成绩	备注

5. 登录易方达基金官网,通过易方达基金官网,查询易方达消费行业股票型基金的基本资料,找出一只开放式基金,说明该基金的投资价值。

6. 下载天天基金交易软件,通过所下载的交易软件,根据实训 2-3 学习的投资基金开户程序,在天天基金模拟交易软件开立个人账户。

7. 利用所学证券投资基金知识,通过模拟交易,买入几只基金,分析基金所在行业现状等因素对模拟交易的投资基金市场价格的影响,完成表 2-6。(小组成果汇报,PPT 演示、图片、海报或文档资料)

表 2-6 基金模拟交易实训报告

投资基金交易实训报告

小组成员(标明组长):

实训目标:

实训任务:

任务完成过程记录:
一、我的交易记录

二、所选基金的投资前分析
行业分析(行业情况、买入价位等):

历史收益率分析:

三、卖出情况记录和分析

四、计算模拟投资基金的收益及收益率
1. 申购费

2. 赎回费

3. 收益率计算

实训体会、总结:

成绩考核表:

自评分数	小组测评分数	教师综合评分	总成绩	备注

项目3　保险产品理财

随着我国经济的不断发展，人均收入和家庭财产也在快速增加。越来越多的人在满足基本生活所需并积累一定的财富后，对理财的需求越来越大。在众多的理财产品中，对于保险理财，相信很多家庭都不会陌生。

配置理财保险主要是利用保险这类金融产品的固有属性，即风险防范，来管理生活中可能发生的意外，以便弥补经济损失，同时也可以实现资金的保值、增值。

经过近些年的快速发展，目前，我国保险理财产品种类丰富、设计多样，其收益虽然比不上股票和基金，但是风险很低，比较适合对金融市场不熟悉或者没有经验的投资者。

思维导图

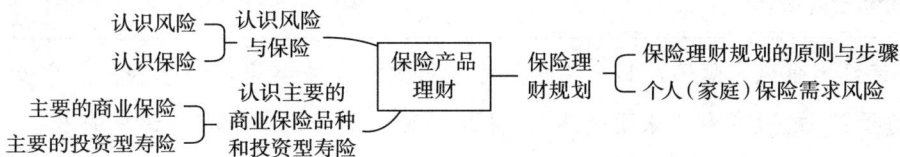

项目情境导入

2024年1月19日晚，河南省南阳市方城县独树镇砚山铺村英才学校一宿舍发生火灾，事故造成13人遇难、4人受伤。23时00分，方城县消防救援大队指挥中心接警，迅速调集救援力量赶赴现场处置。23时38分，明火被扑灭，其他宿舍未发生引燃。方城县120指挥中心派出医用救护车和医务人员现场开展医疗救援；方城县公安局派多警种现场参与救援处置。火灾事故处置指挥部设置工作组及遇难学生家属服务专班，全力开展伤者救治、家属安抚、善后处置工作，抽调县内骨干医护人员分赴郑州、南阳医院做好服务保障；主动与遇难者家属对接沟通，做好情绪心理疏导、健康监测等工作；积极与保险、人社、民政、教育、财政等部门对接，依法依规做好资金赔付和困难救助，尽快落实到位。

突发性事件带来的风险，我们应该如何管理？在风险发生后，我们如何进行补救，将突发性事件带来的损失最小化？

任务 3-1　认识风险与保险

知识目标

1. 了解风险的本质，能够分析风险的构成要素。
2. 掌握风险多维度的分类。

能力目标

1. 能够对特定风险进行风险大小的衡量。
2. 能够运用风险管理方法进行风险管理。

思政目标

树立风险防范和风险管理意识。

思政阅读 3-1

《诗经·豳风·鸱鸮》曰："迨天之未阴雨，彻彼桑土，绸缪牖户。今女下民，或敢侮予？"被引申为"未雨绸缪"，意思是说，做任何事情都应该事先准备，以免临时手忙脚乱。从古至今，表达风险防范与风险管理的成语很多，包括未雨绸缪、居安思危等。即使身处太平盛世，也要有防备危难的警觉。2008 年汶川大地震中，桑枣中学的师生在两分钟内全体撤离校舍，无一人伤亡。这是校长叶志平此前置外界"疯子""神经紧张"的评论于不顾，坚持每年进行演练，最终创造出的奇迹——"宜未雨而绸缪，毋临渴而掘井"，这更是叶校长风险防范意识的体现与践行，因此才确保了全校师生的平安。

知识储备

一、认识风险

所谓风险，就是指在特定的时间内、特定的客观情况下，某种收益或者损失发生的不确定性，即某一特定危险情况发生的可能性和后果的组合。

风险的本质是损失的不确定性。

（一）风险的衡量指标

损失频率：指在一定时期内、一定规模的风险单位总量中可能发生的损失次数的比例。

损失程度：指一次风险事故发生所导致的标的损毁程度。

$$损失频率 = （损失发生次数 ÷ 风险单位总量）×100\%$$
$$损失程度 = （损毁价值 ÷ 风险标的总价值）×100\%$$

（二）风险的构成要素

（1）风险因素。

（2）风险事故。

（3）风险损失。

风险的构成要素之间的关系：风险因素是指引起和促使风险事故发生的原因和条件，是造成损失的内在的或间接的原因。风险事故是指能造成生命、财产损害的偶发事件，是造成损害的外在的和直接的原因。

（三）风险的分类

（1）按风险性质：可分为纯粹风险与投机风险。

（2）按风险标的：可分为财产风险、人身风险、责任风险与信用风险。

（3）按产生风险的形成原因：可分为自然风险、社会风险、技术风险、政治风险及经济风险。

（4）按风险产生的环境：可分为动态风险和静态风险。

（四）风险管理流程与技术

风险管理的目的：以最小的成本获得最大的安全保障。

风险管理流程：①风险识别；②风险衡量；③风险评估；④选择风险管理技术；⑤风险管理效果评估。

风险管理技术如表 3 - 1 所示。

表 3 - 1　风险管理技术

风险管理技术						
控制型风险管理技术				财务型风险管理技术		
避免	预防	抑制	分散	自留	转移	
					非保险转移	保险转移

在风险管理技术选择的过程中，可以灵活使用损失频率和损失程度指标，如图 3 - 1 所示。

图 3 – 1 风险管理技术选择方法

二、认识保险

保险是指投保人根据合同约定，向保险人支付保险费，保险人对于合同约定的可能发生的事故所造成的财产损失承担赔偿保险金责任，或者当被保险人死亡、伤残、疾病或达到合同约定的年龄、期限时承担给付保险金责任的商业保险行为。

（一）保险的分类

（1）按保险的性质：可分为商业保险和政策性保险。

（2）按保险标的：可分为财产保险和人身保险。

（3）按实施方式：可分为强制保险和自愿保险。

（二）保险的职能

保险的职能见表 3 – 2。

表 3 – 2 保险的职能

保险的职能	
基本职能	派生职能
分散风险 补偿损失	防灾防损 融通资金 社会管理 分配

（三）保险合同

1. 保险合同的定义

保险合同是投保人与保险人约定保险权利义务关系的协议。

2. 保险合同当事人

（1）投保人。投保人是指与保险人订立保险合同，并按照合同约定负有支付保险费义务的人。

（2）保险人。保险人是指与投保人订立保险合同，并按照合同约定承担赔偿或者给付保险金责任的保险公司。

（3）被保险人。被保险人是指其财产或者人身受保险合同保障，享有保险金请求权的人。投保人可以为被保险人。

（4）受益人。受益人也称保险金受领人，是指人身保险合同中由被保险人或者投保人指定的享有保险金请求权的人。

实训 3 –1

实训目标

1. 能够识别生活中的风险。

2. 能够对所识别的风险进行分类。

3. 能够对面临的风险选择恰当的风险管理方法。

实训内容

了解你身边的一位朋友，根据表3 – 3 的要求进行填写。

表3 – 3　朋友所面临的风险

调查对象姓名		调查项目	朋友面临的风险
调查时间		调查人	
任务目标	了解风险的种类及风险管理方法		
任务内容	通过对朋友的采访，了解朋友现在所面临的风险，并且针对这些风险，按照风险管理流程，使用正确的风险管理技术对风险进行管理。		
任务完成过程	1. 采访你的朋友，问一问他现在所面对的风险，通过沟通写出不少于三条。 2. 通过你所学习的知识，请对以上风险进行分类（按风险性质和风险标的分类）。 3. 请对以上风险从损失频率与损失程度两个维度给予定性分析。 4. 对上述经过衡量后的风险选择有效的风险管理方法。		
任务成果要求	以本任务页面填写结果及本表格之后所附问题回答为准		
考核方式	成绩计算标准： 完成每个任务步骤满分为25 分，共四个步骤，合计100 分。		
教师评价	教师签名：　　　　　日期：		

实训目标

1. 了解保险公司产品及其主要的业务范围。

2. 针对保险公司理赔案例分析风险的三要素。

实训内容

以小组为单位，选定一家保险公司（可以实地调研，也可以网络搜索），对其产品、业务范围及相关理赔案例进行收集与分析。

实训步骤

步骤 1：针对选定的保险公司，了解其主要的业务范围，总结后以流程图的形式展示。

步骤 2：将你所调查的保险公司目前在售的保险产品填入表 3 – 4 中。

表 3 – 4　保险公司产品

险种分类	保险产品	产品特色

步骤 3：选择你所调查的保险公司的一个案例，首先指出该案例中保险合同的主要当事人是谁，其次分析该案例中的风险三要素。

提示：风险三要素包括风险因素、风险事故、风险损失。

任务 3 – 2　认识主要的商业保险品种和投资型寿险

知识目标

1. 了解人身保险的特点及分类。

2. 掌握财产保险的基本类型。

能力目标

1. 能够对财产保险和人身保险进行比较。
2. 能够对市场中现有保险品种进行合理分析。

思政目标

引导学生遵守保险行业的职业规范，增强学生的职业责任感和使命感。

思政阅读 3 – 2

大 国 保 险

经过近20年的发展，中国保险业已经进入一个快速发展的时期，但与国际社会相比，差距还是很明显的，发展仍相对滞后，问题依然突出。中国保险业的保险深度和保险密度，无论是与发达国家相比还是与发展中国家的平均保险深度和保险密度相比，都相对落后。虽然从总量上看，我国现在保险行业中保费在全世界都是名列前茅的，毫无疑问我们是保险大国，但是目前保险行业存在的问题阻碍了我们从保险大国走向保险强国。

《大国保险》纪录片中，展示出保险如何成为国家经济发展的坚实后盾：炮火硝烟中，"战时运输兵险"保存着工商业的火种；科研探索中，"跃进轮"沉没遇险事件的海外分保补偿了共和国的损失；发展进程中，从"非典"等重大疫情，到核电站和卫星发射等特殊风险，保险进行了全覆盖。同时也要认识到我们需要为推动我国从保险大国到保险强国转变而付出艰苦的努力。

资料来源：《大国保险》纪录片：见证"保险大国"的崛起之路[EB/OL]. (2021 – 11 – 25). https://finance. cctv. com/2021/11/25/ARTIKzX7iv7jJaoZuRuUUWUZ211125. shtml？spm = C02773. PCom RqAT CSZA. E4KqWIsGsEyc. 1.

知识储备

一、主要的商业保险

（一）人身保险

人身保险是以人的寿命和身体为保险标的的保险。

1. 人身保险的特征

（1）保险标的的不可估价性。

（2）保险金额的定额给付性。

（3）保险期限的长期性。

（4）生命风险的相对稳定性。

（5）人身保险的储蓄性。

2. 人身保险的种类

人身保险的种类见表3－5。

表3－5　人身保险的种类

		定期寿险
	人寿保险	终身寿险
		两全保险
		疾病保险
人身保险	健康保险	医疗保险
		护理保险
		失能收入损失保险
	年金保险	
	人身意外伤害保险	

（二）财产保险

财产保险是指以财产及有关利益为保险标的，以补偿投保人或被保险人的经济损失为基本目的的一种保险品种。

1. 财产保险的特征

财产保险的特征包括：①对象范围上的广泛性；②损失补偿性；③保险期限相对较短；④经营内容具有复杂性。

2. 财产保险的种类

财产保险包括：①火灾及其他灾害事故保险（含企业财产保险和家庭财产保险）；②货物运输保险；③运输工具保险；④工程保险；⑤责任保险；⑥信用（保证）保险；⑦农业保险。

二、主要的投资型寿险

分红型保险是投资型寿险的主要品种，是指在获得人寿保险的同时，保险公司将实际经营产生的盈余，按一定比例向保险单持有人进行红利分配的人寿保险品种。

（一）特征

分红型保险的特征包括：①共享经营成果；②共担投资风险；③定价的精算假设比较保守；④保险给付、退保金中含有红利。

（二）红利

分红型保险的红利来源于利差、死差、费差的收益。一般来说，分红型保险的红利的来源会基于一定假设，以下将这三种假设以公式形式进行表述。

保险公司实际投资收益率 ＞ 预定利率形成利差益

实际死亡率 ＜ 预定死亡率形成死差益

保险公司实际营业费用 ＜ 预计营业费用形成费差益

📖 小资料

保险的来源

在以海运为主要运输方式的时代，商船过海，大概每10艘中就会有1艘发生事故。对出事的商船来说，事故意味着会带来全部损失。后来有人想出一个办法，10艘商船联盟，大家把自己的货物平分为10份，每艘船只放1/10，当事故发生时，每个人都只损失1/10的货物。这种方法装卸货物比较麻烦且10艘商船的限制让这种方法的实施有所困难。后来有人想出了更简易的办法，他们直接收取每船10%的风险承担费用，如果船出事故，那就按100%来赔偿；如果船正常到港，那10%的费用也不再返还。自此，海上保险就诞生了。

实训3-3

实训目标

区别财产保险和人身保险。

实训内容

以小组为单位，通过网络找寻一家主营人身保险的保险公司和一家主营财产保险的保险公司，收集其产品等相关资料，对比人身保险和财产保险的不同，完成以下问题及表格。

实训步骤

步骤1：通过收集资料完成表3-6。

表 3 - 6   人寿保险公司与财产保险公司对照表

名称	人寿保险公司	财产保险公司
主营业务		
成立时间		
经营规模（总资产）		
经营特色		
主要保险产品列举		

步骤 2：根据所了解的这两家保险公司的基本资料，总结其区别与联系。

实训 3 - 4

实训目标

熟悉各类型的商业保险产品种类。

实训内容

选择一家保险公司，查找不同的商业保险产品的种类做具体展示，并针对不同人群推荐恰当的商业保险品种。

实训步骤

步骤 1：查找两个商业保险产品的资料，并针对这两个商业保险产品的特点、理赔、保额、费率等全面地向小组其他成员进行介绍（表 3 - 7）。

表 3 - 7   步骤 1 资料

项目	产品一	产品二
产品特点		
产品描述		
年度保额		
终身保额		
赔付比例		
保险标的		

步骤 2：假设现在有单身人士、中年夫妇、退休老人三类人群，分别对这三类人群作出分析并推荐合理的商业保险产品（表 3 - 8）。

表 3 - 8   步骤 2 资料

项目	单身人士	中年夫妇	退休老人
现状分析			
产品推荐			

任务 3 - 3 保险理财规划

知识目标

1. 了解保险理财规划的原则和步骤。
2. 掌握保险需求分析的方法。

能力目标

1. 能够对人身保险需求进行测算。
2. 能够对财产保险需求进行估算。

思政目标

1. 树立保险理财规划意识。
2. 合理规划人生阶段，选择适合的保险理财产品。

思政阅读 3 - 3

银保监会（2023 年组建国家金融监督管理总局，不再保留银保监会）印发了《个人税收优惠型健康保险业务管理暂行办法》。近年来，保险业大力发展商业健康保险，积极参与医药卫生体制改革、服务医疗保障体系建设。有多家保险公司开展商业健康保险业务，备案销售的健康保险产品涵盖疾病险、医疗险、护理险和失能收入损失险四大类。从国际经验来看，税收优惠是鼓励市场机制发挥作用、发展商业健康保险最有效的政策杠杆之一。国家出台了一系列支持商业健康保险发展的文件，明确提出要完善健康保险税收支持政策。但总体上看，作为医疗保障体系重要组成部分的商业健康保险发展一直比较滞后、作用发挥有限，是全民医保体系中的短板，尽快补上这一短板，既是当前深化医改的要求，也是完善全民医保体系的题中之义。这项政策的出台，一方面可以鼓励个人积极购买商业健康保险，增强个人的健康风险意识和责任意识；另一方面可以提高医疗保障水平，减轻群众的医疗负担，同时也有利于加快构建多层次的医疗保障体系，维护社会稳定。

知识储备

一、保险理财规划的原则与步骤

（一）原则

保险理财规划的原则包括：①风险转移；②量力而行；③组合保障；④生命周期；⑤商业保险与社会保险相结合。

（二）步骤

（1）确定保险标的（保险标的必须符合三个要求：法律认可、客观存在、可以衡量）。

（2）选定保险产品（同一个保险标的会面临多种风险，因此在确定保险需求和保险标的之后，就应该选择准备投保的具体险种）。

（3）确定保险金额（保险金额的确定应该以财产的实际价值和人身的评估价值为依据）。

（4）明确保险期限（财产保险、意外伤害保险、健康保险等保险产品，一般多为中短期保险合同；人寿保险的保险期限一般较长，如 10 年期限甚至到被保险人死亡）。

二、个人（家庭）保险需求分析

（一）人寿保险分析

（1）倍数法则。

（2）生命价值法，又称收入损失法、净收入弥补法，通过生命损失的经济估算来计算对保额的需求。

生命价值法计算步骤如下：①确定个人的工作或服务年限；②估计未来工作期间的年收入；③从预期收入中扣除个人衣、食、住、行等生活费用，得到净收入；④选择适当的折现率（通货膨胀率）计算预期净收入现值，得到个人经济价值即寿险需求。

（3）支出需要法，又称遗属法、遗族法，通过计算未来可预期的支出的累计现值来估算保险需求。

支出需要法计算步骤如下：①确立理财目标（还贷、奉养、子女教育、退休养老、丧葬、家属生活费用等）；②参数假设（通货膨胀率、收入增长率、贴现率）；③确认现有资源与责任（资产负债、收支）；④计算不同事件下遗属所需收入现值与资源现值的缺口，得出保险保障需求。

（二）财产保险需求的估算

家用电器、汽车、住宅等一般财产根据可保财产的实际剩余价值或重置价值自行确定；古玩、字画等特殊财产则需请专家进行评估。

家庭财产保险或个体企业保险需求计算公式为

家庭财产保险或个体企业保险需求

＝家庭财产保险或个体企业总保障需求－现有财务保障

实训 3 – 5

实训目标

规划保险理财方案。

实训内容

王先生 43 岁，王太太 35 岁，两人的月平均工资分别为 8 000 元和 3 000 元。王先生夫妻俩目前的月生活费是 4 000 元。夫妻俩准备到王先生 60 岁的时候一起退休，并希望退休以后能保持目前的生活水平。王先生夫妻俩所在城市的上年社会月平均工资为 2 200 元，退休金个人账户现有积累：王先生 10 万元，王太太 8 万元。截至王先生夫妇退休时，社保养老账户有 741 375 元，不考虑别的资源，请为王先生夫妻俩作出退休规划。

实训步骤

步骤 1：对于题目中尚未明确的条件进行假定，根据生命表，假定夫妻俩领取退休金为平均 20 年，通货膨胀率 4%，社保账户投资年收益率 2%，退休准备金投资年收益率退休前 6%、退休后 2%。社会月平均工资增长率 4%。

步骤 2：计算计划退休那一年的生活费标准。

王先生目前 43 岁，60 岁退休，以养老规划起点至退休时点为 17 年，以社会月平均工资增长率 4%，抵消通货膨胀率的影响，从而保持退休前的生活水平。

以养老规划期限的年生活费为 48 000 元（12 × 4 000 元 ＝48 000 元）。

计算退休时点的年生活费为

$$S_2 = S_1 \cdot (1 + c)^{t_2 - t_1} = 48\,000 \times (1 + 4\%)^{17} = 93\,499.22（元）$$

步骤 3：计算养老金年金目标现值。

退休后余寿为 20 年，计划退休时点的年生活费用为 93 499.22 元，退休后养老金投资收益率为 2%，月平均工资增长率 4%，得到退休时点的养老金现值总需求为

$$S_n = E \cdot \frac{1 - \left(\frac{1+c}{1+i}\right)^n}{i - c} = 93\,499.22 \times \frac{1 - \left(\frac{1 + 4\%}{1 + 2\%}\right)^{20}}{2\% - 4\%} = 2\,217\,801.50（元）$$

其中，S_n 为现值；E 为退休时点的年生活费用；i 为贴现率；c 为月平均工资增长率。

扣掉退休时夫妻 20 年社保养老金总值 741 375 元，得到养老金投资目标值为 1 476 426.5 元。

步骤 4：计算得出每年的定投额为 PMT（6%，17，0，1 476 426.5，0）= 52 331.65 元。

规划起点至退休时点为 17 年，养老金投资收益为 6%。退休时点的投资目标为 1 476 426.5 元，每年的投资额为 52 331.65 元。

实训 3 −6

实训目标

掌握保险理财规划计算方法。

实训内容

李某现年 41 岁，60 岁退休，目前年生活费 6 万元，退休后保持在目前生活费 80%，生活费年上涨 4%，退休后生存 15 年，投资报酬率为 6%。问：退休前每年投资多少才够退休生活？

实训步骤

步骤 1：计算退休当年的期望生活费标准。

期望生活费标准 $E = 60\,000 \times 80\% \times (1 + 4\%)^{19} = 101\,128.76$（元）

步骤 2：计算退休当年应准备的 15 年退休生活费现值。

$$S_n = E \cdot \frac{1 - \left(\frac{1+c}{1+i}\right)^n}{i - c} = 101\,128.76 \times \frac{1 - \left(\frac{1 + 4\%}{1 + 6\%}\right)^{15}}{6\% - 4\%} = 1\,259\,053.06\,(\text{元})$$

步骤 3：计算从现在开始每年应该投资的金额。

根据 Excel 代入公式 PMT 可得结果为 PMT（6%，19，0，1 259 053.06，0）= 37 294.23 元，所以李某每年投资 37 294.23 元才够退休后的生活。

项目小结

本项目主要内容是认识风险与保险、认识主要的商业保险品种和投资型寿险及保险理财规划三个任务。第一部分介绍了风险的概念、风险的分类、风险的判定标准以及风险的管理，从而引出保险的概念及功能。第二部分主要介绍了保险的分类以及市场中比较常见的保险品种，针对各类品种进行保险要素的分析与介绍，目的在于让学生熟悉商业保险分类。第三部分主要介绍了保险理财规划的具体方法，根据不同的业务情境进行客户保险需求的有关计算，并为客户做出恰当的保险理财规划。通过本项目的学习，在认知保险的同时，能够为保险需求者规划适宜且合理的理财产品，满足风险管理的同时，提高投资收益。

即测即练

项目训练

1. 某地区遭遇台风袭击，台风刮倒了大树，被刮倒的大树刚好砸到了一辆小汽车，导致该车辆损坏。问：上述案例中风险因素、风险事故、风险损失是什么？

2. 有一位被保险人张某现年 30 岁，年收入为 10 万元，个人年支出为 3 万元，计划 60 岁退休，求其个人的寿险需求。

（1）如果不考虑资金的时间价值。

（2）如果考虑资金的时间价值，设折现率为 3%。

3. 刘先生的儿子今年 8 岁，刘先生希望送儿子到英国留学，目前英国留学一年费用大约为 12 万元，并且每年平均上涨 3%。假设投资收益率 5%，请你为刘先生做一个大学 4 年的留学投资规划。

项目4　银行产品理财

在众多的理财产品中，银行理财产品占了很大的比重。在整个金融市场中，银行这类金融机构分布广泛，能够覆盖大部分地理区域，人们在选择理财产品时，银行具有天然的优势。另外，在复杂的理财产品结构中，对于金融知识欠缺的人群来讲，进行投资理财规划的时候，更愿意选择相对了解的银行理财。

银行理财产品可以分为传统理财产品、代理理财产品及新型理财产品。其种类丰富、品类齐全，可供不同风险偏好及风险承受能力的投资者选择。

通过本项目的学习，能够了解不同种类的银行理财产品特点及适用人群，从而规划合理的理财方案。

思维导图

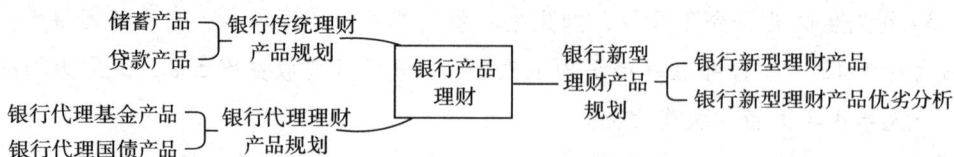

项目情境导入

26岁的晓玉和男友小张打算今年结婚。晓玉在一家保险公司做内勤工作，收入稳定，月薪约5 000元；小张是一家科技公司的客户经理，收入不稳定，根据业务情况每月收入在5 000元到10 000元之间，年底还有年终奖。两人都有五险一金，晓玉还有企业年金。两人都是外地人，目前在石家庄租房住，每月房租支出及生活费支出约5 000元。两人打算结婚后，在5年内买房、要孩子，想知道怎样理财最合适。

年轻人的职场之路刚刚起步，早早对自己做好职业规划及理财规划，保证今后在职场中的竞争能力，才能保证有更多的收入，也才能更好地进行理财。通过理财规划，经营好自己的人生，以确保今后的生活质量。

任务 4 –1　银行传统理财产品规划

知识目标

1. 了解银行储蓄产品的特点及存取方式。
2. 掌握银行贷款产品的特点及分类。

能力目标

1. 能够针对个人需求选择恰当的储蓄产品。
2. 能够分析贷款需求并推荐适合的贷款产品。

思政目标

树立安全理财规划意识。

思政阅读 4 –1

银行理财的发展趋势

《2022 年度中国银行业发展报告》提出，近年来银行业金融机构加速推进发展转型，不断提升服务实体经济质效，推进管理运营的全面数字化革新，强调财富管理业务加快转型升级。顺应经济结构转型和金融供给侧结构性改革深化趋势，加快发展财富管理业务，积极参与到"财富管理—资产管理—投资银行"的"大资管"链条中，更好地服务实体经济和居民需求。一方面正在实现从卖方模式向买方模式转型，持续加强投研团队建设，提升产品筛选能力和大类资产配置能力；另一方面进一步推动财富管理数字化转型，加强内外部合作，构建财富管理生态圈。我们要快速适应银行财富管理业务的转型，更合理地规划产品配置，做到资产保值增值。

资料来源:《2022 年度中国银行业发展报告》成功发布［EB/OL］.（2022 – 09 – 08）. https://www. china – cba. net/Index/show/catid/14/id/41241. html.

知识储备

一、储蓄产品

（一）各类个人储蓄存款业务的特点

（1）活期储蓄的特点：通存通兑、资金灵活、存取方便。

（2）定期储蓄的特点：利率较高、可约定转存、可质押贷款、可提前支取。

储蓄方式的对比见表4-1。

表4-1　储蓄方式的对比

种类	存取方式		适用对象
活期存款	不限存期，人民币活期1元起存，外币活期不低于人民币20元的等值外汇起存		随时使用的生活用款，利率最低
定期存款	整存整取	整笔存入，到期一次支取本息。50元起存，存期3月、6月、1年、2年、3年、5年	长期闲置不用的资金
	零存整取	分次存入，到期一次支取本息。5元起存，存期1年、3年、5年	积少成多，适合工薪族
	整存零取	1 000元起存，存期1年、3年、5年；支取期1月、3月、6月。利息期满结清支取	适合"按计划花钱"的存款方式人群
	存本取息	一次存入本金，分次支取利息，到期支取款。起存5 000元	客户可以获得较活期储蓄高的利息收入

（二）储蓄产品的理财策略

储蓄产品的理财策略包括：①阶梯存储法；②存单四分存储法；③交替存储法；④利滚利存储法；⑤少存活期、到期支取；⑥选择合理的存款期限；⑦选择特别储种；⑧多选零存整取；⑨智能存款，活期、定期都升级。

二、贷款产品

（一）按产品用途分类

按产品用途，个人信贷类产品可分为个人住房贷款、个人消费贷款、个人经营类贷款。

（1）个人住房贷款。个人住房贷款包括自营性个人住房贷款、公积金个人住房贷款和个人住房组合贷款。

（2）个人消费贷款。个人消费贷款包括个人汽车贷款、个人教育贷款、个人耐用消费品贷款、个人消费额度贷款、个人旅游消费贷款和个人医疗贷款等。

（3）个人经营类贷款。个人经营类贷款包括个人经营专项贷款和个人经营流动资金贷款。

（二）按担保方式分类

按担保方式，个人信贷类产品可分为个人抵押贷款、个人质押贷款、个人保证贷款和个人信用贷款。

实训 4－1

实训目标

了解传统的银行理财产品的基本情况，熟悉主要的银行理财工具，能够对理财产品进行分类。

实训内容

请走访当地各类银行，按照表4－2要求完成银行理财产品市场调查报告。

表4－2　银行理财产品

走访银行		调查项目	银行理财产品
调查时间		调查人	
实训目标	1. 了解传统的银行理财产品的基本情况 2. 熟悉主要的银行理财工具，能够为有需要的客户推荐合适的理财产品		
实训内容	选择一家银行，了解该银行现有的银行储蓄类产品、银行个人信贷类产品，并对你了解的产品做详细的汇报		
实训步骤	1. 以小组为单位，了解某家银行及银行提供的各类理财产品（需包含储蓄类及信贷类） 2. 小组成员共同完成一份综合性的调查报告 3. 各小组推选一名成员以 PPT 形式展现调查结果并汇报		
实训完成过程	1. 所走访的银行的基本情况，如名称、地理位置等 2. 利用多种方式（包括宣传手册收集、与大堂经理交流等）了解银行的各类传统的理财产品，并记录详细信息 3. 对你所了解的各类理财产品进行分类		
任务成果要求	1. PPT 课堂演示汇报 2. 提交小组的实训报告		
考核方式	成绩计算标准：		
教师评价	教师签名：　　　　　日期：		

实训步骤

按表格要求完成实训过程即可。

实训 4 – 2

实训目标

掌握不同储蓄方式下利息的计算。

实训内容

根据下列客户的实际情况，计算合理的利息收入。

小王在 2021 年 7 月 31 日开户存入一笔 10 000 元的活期存款，2022 年 3 月 10 日全额支取销户，按照日积数法计息，假设活期存款年利率为 0.3%，他能得到的本利和是多少？若该笔存款是定活两便的存款呢？假设支取日，银行确定半年期整存整取利率为 3.05%。该客户能获得多少本利和？

实训步骤

步骤 1：计算活期储蓄的情况下，小王到期支取本利和。

运用日积数法进行活期存款利息的计算，计算过程见表 4 – 3。

表 4 – 3　计 算 过 程

日期	摘要	存入	支取	存款余额	计息期	天数	积数
2021 年 7 月 31 日	开户	10 000.00		10 000.00	2021 年 7 月 31 日— 2021 年 9 月 21 日	52	10 000 × 52
2021 年 9 月 21 日	结息	4.33		10 004.33	2021 年 9 月 21 日— 2021 年 12 月 21 日	91	10 004 × 91
2021 年 12 月 21 日	结息	7.59		10 011.92	2021 年 12 月 21 日— 2022 年 3 月 10 日	79	10 011 × 79
2022 年 3 月 10 日	销户		10 011.92				

2022 年 3 月 10 日为销户日，销户日的利息 = $10\,011 × 79 × 0.3\% ÷ 360 = 6.59$（元），实付本息合计 = $10\,011.92 + 6.59 = 10\,018.51$（元）。

步骤 2：计算定活两便储蓄方式下，同一笔存款的本利和。

$$利息 = 10\,000 × 3.05\% × 222/360 × 0.6 = 112.85（元）$$

$$本利和 = 10\,000 + 112.85 = 10\,112.85（元）$$

步骤 3：对比不同的储蓄方式，得出活期储蓄是收益最低的储蓄方式。

任务 4-2　银行代理理财产品规划

知识目标

1. 了解银行代理理财产品的类型。
2. 掌握各种代理理财产品的特点及适用范围。

能力目标

1. 能够对个人的风险偏好进行评估。
2. 能够为客户推荐适合的代理理财产品。

思政目标

树立投资风险意识，确立安全理财规划意识。

思政阅读 4-2

《2021 年银行代理渠道业务发展报告》显示，2021 年我国银保业务保持健康平稳发展态势，服务保险业转型升级的能力持续提升。其中，人身险公司银保业务保费收入持续较快增长，在各渠道间，保费收入占比进一步提升，新单及期交业务实现双线增长，业务结构与品质良好。财产险公司银保业务持续走低，业务和渠道集中度较高，区域性差异犹存。2020 年以来，众多保险公司重新关注并大力推动银保业务发展。一是人身险公司个代渠道呈现持续深度调整态势，为稳定业务平台，各公司开始高度重视银保业务的发展；二是银行积累的大量中高净值客户日益被保险公司关注，银行客户强烈的财富管理需求易于实现场景化营销并具有较高效率；三是商业银行综合销售能力的增强，尤其是更加关注专属保险销售队伍的培养，在服务客户过程中配置保险方案的专业优势凸显。商业银行凭借自身稳定的客户资源和销售优势，使保险公司重新启动对银保业务的战略重视，加大战略投入，着力调整业务结构，提升渠道价值，加速银保业务从重规模向规模与价值并重的转型。

银行代理保险业务发展良好，投资者在选择理财产品的时候，要树立风险意识，安全理财。

知识储备

一、银行代理基金产品

基金定投业务，即基金定时定额投资业务，是指投资者与银行约定，采用委托银行自动扣款的方式，定期投入固定金额购买指定开放式基金的投资方式。"基金定投"有些类似于银行储蓄的"零存整取"。

（一）基金定投的优势

基金定投的优势包括：①利用平均成本法摊薄投资成本，降低投资风险；②不用考虑投资时点；③积少成多，小钱也可以做大投资；④复利效果长期可观；⑤投资成本低，手续方便；⑥随时解约无罚息。基金定投计划可以随时暂停扣款或终止扣款，不像定期储蓄中途解约会有利息损失，资金运用较有弹性。

（二）注意要点

基金定投需注意以下几点：①基金适合于长期投资，不适合于股票那种波段操作；②证券市场投资是存在风险的；③最好选择股票型基金或者配置型基金；④长期投资选择波动较大的基金；⑤活用各种具有弹性的投资策略；⑥根据财务能力弹性调整投资金额。

二、银行代理国债产品

（一）凭证式国债

凭证式国债是由财政部发行的、有固定面值及票面利率、以纸质收款凭证记录债权债务关系的国债。其特点是：以国家信用为担保，安全性好，且购买和保管方便、兑现方便等；不可上市流通，但可以提前兑付。

📖 **小资料**

新中国第一笔国家公债

新中国成立初期，部分地区还没有解放，市场还处于通货膨胀状态，币值很不稳定。为此，中央人民政府于1949年12月颁布《关于发行人民胜利折实公债的决定》，指出："为支援人民解放战争，迅速统一全国，以利安定民生，走上恢复和发展经济的轨道，决定于一九五〇年度发行人民胜利折实公债。"债券发行是为了保证中国革命的最终胜利，因而称之为"胜利"公债；公债募集及还本付息"均以实物为计算标准"，所以叫"胜利折实公债"。这是新中国成立后发行的第一笔国家公债，是新政府在特别时期为克服严重的财政困难、稳定物价所采取的重大举措。与其后历次发行的公债不同之处在于，它还是中央政府发行的唯一一次折实公债。

资料来源：周继厚. 话说新中国第一笔国债［EB/OL］.（2014 - 10 - 17）. http://dangshi. people. com. cn/n/2014/1017/c85037 - 25855405. html.

（二）储蓄国债

储蓄国债是我国财政部面向境内中国公民发行的、以电子方式记录债权的一种不可流通人民币债券。其特点是储蓄国债利率固定，发行利率高于相同期限银行储蓄存款收益。

（三）柜台记账式国债

柜台记账式国债是经人民银行批准在商业银行柜台发行和交易，以记账方式登记债权的政府债券。其主要特点是具有债券账户托管、认购、买卖、清算、兑付、付息、冻结解冻、质押解押、转托管、非交易过户、信息发布等功能。

（四）债券比较

债券的流动性弱于股票，但是国债的流动性强于公司债券，短期国债的流动性强于长期国债。从收益的角度来看，相对于现金存款或货币市场金融工具，投资国债获得的收益更高；相对于股票、基金产品，投资国债的风险又相对较小。

实训 4 - 3

实训目标

进行风险评估问卷调查以及相应的风险评估。

实训内容

根据商业银行客户风险评估问卷（表 4 - 4），选择一名身边的朋友进行风险评估，并根据风险评估调查的结果，给予适当的风险评价。

表 4 - 4 商业银行个人客户风险评估问卷

请您根据您的财务状况、投资经验、投资风格、风险偏好和风险承受能力等情况对以下问题如实作答，以便我们根据评估结果更好地为您配置资产。

客户姓名：_____

联系方式：_____

证件类别：_____

证件号码：_____

评估分数：_____

评估结果：_____

1. 您的年龄是（ ）。

A. 18 ~ 30 岁　　B. 31 ~ 50 岁　　C. 51 ~ 60 岁　　D. 60 岁以上

续表

2. 您的家庭年收入（　　）人民币。

A. 5 万元以下　　B. 5 万~20 万元　　C. 20 万~50 万元　　D. 50 万~100 万元

E. 100 万元以上

3. 在您每年的家庭收入中，可用于金融投资（不含储蓄）的比例为（　　）。

A. 小于 10%　　B. 10%~25%　　C. 25%~50%　　D. 大于 50%

4. 以下几种情况中，您符合哪一项？（　　）

A. 除存款、债券外，我几乎不投资其他金融产品

B. 大部分投资于存款、债券等，较少投资于股票、基金等风险产品

C. 资产均衡分布于存款、债券、银行理财产品、信托产品、股票、基金等

D. 大部分投资于股票、基金、外汇等高风险产品，较少投资于存款、债券

5. 您投资于股票、基金、外汇、金融衍生品等风险投资品的经验是（　　）。

A. 没有经验　　B. 少于 2 年　　C. 2~5 年　　D. 5~8 年　　E. 8 年以上

6. 以下描述中，最符合您的投资态度的是（　　）。

A. 厌恶风险，不希望本金损失，希望获得稳定回报

B. 保守投资，不希望本金损失，愿意承担一定幅度的收益波动

C. 寻求资金的较高收益和成长性，愿意为此承担有限本金损失的风险

D. 希望赚取高回报，愿意为此承担较大本金损失

7. 在以下几种情况中，您会选择（　　）。

A. 有 100% 的机会赢取 1 000 元现金

B. 有 50% 的机会赢取 5 万元现金

C. 有 25% 的机会赢取 50 万元现金

D. 有 1% 的机会赢取 500 万元现金

8. 您计划的投资期限是（　　）。

A. 1 年以下　　B. 1~3 年　　C. 3~5 年　　D. 5 年以上

9. 您的投资目的是（　　）。

A. 资产保值　　B. 资产稳健增长　　C. 资产迅速增长

10. 在您的投资出现波动时，以下情况中（　　）会使您呈现明显的焦虑。

A. 本金无损失，但收益未达预期

B. 出现轻微本金损失

C. 本金 10% 以内的损失

D. 本金 20%~50% 的损失

E. 本金 50% 以上的损失

实训步骤

按照风险评估调查报表的内容要求，选择一位被调查人，完成调查报告，并根据分值范围划分出客户类型。

任务 4-3　银行新型理财产品规划

知识目标

1. 了解银行新型理财产品的特点及收益计算。

2. 掌握各种新型理财产品的优缺点。

能力目标

1. 能够为客户推荐适合的新型理财产品。
2. 能够综合考虑理财需求，合理规划理财产品组合投资。

思政目标

树立风险防范意识，安全规划理财方案。

思政阅读 4-3

2024 年 10 月初，陈先生在家浏览股票网站时，看到一个投资理财可获得高收益的广告后，主动添加一个理财"大师"的 QQ 号了解相关情况。对方称，有快速赚钱的门路，只要在指定的 App 上充值就有高收益。陈先生自以为找到好渠道，在"大师"的推荐下安装了一个名为"信安"的 App，并进行注册。起初，陈先生尝试在账户上充值少量金额，看到自己投资的产品仅 1 天就获得了收益。接下来的 11 天里，他又共转了 12 笔资金充值。10 月 22 日，陈先生发现 App 里的款项无法提现后，才意识到被骗，被骗金额达 35.5 万元。10 月 23 日，他向公安机关报案。

市场有风险，投资需谨慎。我们需要学习如何通过合法、合规的渠道进行有计划的投资，而不是盲目地行动。

资料来源：卢获. 投资理财可快速赚钱？广西一男子被骗走 30 多万元[EB/OL]. (2024 - 10 - 25). http://www.gxnews.com.cn/staticpages/20241025/newgx671b6f3f - 21656706.shtml.

知识储备

一、银行新型理财产品

银行新型理财产品是由商业银行自行设计并发行，将募集到的人民币或外币资金根据产品合同约定，投入相关金融市场及购买相关金融产品，获取投资收益后，根据合同约定将投资收益分配给投资人的一类理财产品。

银行新型理财产品的特点包括收益率多重计算方法、投资方向广泛、流动性低、挂钩预期收益率。

银行新型理财产品的功能包括：收益高，高于同档次定期存款利率；安全性强，其主要投资于国际票据或债券，违约率很小；投资金额灵活；可用于质押贷款和开立存款证明；具有产品、币种期限等不同组合，可以满足客户的多种选择。

银行新型理财产品按照产品风险可以分为极低风险产品、低风险产品、中风险产品、高风险产品和较高风险产品。按照理财产品募集方式其可以分为公募产品和私募产品。按照理财产品投资性质其可以分为现金管理类理财产品、固定收益类理财产品、权益类理财产品、商品及衍生品类理财产品。按照运作方式其可以分为开放式理财产品和封闭式理财产品。按照投资对象其可以分为货币型理财产品、债券类理财产品、股票类理财产品、组合投资类理财产品、结构性理财产品等。

（一）货币型理财产品

货币型理财产品是指投资于货币市场的银行理财产品。其主要投资于信用级别较高、流动性较好的金融工具，包括国债、金融债、中央银行票据、债券回购以及高信用级别的企业债、公司债、短期融资券，以及法律法规允许投资的其他金融工具。这些金融工具的市场价格与利率高度相关，因此属于挂钩利率类理财产品。

货币型理财产品具有投资期短，资金赎回灵活，本金、收益安全性高等特点，由于货币型理财产品的投资方向是具有高信用级别的中短期金融工具，所以其信用风险低，流动性风险小，属于保守、稳健型产品。

📖 小资料

货币基金——余额宝

天弘基金与支付宝合作推出余额宝，天弘基金是天弘余额宝货币市场基金管理人。余额宝是由第三方支付平台支付宝为个人用户打造的一项余额增值服务。通过余额宝，用户不仅能得到收益，还能随时消费支付和转出，像使用支付宝余额一样方便。用户在支付宝网站内就可以直接购买基金等理财产品，同时余额宝内的资金还能随时用于网上购物、支付宝转账等方面。转入余额宝的资金在第二个工作日由基金公司进行份额确认，对已确认的份额将开始计算收益。大多数人不知道的是，余额宝实质是货币基金，其收益由货币基金支付，而非支付宝，因此余额宝同样存在市场风险。

资料来源：余额宝［EB/OL］.（2024 - 05 - 12）. https://baike. so. com/doc/5723026 - 32324227. html.

（二）债券型理财产品

债券型理财产品是指以国债、金融债和中央银行票据为主要投资对象的银行理财产品。与货币型理财产品类似，债券型理财产品也属于挂钩利率类理财产品。该类产品结构简单、投资风险小、客户预期收益稳定。债券型理财产品投资风险较低，收益也不高，属于保守、稳健型产品。债券型理财产品的目标客户主要为风险承受能力较低的投资者，适合保守型和稳健型的客户投资。债券型理财产品主要投向银行间债券市场、国债市场和企业债市。

（三）组合投资类理财产品

组合投资类理财产品通常投资于多种资产组成的资产组合或资产池，其中包括债券、票据、债券回购、货币市场存拆放交易、新股申购、信贷资产以及他行理财产品等多个投资品种，同时发行主体往往采用动态的投资组合管理方法和资产负债管理方法对资产池进行管理。

二、银行新型理财产品优劣分析

（一）优势

银行新型理财产品的优势包括：①产品期限，品种多样较为灵活，甚至可以根据特殊需求定制产品，给许多对流动性要求比较高的客户提供了便利；②组合资产池的投资模式在分散投资风险的同时，突破了单一投向理财产品负债期限和资产期限必须严格对应的制约，扩大了银行的资金运用范围和客户收益空间；③赋予发行主体充分的主动管理能力，最大限度地发挥了银行在资产管理及风险防控方面的优势，资产管理团队可以根据市场状况，及时调整资产池的构成。

（二）劣势

银行新型理财产品的劣势包括：①信息透明度不高，强化了产品的信息不对称性；②产品的表现更加依赖于发行主体的管理水平；③负债期限和资产期限的错配以及复杂衍生结构的嵌入提升了产品的复杂性，产品投资风险可能会随之扩大。

实训 4 - 4

实训目标

掌握银行理财规划方案设计。

实训内容

给王女士规划合理的理财方案。王女士，年龄35岁，公司白领，已婚但尚未孕育子女。王女士短期目标在5年内购买一辆代步车，计划投资5万元；中期目标是在10年内购买一套住房，计划投资50万元；长期目标是退休后保持较高的生活品质，计划投资100万元。

实训步骤

步骤1：分析王女士短、中、长期目标并给予投资建议。

短期内，王女士需要购买车辆，由于具有一定的资金需求，应该尽量选择流动性比较强的投资品种，但由于流动性比较强的理财产品收益较低，所以还需要配置一部分稳健性的投资品种。

投资建议：配置货币基金或者储蓄存款2万～3万元，配置短期理财产品2万～3万元。

中期内，王女士需要购买住房一套，但是时间较为充裕。投资资产配置的选择既要有收益较高的品种，也要保留流动性充裕、安全性较高的品种。

投资建议：配置定期存款20万元，配置R2级别的理财产品20万元，配置股票基金10万元。

长期内，王女士退休后的资金需求较高，但鉴于退休后收入减少，也要确保资金安全，同时尽量提高投资收益，多品种投资以分散风险。

投资建议：长期的定期存款40万元，债券型基金20万元或者结构性存款20万元，股票型基金30万元。

步骤2：针对王女士的工资收入、家庭支出等环境的变化随时调整规划方案。

实训 4 –5

实训目标

能够为不同客户规划适合的理财产品。

实训内容

为你的父母或朋友规划适合的理财产品。针对你所调研需要理财服务的人群的实际情况，结合你所学的知识，为他们规划一份合理的理财服务方案。

实训步骤

要点提示：由于需要理财服务的人群的现实情况是多种多样的，按照步骤完成并制订合理的理财方案即可。

步骤1：问一问父母或者朋友是否有理财需求，并对其目前的资产状况、生活状况及理财需求进行记录。

步骤2：引导父母或朋友完成实训4–3中的风险评估问卷调查，并对其风险评估结果作出分析。

步骤3：根据风险评估结果，为其规划一份合理的理财方案，并写出理由。

项目小结

本项目主要介绍银行理财产品，包括传统理财产品、代理理财产品及新型理财产品。第一部分主要介绍了传统理财产品中的储蓄产品和贷款产品的特点及分类。第二部分侧重于介绍银行代理销售，但产品不属于银行自身开发的理财产品，如代理基金产品、代理国债产品等，让学生了解多类型的理财产品，为整体的理财规划做储备。第三部分主要介绍近年来出现的新型理财产品的特点及收益，优势与劣势，提高对新型理财产品的市场接受程度。通过本项目的学习，学生有助于对整体个人理财规划作出合理的安排。

即测即练

项目训练

1. 钱先生有人民币 30 万元资金存放在理财卡活期账户中，活期利率 0.44%，7 天通知存款利率 1.529%。试计算以下有关利息问题。

（1）若此人账户为活期账户，则年利息收益为多少元？

（2）若此人每 7 天使用个人通知存款，取出本息后继续存入，则年利息收益（按每年 52 个滚存周期计算）是多少？

（3）试比较二者的不同。

2. 某储户于 2020 年 8 月 20 日在某银行存入期限为 3 年的整存整取定期储蓄存款 5 000 元，该储户于 2022 年 8 月 20 日要求提前支取 2 000 元，剩余部分续存。开户时 3 年期定期储蓄存款年利率为 2.7%，2022 年 8 月 20 日活期储蓄存款年利率为0.6%。要求：①计算 2022 年 8 月 20 日应付储户利息。②计算到期日支取剩余款项时应付储户利息。

3. 王先生，35 岁，已婚，工作稳定，月收入 2 万元。希望通过理财，满足家庭日常支出并且准备一笔子女教育基金，同时提高家庭的财富水平，保证有充足的资金备用。目前王先生妻子每月收入 1 万元，家庭支出每月 1.5 万元，储蓄 10 万元，其他股票、基金等总资产大约 50 万元。每月还有一些小额信用卡负债，请给王先生做合理的理财规划建议。

项目5　房地产投资理财规划

项目导语

　　房地产不仅是一种能够满足居住需要的商品，它还具有一定的金融属性。对投资理财来讲，房地产是一种资产配置手段，具有资产增值、抵御通货膨胀、提供现金流收入、实现投资组合多样化等功能。

　　为了全面了解有关房地产投资的基础知识，在本项目中，我们将学习：房地产价格的构成、影响因素及估价方法；房地产投资的类别、投资策略、投资步骤等；房地产投资价值评估的各种方法，如房地产投资价值评估市场比较法、成本法、收益还原法；房地产投资效益评估的各种方法，如租金乘数、投资回收期、十五年收益指标等。

　　在房地产投资理财规划中需要学习租房、购房、换房理财规划，特别是运用年成本法、净现值法进行租房和购房的比较分析，运用等额本息还款法、等额本金还款法进行抵押贷款购房规划的有关分析，是本项目重点学习内容。

思维导图

```
房地产的定义及特点 ┐
房地产价格计算    │
房地产价格的影响因素│
房地产的估价方法  ├─ 房地产投资 ─ 房地产投资 ─ 住房规划 ┬ 住房贷款还款方式
房地产投资的类别  │  基础知识准备   理财规划          │
房地产投资的效益评估│                                │ 租房和购房决策规划
购房投资策略和步骤 ┘                                └ 换房决策规划
```

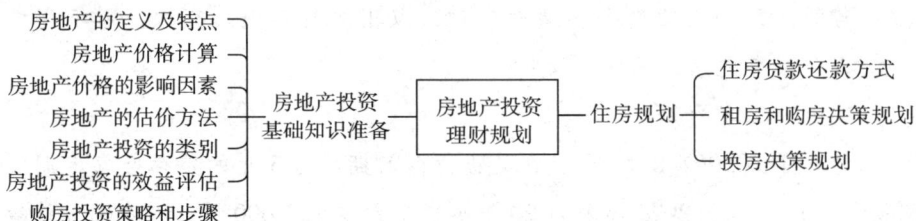

项目情境导入

　　小李夫妇新婚不久，均在省会城市事业单位工作，收入不高却也稳定。由于父母经济状况一般，不能给予他们太多经济资助买房。最近夫妇二人在购房和租房的选择上产生了分歧。小李的计划是，根据二人目前经济实力先购置一套较小的房子，在积累一定的财力以后，再考虑换一套较大的房子。妻子却认为买房应该考虑居住的舒适和气派，目前财力不够可以使用按揭贷款或向亲朋好友借款，如果不能买到理想的房子，暂时可以考虑租房。

唐代诗人杜甫在《茅屋为秋风所破歌》里写道，"安得广厦千万间，大庇天下寒士俱欢颜"，在生产力极度落后的古代社会，远远没有做到"居者有其屋"。现代社会，对于任何人来讲，衣食住行都是基本的生存条件。我国每年有1 000多万的高校毕业生，他们要就业、要结婚，住房是刚需，已经持有住房的人口还有改善性需求。经济学家成思危曾经指出中国有"丈母娘经济"。但是，在财力有限的情况下，如何进行住房规划？买房、换房还是租房？怎样才更为合理？需要充分考虑经济实力、生活方式、居住年限、未来房价趋势等因素，进行周密的计算和规划，才能够作出合理的住房规划决策。

任务5-1　房地产投资基础知识准备

知识目标

1. 了解房地产的定义、特性和分类。
2. 学习并掌握房地产价格的构成、影响因素及估价方法。
3. 学习并掌握房地产投资方式、投资步骤等基础知识。

能力目标

1. 能够进行房地产价格影响因素的简要分析。
2. 能够完成房地产投资价值与效益评估实务操作。

思政目标

1. 了解国家对于房地产发展的新政策。
2. 树立理性的房地产投资价值观。

思政阅读5-1

多部门打出"组合拳"，推动房地产市场止跌回稳

2024年9月29日，央行正式发布降首付、住房贷款利率定价、保障房再贷款、延长地产金融政策期限四项公告，并发布批量调整存量房贷利率的倡议，引导各银行对存量房贷（包括首套、二套及以上）利率实施批量调整，将LPR（贷款市场报价利率）加点幅度高于 -30BP 的存量房贷加点幅度批量调整至不低于 -30BP。中央各项房地产政策的共同作用有望为全国市场筑底提供重要支撑，我国房地产市场逐渐走出低迷态势。

住房和城乡建设部（以下简称"住建部"）部长倪虹在 2024 年 10 月 17 日举行的国新办新闻发布会上表示，住建部会同财政部、自然资源部、人民银行、金融监管总局等部门，指导各地迅速行动，抓存量政策落实，抓增量政策出台，打出一套"组合拳"，推动市场止跌回稳。概括起来，就是四个取消、四个降低、两个增加。

四个取消，就是充分赋予城市政府调控自主权，城市政府要因城施策，调整或取消各类购房的限制性措施，主要包括取消限购、取消限售、取消限价、取消普通住宅和非普通住宅标准。

四个降低，就是降低住房公积金贷款利率，降了 0.25 个百分点；降低住房贷款的首付比例，统一一套、二套房贷最低首付比例到 15%；降低存量贷款利率；降低"卖旧买新"换购住房的税费负担。通过落实这些已出台的政策，降低居民购房成本，减轻还贷压力，支持居民刚性和改善性住房需求。

两个增加，一是增加实施 100 万套城中村改造和危旧房改造。倪虹表示，城中村安全隐患多、居住环境差，群众改造意愿迫切。二是增加对房企资金的支持力度。年底前，城市房地产融资协调机制要争取将所有房地产合格项目纳入"白名单"，应进尽进、应贷尽贷，满足项目合理融资需求。

值得注意的是，"白名单"项目范围和贷款投放力度加大的同时，贷款资金拨付方式也将有所优化。今后，商业银行和房地产项目公司在协商一致的情况下，可以将全部贷款提前发放到房地产公司开立的项目资金监管账户。

中指研究院政策研究总监陈文静表示，2024 年 9 月 26 日召开的中共中央政治局会议强调"要促进房地产市场止跌回稳"，释放了稳地产信号，本次五部门联合召开新闻发布会，凸显稳定房地产在稳增长中的重要作用，且强调政策的协同一致性，进一步明确了促进房地产市场平稳健康发展的多项"组合拳"。

事实上，在政策"组合拳"的发力下，市场端已现积极信号。从市场反应看，很多城市、很多项目看房量、到访量明显上升，销售量也有不同程度的增长，房地产的主要指标明显好转。特别是一线城市，2024 年 10 月以来全线回稳。接下来，就是要同心协力，把"组合拳"打好，狠抓落实，让政策效果充分显现，让群众享受政策红利。

资料来源：【C 财经】多部门打出"组合拳"，推动房地产市场止跌回稳[EB/OL]．(2024 - 10 - 17)．http://ex.chinadaily.com.cn/exchange/partners/82/rss/channel/cn/columns/sz8srm/stories/WS6710 dcaba310b59111d9e7d1.html.

一、房地产的定义及特点

（一）房地产的定义

房地产是指房屋及其附属物（如小区各种建筑设施、相关林木等）和承载房屋及其附属物的土地，以及与之相关的各种财产权利。从房地产的构成要素上看，房地产包括土地和建筑物两大部分，但不能认为只有土地与建筑物在空间上成为统一体时才可以称为房地产，单纯的土地和单纯的建筑物均属于房地产，都是房地产的一种存在形态。

（二）房地产的特点

房地产作为一种投资形式，具有一定特性，与其他投资形式相比较，房地产具有不可移动性、异质性、耐用性、供给有限性、保值增值性、产权的可分割性等特点。

（1）不可移动性。房地产最重要的特征就是空间位置的不可移动性。任何房地产，都只能固定在某一特定的空间位置。不可移动的特性决定了只能通过法定契约的方式对房地产的产权进行交易。

（2）异质性。市场上不可能有两宗完全相同的房地产，房地产无法做到标准化的生产和供应。房地产的异质性导致了房地产投资的级差效应，影响房地产价格的诸多因素中，房地产所处的地域是至关重要的一个方面。

（3）耐用性。房地产附着于其上的土地的使用价值是不可灭失的。建筑物的使用期限也可以达到数十年或上百年。在房地产交易中，可以进行产权转移，也可以在不改变产权关系的前提下，只转移一定年限的使用权。

（4）供给有限性。土地供给的绝对有限性决定了房地产供给的有限性。

（5）保值增值性。在正常的情况下，相对于其他投资形式，房地产价格波动幅度小，并且由于房地产供给的有限性，房地产投资价值是增长的，在一定范围内可以抵御通货膨胀。

（6）产权的可分割性。这是指开发商整体批租，获得土地使用权后，通过开发房地产，并且按照房地产的单元出售房地产时所体现的特性。所有权包括占有权、使用权、收益权和处置权，在特定的情况下，法律上允许将这些权利分别出售或转让给不同的生产者和消费者。我国的土地所有权归国家所有，人们仅仅可以得到土地使用权。

二、房地产价格计算

房地产价格是指建筑物连同其占用土地的价格，用公式表示为

$$房地产价格 = 土地价格 + 建筑物价格$$

（一）房地产价格构成的基本要素

（1）土地价格或使用费。土地价格或使用费是指土地权利和预期收益的购买价格。

（2）前期工程费用。前期工程费用是指房屋开发过程中发生的规划、设计、可行性研究及水文地质勘探、测绘、场地平整等各项前期工程支出。

（3）基础设施建设费用。基础设施建设费用是指房屋开发过程中发生的供水、供电、供气、排洪、排污等费用。

（4）建筑安装工程费用。建筑安装工程费用是指建造房地产及附属工程的建造费、设备购置费及建筑安装工程费用。

（5）公共配套设施建设费用。公共配套设施建设费用是指建造小区内的非营业性的公共配套设施的费用。

（6）管理费用。管理费用是指上述（1）至（5）项之和按一定比例估算和提取得到的费用。

（7）销售费用。销售费用是指广告环节中发生的宣传费、中介代理费。

（8）税费。税费是指增值税、城市维护建设税、教育费附加、地方教育附加、土地增值税等。

（9）利息。利息是指开发商为建造房地产向银行借贷资金的利息。

（10）利润。利润可以上述（1）至（5）项之和为基数按一定比例估算得到。

（二）房地产价格构成的其他要素

房地产价格构成的其他要素如房屋装修标准的高低、质量的好坏、房屋设备质量的好坏、房屋附属设施的完备程度等。

（三）房屋的折旧

房屋的折旧主要是指因时间的因素造成的房屋价值的降低。

三、房地产价格的影响因素

（一）政治因素

政治因素主要包括法律制度、法规、政府政策等，具体为土地制度、住房制度、城市规划、税收政策和市政管理等。

（二）社会因素

（1）社会稳定状况。社会稳定状况与房地产价格呈同方向变化关系。

（2）人口状况。人口状况如人口密度和人口素质，人口密度与房地产价格同方向变化。人口素质提升对社会稳定、经济发展具有促进作用，也会带动房地产价格上涨。

（3）城市化水平。随着城市化水平的不断提高，人口和各种经济活动向城市聚集，对住房的需求增加，对城市土地的需求增加，房地产价格也会相应上升。城市化水平与房地产价格同方向变化。

（三）经济因素

根据世界各个国家和地区的数据统计，国民经济发展水平较高的国家和地区，房价一般比较高，经济发展趋势好的国家和地区的房价也是趋于上升的。

金融环境下，货币供应量可以被理解为房价先行指标。房价与货币供应量同方向变化。在金融环境良好、贷款容易获得的地区和时期，地价比较高；而在金融环境恶化、利率较高、贷款取得困难的地区和时期，地价比较低。利率是资金的价格，利率上升会使房地产开发成本上升，提高房地产投资者的机会成本，同时会降低房地产的社会需求，最终导致房地产价格下降。因此，房地产价格与利率反方向变化，税负与房价反方向变化。

（四）自然因素

自然因素是指地段、自然风景、气候条件和环境质量等因素。地段因素不仅包括自然地理位置，也包括经济地理位置、环境地理位置和文化地理位置。

案例延伸阅读 5 –1

房子给人带来的安全感，正在慢慢发生变化。一是随着"老龄化"和"少子化"社会的到来，楼市交易中的供需关系逐渐转变；二是人们认为在不确定的当下，持有现金所带来的安全感要比房屋更好。

卖房之后，有的人选择辞职创业，不用在职场内卷；有的人选择投资理财，在股市中品味酸甜苦辣；有的人甚至干脆把钱存银行，靠大额本金一个月也能获得几千元利息，甚至能靠利息租房。

或许卖房之后，对一些中年人来说，他们有机会去思考人生的意义，在挣钱还贷之外，探索另一种中年人生的可能性。卸下房贷的压力，他们可以去打破原本一成不变的生活轨迹，去做自己想做的事。

当然，租房远没有想象中美好。想租一套户型、地段满意的房子，且装修符合要求，并遇到靠谱的中介、房东，能同时满足这些因素的概率极小。

资料来源：中年人卖房转租房，是无奈也是想开了.［EB/OL］.（2024－02－05）. https://new.qq.com/rain/a/20240205A032A400.

四、房地产的估价方法

（一）市场比较法

运用市场比较法进行房地产估价时，收集在估价时点近期交易的类似房地产的价格，根据类似房地产的已知价格进行适当的修正，以此价格作为参照标准估算估价对象的客观价格。类似房地产必须是与估价对象处于同一供求圈内，在用途、规模、建筑结构、质量等方面与估价对象相同或接近的房地产。

1. 选用市场比较法的前提条件

（1）估价房地产处于一个比较活跃的房地产市场之中。

（2）参照物及估价对象可比较的指标、参数等是可以收集到的，这是运用市场比较法的关键。

2. 市场比较法的具体步骤

（1）收集大量的房地产交易实例资料。

（2）确定比较参照，必须选择最符合条件的交易实例作为比较案例。比较案例数量须在3个以上，少于3个就会因代表性差造成估价结果的偏差。

（3）确定参照案例后，应对参照案例成交价格的标准进行统一，以便进行交易情况、交易日期、区域因素、个别因素的修正。

（4）计算比较标准价格。将选取的多个比较案例进行合理修正以后，综合考虑以确定评估结果。确定待估价房地产的最终价格可以用算术平均法、加权平均法或中位数方法等。

例 5－1　由于比较参照的需要，经过多方修正，甲、乙、丙三处房产估价时点的价格分别为 10 200 元/平方米、11 000 元/平方米、10 800 元/平方米。在计算比准价格时，这三个价格具有同等重要性，计算得出比准价格为

$$（10\ 200＋11\ 000＋10\ 800）/3≈10\ 667（元/平方米）$$

（二）成本法

成本法的理论基础是一宗改良地块的价格为土地价格和改良物残余价值之和。

$$MV＝LV＋IV＝LV＋（RCN－D）$$

其中，MV 为市场价格；LV 为土地价格；IV 为改良物残余价值；RCN 为重置成本；D 为折旧。

1. 建筑物重置成本估算

（1）单位比较法：将所有直接成本和间接成本相加除以面积得到的结果就是单位成本。

（2）指数调整法：选择一个适当的建筑物成本指数进行估价，得到建筑物的重置成本。

2. 土地（重置）价格估算

土地（重置）价格估算公式为

$$开发后土地总价 = 土地使用权支出 + 开发工程费 + 管理营销费用 + 资金利息 + 合理利润$$
$$总建平方米 = 土地平方米 \times 容积率$$
$$单位建平方米土地价格 = 土地总价 / 总建平方米$$

如果计算税后成本，还需要加上土地增值税。

3. 折旧的估算

$$直线折旧法计算折旧额 = (C - S)t / N$$
$$双倍余额递减法计算折旧额 = C - C(1 - 2/N)^t$$
$$成新折旧法计算折旧额 = C(1 - q)$$
$$q = (N - t)/N$$

其中，C 为建筑物重置价格或重建价格；S 为预计建筑物在经济耐用年限末的净残值；t 为建筑物实际已使用年限；N 为建筑物总经济耐用年限；q 为建筑物成新率。

（三）收益还原法

收益还原法就是收益资产化法，即在预测估价对象未来的正常收益的基础上，选择适当的报酬率或贴现率，将每期收益折现到估价时点后累加，从而求得待估房地产的价格的估价方法。

在这里，对收益还原法在实际应用中比较常见的公式进行简要介绍。

收益还原法的基本公式为

$$V = \sum_{i=1}^{n} A_i / (1 + r)^n$$
$$i = 1, 2, \cdots, n$$

当年净收益不变时，公式为

$$V = \sum_{i=1}^{n} A[(1+r)^n - 1]/r(1+r)^n$$

其中，V 为房地产总价；A 为估价年净收入；r 为折现率；n 为获取收益年限。

如果假定收益是无限期的，上述方法可以简化为

$$房地产总价 = 房租 \div 投资收益率$$

不考虑未来房价涨升因素，投资收益率的计算公式为

$$投资收益率 = 存款利率 + 房地产的流动性升水$$

五、房地产投资的类别

（1）按照房地产投资形式，房地产投资可分为直接房地产投资和间接房地产投资两类。

直接房地产投资是指投资者直接参与开发或购买房地产的过程并参与有关的管理工作，包括从购地开始的开发投资和物业建成后的置业投资两种形式。间接房地产投资是指将资金投入与房地产相关的证券市场的行为，包括：购买房地产开发企业的债券、股票，购买房地产投资信托基金和房地产抵押贷款证券等。

（2）按照房地产投资的用途，房地产投资可分为地产投资、住宅房地产投资、商业房地产投资、工业房地产投资等。

（3）按照房地产投资经营方式，房地产投资可分为出售型房地产投资、出租型房地产投资和混合型房地产投资。

六、房地产投资的效益评估

评估房地产投资的效益是评判某项房地产是否值得投资的重要工作，常见的评估指标有以下三项。

（一）租金乘数

$$租金乘数 = 投资金额/每年潜在的租金收入$$

租金乘数数值为 12 被认为是大多数房地产是否值得投资的分界线，当租金乘数超过 12 时，很可能带来负现金流，就不值得投资了。由于未考虑房屋空置与欠租损失、营业费用、融资和税收的影响，该方法有一定的局限性。

（二）投资回收期

投资回收期的计算考虑了租金、价格和前期的主要投入，比租金乘数适用范围广。这项指标是用资金回收期限的长短来衡量投资效益的高低。

$$投资回收期 = (首期房款 + 期房时间内的按揭款) \div [(月租金 - 按揭月供款) \times 12]$$

投资回收期越短越好，一般认为，合理的年数为 8 ~ 10 年。

（三）十五年收益指标

十五年收益指标是国际专业理财公司评估物业的指标，其公式如下：

$$十五年收益指标 = 房地产年收益 \times 15$$

如果该物业的年收益×15年=房产购买价，该物业物有所值；如果该物业的年收益×15年＞房产购买价，该物业尚具升值空间；如果该物业的年收益×15年＜房产购买价，那么该物业价值已被高估。

七、购房投资策略和步骤

（一）区域选择策略

（1）住宅地段、环境和朝向的选择。根据各方面的考虑，大多数人选择住宅都会在上风口位置、地势高或靠近水的地区，沿着交通要道也是住宅位置很重要的选择标准。一般来说，环境安静、生活设施完备、附设优质教育资源、附近绿化情况良好、购物便利会影响到住宅投资的收益。因为处于北半球，我国居民大多选择坐北朝南的住宅，而且以南北通透为最佳的选择标准。

（2）城市交通设施对房地产价值的影响。影响房地产价值升值的一个很重要的影响因素是城市交通设施。如果城市交通设施得以改善，特别是线状形式（地铁、环城路、穿城路的修建）的改变对房地产价格具有较大影响，在项目筹备期和项目建设初期，房地产价格会出现较大的涨幅。

（3）是否具备便利生活的各项设施、街区和小区景观等。学校、医院、体育馆、大型购物场所、商业街等设施是房地产投资重要考量依据。

（4）关注次中心或新中心。随着城市规模的扩大，城市次中心或新中心的建设成为城市发展的内容。城市次中心或新中心的建设与交通设施的建设、大型住宅小区和商业配套设施的开发密不可分，也会带动周边土地和房地产的升值。

（二）期房投资策略与二手房投资策略

（1）期房投资策略。首先，判断所在区域的房地产价格大趋势；其次，尽量购买信誉好的开发商所开发的房地产；最后，查验开发商是否具备各种证件，如销售许可证、建设用地规划许可证、建设工程规划许可证等。

（2）二手房投资策略。首先，选择正规的中介进行交易；其次，了解房屋权属，如卖方是否有房地产证、产权是否清晰，可到房地产交易中心查询有无抵押和产权变动情况等；最后，购买质量好的二手房（购买前查验房屋）。

📖 **小资料**

关于期房和现房

开发商从取得商品房预售许可证至取得房地产权证（大产权证）的期间的商品房称为期房，消费者在这一阶段购买商品房时应该签订预售合同。购买期房也就是购买尚处于建造之中的房地产项目。买期房在港澳地区称为买"楼花"，这是商品房预售制下产生的、近年来房地产开发商普遍采用的一种房屋销售形式。购房者购买期房需要签订《商品房预售合同》，购买现房需要签订《商品房现房买卖合同》。现房是指购房者买房时已达到了入住的标准，房屋竣工验收合格后，开发商向不动产登记中心申请进行初始登记，不动产登记中心受理登记，对符合规定的开发商的申请，不动产登记中心颁发房地产产权证。现房购房者入住后，开发商可以为其办理房屋产权证。

根据 2004 年 7 月 20 日发布的《建设部关于修改〈城市商品房预售管理办法〉的决定》修正版，房地产开发企业办理商品房预售必须符合规定的条件，如取得土地使用权证书、持有建设工程规划许可证和施工许可证、向房地产管理部门申请预售许可，取得《商品房预售许可证》等。

究竟购买期房好还是购买现房好，要根据消费者自身的实际情况来决定。

资料来源：中国法学会"法治百科"项目领导小组办公室. 期房[EB/OL]. (2024 - 03 - 29). https://baike.baidu.com/item/%E6%9C%9F%E6%88%BF/190809? fr = ge_ala.

（三）购房规划的步骤

购房规划的步骤如图 5 - 1 所示。

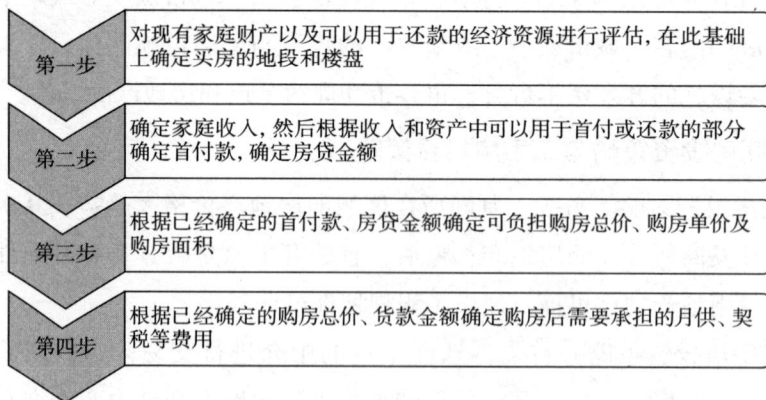

第一步	对现有家庭财产以及可以用于还款的经济资源进行评估，在此基础上确定买房的地段和楼盘
第二步	确定家庭收入，然后根据收入和资产中可以用于首付或还款的部分确定首付款，确定房贷金额
第三步	根据已经确定的首付款、房贷金额确定可负担购房总价、购房单价及购房面积
第四步	根据已经确定的购房总价、货款金额确定购房后需要承担的月供、契税等费用

图 5 - 1　购房规划的步骤

（1）购房前对家庭财产作出周密细致的评价，根据自己的经济能力寻找适宜的地段和楼盘。

（2）根据家庭财产和还款能力确定购房的总价和单价。

①按每月的负担能力估算负担得起的房屋总价。

可负担首付款 = 目前年收入 × 负担首付和房贷的比例上限 × 年金终值系数

$(F/A, r, n)$ + 目前净资产 × 复利终值系数 $(F/P, r, n)$

其中，n 为距离购房时间点的年数；r 为投资报酬率或市场利率。

可负担房屋贷款 = 目前年收入 × 复利终值系数 $(F/P, r, n)$ × 负担首付和房贷的

比例上限 × 年金现值系数 $(P/A, i, m)$

其中，n 为距离购房时间点的年数；r 为预计年收入增长率；m 为贷款年限；i 为贷款年利率。

可负担的房屋总价 = 可负担首付款 + 可负担房屋贷款

可负担的房屋单价 = 可负担的房屋总价 ÷ 需求面积

②按照打算购买的房屋价格来计算每月需要负担的费用。

欲购买房屋总价 = 房屋单价 × 需求面积

需要支付的首付款 = 购买房屋总价 × （1 − 按揭贷款成数比例）

需要支付的贷款 = 欲购买房屋总价 × 按揭贷款成数比例

每月摊还的贷款本息费用 = 需要支付的贷款 ÷ $(P/A, i, n)$ ÷ 12

实训 5 −1

实训目标

掌握房地产投资价值与效益评估的方法。

实训内容

根据所给出的资料分别进行租金乘数、十五年收益指标的计算，并根据计算结果评价该项房地产是否具有投资价值。

客户徐女士 2021 年购买了一套小户型进行投资，当年总房款为 60 万元，年租金收益为 4 万元。2023 年，该房产年租金收益下降为 3 万元，售价为 50 万元，请利用租金乘数、十五年收益指标计算分析该项投资是否具有投资价值。

要点提示：

租金乘数 = 投资金额 ÷ 每年潜在租金收入

租金乘数参考标准为 12，当一处房地产的租金乘数超过 12 时，很可能带来负现金流量，就不值得投资了。

十五年收益指标 = 房地产年收益 × 15

将十五年收益指标与房地产购买价进行比较，以十五年收益指标值是否大于等于房地产购买价为房地产投资价值评判的标准，只有十五年收益指标值大于等于房地产购买价，才具有投资价值。

实训步骤

步骤 1：计算租金乘数。

2021 年，租金乘数 = $60 \div 4 = 15$。

2023 年，租金乘数 = $60 \div 3 = 20$。

租金乘数计算结果显示，租金乘数均大于12，该房产项目不具有投资价值。

步骤 2：计算十五年收益指标。

2021 年，十五年收益指标 $= 4 \times 15 = 60$ 万元 = 房地产投资额 60 万元。

2023 年，十五年收益指标 $= 3 \times 15 = 45$ 万元 $<$ 当前售价 50 万元。

步骤 3：分析结论。

租金乘数计算结果说明该项投资不具有投资价值，根据十五年收益指标，该房地产已经被严重高估，应该出售该房地产项目，寻找更好的投资项目。

实训 5 – 2

实训目标

掌握房地产投资价值与效益评估的方法。

实训内容

根据所给出的资料进行投资回收期的计算，并根据计算结果评价该项房地产是否具有投资价值。

客户孙小姐打算购买一套小户型进行投资，房屋价格为 30 万元，首付三成，贷款期限 20 年，贷款利率为 5%，等额本息还款，计算月还款额。房屋为现房，购买后即可出租，每月租金为 3 000 元。假设租金、贷款利率不变，则投资回收期为多少年？

要点提示：

$$投资回收期 = 房款首付 \div [（月租金 - 按揭月还款额） \times 12]$$

$$按揭月还款额 = 住房贷款总额 \div (P/A, i, n)$$

按揭贷款月还款额可以使用 Excel 财务函数 PMT 进行计算，也可以使用理财计算器 PMT 函数计算得出。其中的 $(P/A, i, n)$ 为年金现值系数，可以通过查找年金现值系数表得出数据。

投资回收期合理的年数为 $8 \sim 12$ 年。

实训步骤

步骤1：经过计算得出，客户孙小姐的月还款额PMT为1 385.91元。

步骤2：投资回收期 = 房款首付 ÷ [（月租金 − 按揭月还款额）× 12]

= 90 000 ÷ [（3 000 − 1 385.91）× 12] = 4.65（年）。

步骤3：分析结论。

投资回收期年数越短越好，合理年数为8 ~ 10年。因此，孙小姐的该项投资是可行的。

任务5 – 2　住房规划

知识目标

1. 掌握按揭购房不同还款方式的基础知识。
2. 掌握购房规划的基本方法。

能力目标

1. 能够按照购房规划流程和方法完成购房规划有关分析和计算。
2. 培养综合运用Excel表格工具进行分析的能力。

思政目标

学习艰苦奋斗、勤俭节约的优良革命传统，树立正确的住房消费观念。

思政阅读5 – 2

2022年10月27日，习近平总书记带领新一届中共中央政治局常委专程从北京到达延安，实地重温延安精神。在延安，总书记的讲话中重点提到了延安精神所包含的自力更生、艰苦奋斗、厉行节约的思想内涵。无数事实证明，无论是在革命战争年代还是在和平建设时期，在党的领导下，中国人民依靠延安精神战胜了一个又一个困难、取得了一个又一个胜利。

在物质生产水平高度发展的现代中国社会，无论是身居高位的高层管理者还是普通公民，学习并传承先辈们用生命和鲜血探索出来的宝贵思想，用于指导我们的日常工作和生活，仍然是很有意义的。今天在我们的消费观念中注入更多的延安精神是很积极的。例如，不少人在购房中不切实际盲目追求大面积、追求奢华装修，甚至给自己带来了累累负债，这是不良消费价值观的表现。重塑公民健康的消费价值观，是对社会正能量的弘扬，也是惠及个人和家庭的时代要求。

资料来源：饶明奇. 传承弘扬延安精神，走好新时代长征路［EB/OL］.（2023 - 07 - 04）. https://theory. gmw. cn/2023 - 07/04/content_36674339. htm.

知识储备

一、住房贷款还款方式

（一）等额本金还款法

等额本金还款法是计算非常简便、实用性很强的一种还款方式。其特点是：每期还款的本金金额固定，但本金总额即房屋贷款余额随着还款时间增加而减少，利息随之递减。在实际贷款业务中，可以按月还款或按季还款。由于银行结息惯例的要求，很多银行采用按季还款方式。其计算公式为

每季还款额 = 贷款本金 ÷ 贷款期季数 + （本金 - 已归还本金累计额）× 季利率

每月还款额 = 贷款本金 ÷ 贷款期月数 + （本金 - 已归还本金累计额）× 月利率

（二）等额本息还款法

等额本息还款法是每月以相等的额度平均摊还贷款的本息。其特点是，每月还款金额固定不变，但越靠近还款期末，每期还款额中本金偿还的部分越多，利息偿还的部分越少。由于本息平均摊还数额固定，比较容易规划，一些借款人会选择本息平均摊还。其计算公式为

$$每月还款额 = \frac{贷款本金 \times 月利率 \times （1 + 月利率）^{贷款月数}}{（1 + 月利率）^{贷款月数} - 1}$$

等额本息还款法使用 Excel 财务函数 PMT 计算每月还款额，也可以使用理财计算器计算得出。其中，$(P/A, i, n)$ 为年金现值系数，该系数可以通过查找年金现值系数表得出。

二、租房和购房决策规划

（一）租房和购房优缺点比较

我国住房租赁市场以居民住房出租为主体。租房决策规划需要对购房和租房的方案进行比较分析，从中选择比较成本更低或现金流净现值更高的决策方案。从目前大多数国家和地区的实际情况来看，租房和购房具有共同的优势和劣势。表 5 - 1所示为租房和购房的优、缺点比较。

表 5-1 租房和购房的优、缺点比较

项目	优点	缺点
购房	可以通过强制储蓄实现财富积累	缺乏流动性,需要变现或换房的时候,有可能受到损失
	满足拥有自有住宅的心理,提供安全感和居住效用,提供资本增值的机会,对抗通货膨胀	维持成本比较高,面临房屋市场价格整体下跌的系统性风险
租房	有能力使用更大的居住空间,灵活适应家庭经济收入的变化,资金自由,可以用于更加有利的投资渠道	面临非自愿搬离的风险,无法按照自己的意愿装修房屋,房租可能增加
	有较大的迁徙自由度,税负较轻,不用考虑房价下跌风险	无法借助财务杠杆赚取房价差价利益,无法借助购房强制自己储蓄

(二)租房、购房决策比较分析方法

购房还是租房,既取决于客户的经济实力,也涉及客户对未来房价的预期以及对于拥有自己房产的心理效应。究竟应该购房还是租房,需要根据客户的具体情况确定,购房、租房的决策比较分析方法包括年成本法和净现值法。

(1)年成本法。年成本法是指通过比较购房方案和租房方案的年成本,选择成本较小的方案的决策方法。购房的年成本是占用首付款的机会成本加上购房贷款利息,租房的年成本是占用押金的机会成本加上房租。其公式如下:

$$购房年成本 = 首付款 \times 存款利率 + 贷款金额 \times 贷款利率 + 年维修费及税金$$
$$租房年成本 = 押金 \times 存款利率 + 年租金$$

不同的历史时期,房租涨跌趋势、房价发展趋势都是不相同的。同时,住房贷款利率的变动趋势也会有所不同。因此,要作出正确购房或租房决策,需要结合所处的特定经济发展背景进行全面分析。

(2)净现值法。净现值法是指在一个固定的居住期间,将租房及购房的现金流量还原成现值,比较后两者中较高的为决策选择方案。

净现值法的计算只是考虑现金流量,由于年成本法计算中的租房押金利息与购房折旧成本并不构成实际的现金流出,所以不作为现金流出;在年成本法中,房贷只是计算利息,净现值法中房贷计算的是本利均摊金额。

例 5-2 客户刘夏目前为购买或租住南昌一处住房犹豫不决,如果租住,每月房租是 2 500 元,并且房租每年上涨 100 元,押金是一个月的房租,第 5 年年底收回 2 500 元押金;如果购买,总价格是 100 万元,可以申请住房贷款 70 万元,期限为 20 年,贷款利率为 3.3%,房屋维护成本为每年 2 000 元。5 年后房屋售价 105 万元,假定折现率为 1.1%,如何用净现值法作出租房或购房决策?

步骤 1：租房的净现值计算。

期初现金流：$-2\,500 \times 12 - 2\,500 = -32\,500$（元）

第 1 年现金流：$(-2\,500 - 100) \times 12 = -31\,200$（元）

第 2 年现金流：$(-2\,500 - 100 \times 2) \times 12 = -32\,400$（元）

第 3 年现金流：$(-2\,500 - 100 \times 3) \times 12 = -33\,600$（元）

第 4 年现金流：$(-2\,500 - 100 \times 4) \times 12 = -34\,800$（元）

第 5 年现金流：收回押金 2 500（元）

$NPV = -158\,517.55$（元）

步骤 2：购房净现值计算。

购房贷款 70 万元，期限为 20 年，贷款利率为 3.3%，计算得出每年等额本息还款金额为：$N = 20$，$I/Y = 3.3$，$PV = 700\,000$，$FV = 0$，$CPT\ PMT = -48\,366$。

期初现金流：购房首付款 $= -300\,000$（元）

第 1 年现金流：$-48\,366 - 2\,000 = -50\,366$（元）

第 2 年现金流：$-48\,366 - 2\,000 = -50\,366$（元）

第 3 年现金流：$-48\,366 - 2\,000 = -50\,366$（元）

第 4 年现金流：$-48\,366 - 2\,000 = -50\,366$（元）

第 5 年现金流：房屋出售得到的款项 － 第 5 年年初剩余还款额（包括第 5 年年初剩余本金、第 5 年应偿还利息）－ 第 5 年维护成本 $= 1\,050\,000 - (593\,824 + 19\,596) - 2\,000 = 434\,580$（元）

$NPV = -84\,596.27$（元）

步骤 3：结论分析。

经过计算得出，$-84\,596.27 > -158\,517.55$，当折现率为 1.1% 的时候，购房的净现值大于租房的净现值。因此，购房更为划算。

案例延伸阅读 5 –2

年轻人买房是否应该加杠杆

年轻人买房是否应该加杠杆？洪伟在一个三线城市工作，是一个乐观上进的青年，目前月薪 1 万元左右，工作后至今已经存款 20 万元。假定首付 20 万元，按照 2024 年房贷政策首套房 15% 首付的规定进行计算，房子的总价款应该在 133 万元左右。通俗来讲，财务杠杆就是利用别人的钱为自己赚钱。采用贷款形式购房就是在利用财务杠杆。洪伟贷款 113 万元购买 133 万元的住房，就是加了杠杆。根据财务学的原理，如果资产回报率高于债务利息率，那么负债权益比率（杠杆率）越高，自有资金回报率越高。如果有很多的房子在降价，导致有很大的操作空间，首付可以降低，那么要不要加杠杆买房？如果购房收益是负回报，答案肯定是否定的。

三、换房决策规划

（一）计算换房能力

不少家庭随着收入的增加，会面临以小换大、以旧换新的换房决策问题。需要注意的是，换房决策也需要客户首先评估自己的资产情况，以便确定能够承担的首付和房贷金额。其计算公式为

$$需要筹措的首付款 = 新房净值 - 旧房净值$$
$$= （新房总价 - 新房贷款） - （旧房总价 - 旧房贷款）$$

例 5 - 3 某客户打算今年换房，旧房价值 50 万元，剩余贷款 25 万元，新房价值 80 万元，客户计划贷款 40 万元。计算该客户换房需要筹集的首付款金额。

分析：需要筹集首付款 = （80 - 40） - （50 - 25） = 15 （万元）

如果换房，客户需要评估自己可变现的资产能否达到 15 万元，以及未来是否有负担 40 万元贷款的能力。如果以房贷利率 3.3% 计算，每月必须负担的利息为 1 100 元 （400 000 × 3.3% ÷ 12），月收入必须达到 4 000 元以上，才可以考虑换房。

（二）换房的步骤

换房分为先买后卖和先卖后买两种情况。

如果先买后卖，需要充分考虑资金的接续问题。即使是等待时间只有几个月，也需要考虑资金成本问题。

如果先卖后买，面临的主要是过渡时期的居住问题。如果双方已经谈妥，仅仅几天时间，可以考虑住酒店、旧房延迟交房；否则，仍然需要考虑租房居住。如果旧房的购买者是投资者，可以采用售后回租，卖出旧房后仍然住在里面，付给买主租金，直到搬入新房。

（三）购房、换房的各种成本

购房、换房的各种成本包括以下方面。

（1）税费类。一手房交易需要缴纳的税费包括契税、印花税、交易手续费、登记费、配图费、权证印花税。二手房交易需要缴纳的税费包括合同公证费、合同印花税、交易手续费、交易登记费、配图费、权证印花税、贷款保险费（担保费）、契税、增值税、所得税。

综合起来,一套房子的各种税费占总价的 5% ~ 7%,很多税费虽然应由卖方缴纳,但在中国二手房交易市场上,一般都会转嫁给买方,卖方开出的价格一般为卖方到手价。因此在购房规划中,应与首付款一并计入期初开销之中。

(2)其他费用。其他费用如装修费用、搬家费用、房贷相关费用等。

小资料

关于住房公积金

住房公积金制度是解决职工家庭住房问题的一条政策性融资渠道。住房公积金是指国家机关、国有企业、城镇集体企业、外商投资企业、城镇私营企业及其他城镇企业、事业单位、民办非企业单位、社会团体(以下统称单位)及其在职职工按照工资的一定比例逐月缴存,归职工个人所有的长期住房储金。住房公积金专户存储,专项用于职工购买、建造、翻建、大修自住住房,并可以向职工个人发放住房贷款,具有义务性、互助性和保障性的特点。职工个人缴存的住房公积金和职工所在单位为职工缴存的住房公积金,属于职工个人所有。个人住房公积金贷款为政策性住房公积金发放的委托贷款,指缴存住房公积金的本市职工在本市城镇购买、建造、翻建、大修自住房时,以其所拥有的产权住房为抵押物作为偿还贷款的保证而向银行申请的住房公积金贷款。住房公积金与商业性个人住房贷款相比,具有以下特点。

1. 比商业性个人住房贷款利率低。

2. 对贷款对象有特殊要求。

3. 对贷款人年龄没有上限的限制。

4. 贷款额度大于商业性个人住房贷款。

5. 贷款的担保方式不同。

资料来源:住房公积金管理条例[EB/OL].(2019 - 03 - 24).https://www.gov.cn/gongbao/content/2019/content_5468861.htm.

实训 5 - 3

实训目标

能够运用等额本息还款法完成购房规划有关计算。

实训内容

客户张小姐向银行办理了住房按揭贷款 40 万元,贷款利率 5%,期限为 15 年,以等额本息还款法(按月还款)偿还贷款,试计算:张小姐每年偿还贷款本息金额;张小姐第 1 年偿还贷款本息合计;张小姐第 1 年偿还本息金额中的本金。

要点提示：

（1）每期还款额可以使用 Excel 财务函数 PMT 或计算器 PMT 函数计算得出。

（2）给定期次内累计偿还本金可以使用 Excel 电子表格函数或理财计算器计算得出。

实训步骤

步骤 1：使用 PMT 函数计算客户按月每期还款额为 3 163.17 元。

步骤 2：计算客户全年还款本息，即 3 163.17 × 12 = 37 958.04 元。

步骤 3：给定期次内累计偿还本金计算使用 CUMPRINC 函数，首先在工具栏找到财务函数，找到 CUMPRINC 函数，然后将有关参数输入函数计算对话框，计算得出首期（第 1 个月）至末期（第 12 个月）内累计已经还款本金为18 375.40 元。等额本息还款法累计已还款本金的计算见图 5 - 2。

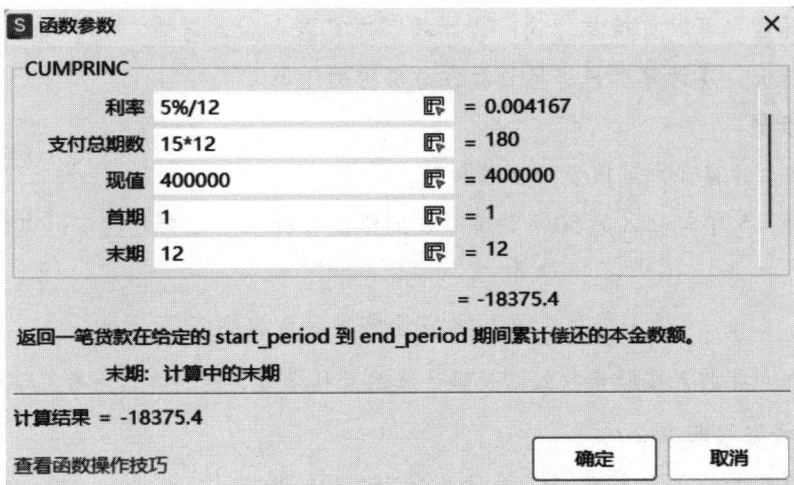

图 5 - 2　等额本息还款法累计已还款本金的计算

实训 5 - 4

实训目标

能够运用购房规划有关原理完成购房规划分析计算。

实训内容

客户小林打算通过银行住房商业贷款的方式购房，贷款利率 5%，期限为15 年，等额本息还款法还款（按月还款）。

客户小林开始规划自己的买房方案，她计划在第 6 年把自己的现有存款和这 5 年的积蓄拿出来买房，并且确定收入中还贷和付首付的比例为 50%（假定年收入增长从目前开始）。她不知道以自己的经济能力，买一个什么价位的房子是比较合理的，背景资料见表 5 – 2。

表 5 – 2　购房数据详情统计表

项目	数值
今年年收入/元	100 000
年收入增长率/%	4
每年储蓄比率/%	50
投资报酬率/%	7
现有存款/元	30 000
贷款年限/年	15
贷款利率/%	5

根据客户小林的经济状况，完成以下计算，计算分析适合该客户购买的房屋价位。

①计算客户可以负担首付款；②计算客户可以负担的房贷；③计算客户可以负担的房屋总价；④计算客户房屋贷款占总房价的比例。

实训步骤

步骤 1：计算客户可以负担的首付款。

首付款 = 5 年年收入的 50% 购房时点的终值合计 + 目前存款购房时点的终值

其中，

每年年收入的 50% 购房时点的终值

$= \sum$ 每年年收入按照年收入增长率计算的复利终值 × 复利终值系数 $(F/P, r, n)$

其中，$r =$ 投资报酬率 $= 7\%$。

计算得到的结果见表 5 – 3，首付款为 364 301.20 元。

表 5 – 3　可负担的首付明细计算表　　　　　　　　元

年度	年收入	年储蓄（50%）	储蓄存款在购房时的终值（7%）
0	100 000	30 000	42 076.55
1	104 000	52 000	68 161.39
2	108 160	54 080	66 250.33
3	112 486.4	56 243.2	64 392.84
4	116 985.86	58 492.93	62 587.44
5	121 665.29	60 832.65	60 832.65
储蓄终值合计			364 301.20

步骤 2：计算客户可以负担的房贷。

未来偿还贷款 15 年期间年收入中可负担贷款现值合计金额，可以利用年金现值公式进行计算，可以使用理财计算器或 Excel 表格的 PV 函数进行计算。

$$PV = A \times \left[\frac{1 - (1 + i)^{-n}}{i} \right]$$

要注意的是，其中的 A 及收入中可用于还款部分的计算可以采用以下公式：

可负担房贷＝目前年收入×复利终值系数×可负担首付和房贷的比例×年金现值系数

FV（4％，5，100 000）×50％×PV（5％/12，15×12，60 832.65/12，0，0）

计算结果为：641 050.94 元。

步骤3：计算客户可以负担的房屋总价。

客户可以负担的房屋总价为

＝可负担的首付＋未来偿还贷款15年期间可负担贷款

＝364 301.20＋641 050.94

＝1 005 352.14（元）

步骤4：计算客户房屋贷款占房价的比例。

房屋贷款占房价的比例：

＝可负担贷款÷房屋总价×100％

＝641 050.94÷1 005 352.14×100％

＝64％

项目小结

本项目的内容主要包括房地产投资基础知识准备及住房规则两个任务。任务5-1主要介绍了房地产的定义及特点、房地产价格计算、房地产价格的影响因素、房地产的估价方法、房地产投资的类别、房地产投资的效益评估、购房投资策略和步骤等内容，目的在于建构学生对于房地产投资的基本认知。任务5-2主要包括住房贷款还款方式、租房和购房决策规划、换房决策规划等内容。本项目介绍了等额本金还款法、等额本息还款法两种还款方式的有关知识和还款金额的计算，以及如何将两种还款方式运用于购房还款规划之中；同时，对于住房规划的不同选择通过案例进行了详细的介绍。本项目的学习，有助于提升学习者的房地产投资认知水平，并使其能够作出合理的住房规划。

即测即练

项目训练

1. 店铺通常以收益还原法估价。假如小王想投资铺面，看中一家 150 平方米的店铺，每月净收入为 2 万元，当前市场投资收益率为 5%，计算其合理总价。提示：根据收益还原法的简化公式进行房地产估价。

2. 小丽向银行办理了住房贷款，贷款金额为 60 万元，贷款利率为 3.3%，选择等额本金还款法偿还每期房贷（按年还款），现在已知等额本金还款法每期还贷金额中所含本金与选择 20 年期等额本息还款法每期偿还金额相等，小丽的贷款在等额本金偿还的条件下，需要多长时间才能够还清住房贷款？与等额本息还款法比较，可以提前多长时间还清贷款？

要点提示：

本题目的要点是先计算等额本息还款法的每期还款额 PMT，然后进行后续计算。

计算等额本金还款法的还款期限使用以下公式：

还款期限 = 贷款本金 ÷ 每期还款本金额

3. 客户祁先生年收入 15 万元，预计年收入增长率为 3%，目前拥有可用于购房的家庭净资产 30 万元，可负担的首付（可负担首付的计算不考虑年收入增长率）和房贷比例上限为 40%。祁先生打算 5 年后买房，假设投资报酬率为 6%，贷款的最高年限为 20 年，贷款利率为 3.3%，计算客户可负担的房屋总价。

4. 根据习题 3 客户祁先生的有关资料，计算客户祁先生每月需要负担的贷款本息费用。

要点提示：

每月摊还的贷款本息 = 需要偿还的贷款 ÷ $(P/A,i,n)$ ÷ 12

5. 28 岁的龙先生在一家事业单位工作，月收入 6 000 元，其未婚妻是医生，月收入 10 000 元。目前一年期存款利率为 1.1%，他们决定 3 年后购房结婚。假定二人收入的储蓄率为 50%（假定储蓄从当前开始），目前看中的房子价格为 50 万元，房价成长率为 $r=3\%$。根据已知资料回答以下问题。

（1）龙先生购买住房主要应该考虑哪些影响因素？如何在计算分析中将房价成长率因素加以体现？3 年后购房总价是多少？可以负担的首付款为多少？请填制表 5-4。

表5-4 房价及储蓄存款终值计算表　　　　　　　　　　　　元

年	房价的终值	每年储蓄存款	储蓄存款终值
0		8 000	
1		8 000	
2		8 000	
3		8 000	
		合计	

要点提示：

房价成长率为 $r=3\%$ ，如果3年以后买房，房价计算公式为

$$n \text{ 年以后的房价} = \text{目前房价} \times (1+r)^n$$

（2）如果龙先生购买的是二手房，请你上网查找二手房交易的流程和注意事项，并将交易流程按步骤填写在以下空白处。

第一步：

第二步：

第三步：

第四步：

第五步：

第六步：

第七步：

第八步：

6. 客户萧峰夫妇均有参加当地住房公积金缴存计划，夫妇二人每月合计个人缴存2 000元，个人与单位按1∶1的比例缴存。萧峰月工资为8 000元，妻子月工资为7 000元，萧峰住房公积金账户上有30 000元，妻子住房公积金账户上有18 000元。假设住房公积金的收益率为1.5%，一般投资收益率为5%，住房公积金贷款利率为2.85%，可贷20年，两人打算5年后购房，假设商业贷款利率为3.3%。请你计算回答以下问题：

（1）若除了住房公积金以外不考虑动用其他资金来源，购房总价是多少？

（2）如果客户除了住房公积金贷款以外，还打算考虑商业贷款购房，假设全部公积金用于支付首付，客户能够将收入中的15%用于首付款和每月还贷支付，客户购房总价是多少（假定5年中年收入增长率为4%）？

7. 客户乔冉冉目前居住的是结婚时购买的一套现价为50万元的住房，由于孩子的出生，他们夫妇产生了卖出现有住房、购买一套价值100万元较大面积的新房

的打算。目前，旧房子还有 20 万元贷款没有还清，乔冉冉夫妇打算购买新房时采取商业贷款的方式，贷款金额为 50 万元（税费忽略）。请你为客户作出换房规划。

8. 翟女士看上了一套位于北京丰台区的 80 平方米的房子，可租可售，若是出租的话，房租每月 5 000 元，押金为 1 个月房租。如果购房，房屋总价为 600 万元，首付 180 万元，贷款利率为 3.3%。剩余房款可以获得住房抵押贷款，目前一年期存款利率为 1.1%。年维修基金及税金忽略不计。请根据上述资料，为客户翟女士作出租房或购房的决策。

项目6 专项理财规划

项目导语

项目导语

　　理财活动在中国历史悠久，古代已经形成了许多重要的理财观点和原则。《后汉书·肃宗孝章帝纪》有明确记载："古者急耕稼之业，致末耜之勤，节用储蓄，以备凶灾。"由此可见，古代政府很早就意识到了教育百姓学会理财的重要性。从春秋战国时期的陶朱公范蠡到清代红顶商人胡雪岩，中国历史上通过理财获得巨额财富的人比比皆是。人们逐渐意识到这部分"先富起来的人"有着自己的一套理财方法，或是"开源"，或是"节流"。传统文化中的财富价值观潜移默化国人的思维，使得普通人的奋斗方向始终是"家有恒产者"。

　　理财规划是指通过各种财务手段使客户资产得到合理增值。本项目包括现金规划与消费规划、教育规划、个人税收规划、投资规划、退休养老规划、财产分配与传承规划等，内容涉及为满足客户各方面的理财需求所作出的财务安排。随着我国经济的快速增长，居民财富得到快速积累，与之相伴随的是人们理财意识的觉醒和理财需求的增强。如何根据客户不同阶段的人生目标和不同理财需求，确定其理财目标，并充分利用各种金融工具，在客户财务资源条件约束下进行合理的资产配置及收入的合理分配，实现财富的保值增值，最终提升个人或家庭在其生命周期内的理财效应，这是专项理财规划需要解决的问题。通过本项目的学习，学习者能够掌握专项理财规划的方法、流程，并能够作出符合客户实际的理财规划。

思维导图

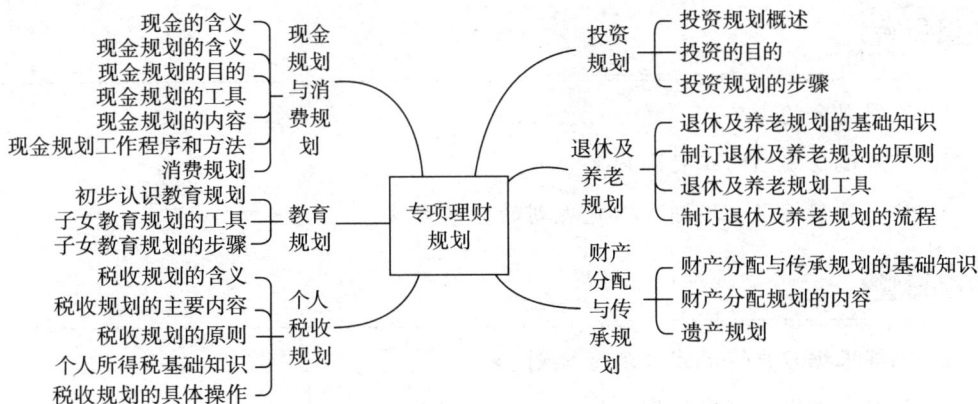

项目情境导入

2024 年"中产及格线"出炉，只有 4 种家庭及格

近期，2024 年的"中产及格线"正式出炉，在我国近 4.94 亿个家庭里面，只有 3 220 万个家庭符合该标准。想要进入中产阶级，下面 4 个条件至少要满足 1 个，来看看你家是否达标了呢？

第一，在中大型城市全款买房。如果你能在一、二线城市全款购房，又或者在一、二线城市有房子且没有房贷，那么毫无疑问已经符合中产标准。

第二，家庭存款超过 100 万元。央行的一份报告显示，全国范围内拥有 50 万元及以上的家庭的占比只有 0.37%，存款超过 100 万元的家庭就更加罕见了，占比只有 0.1%。

第三，其他投资品价值超过 200 万元。不将这部分群体划入中产阶级也是欠妥的，按照投资品的市值来算，市值超过 200 万元的，那么这个家庭肯定属于中产阶级的一员。

第四，月收入达到 2 万元。公开数据显示，月薪过万就已经超过了全国 97.7% 的人，如果夫妻两人都是上班族，并且月薪都超过了 1 万元，即家庭总收入达到了 2 万元，那么肯定属于中产阶级的一部分，家庭生活质量远超全国平均水平。

资料来源：2024 年"中产及格线"出炉，全中国仅 3320 万户？只有 4 种家庭及格[EB/OL]. (2024 – 05 – 26). https://www.163.com/dy/article/J35DFB4H0535PKJN.html.

任务 6 – 1　现金规划与消费规划

知识目标

1. 了解现金的含义。
2. 了解现金规划的工具和内容。
3. 学习并掌握现金规划、消费规划的基本方法。

能力目标

1. 能够根据客户情况完成现金规划。
2. 能够完成汽车消费规划。

树立理性的金钱观和消费观。

弘扬中华传统文化，树立理性的消费价值观

明朝政治家、改革家张居正有一句关于节俭的名言：取之有制，用之有节则裕。其大意是，如果取财有限度、用财有节制，那么一个国家、一个家庭就会越来越富裕，强调了节约的重要性。中华民族传统文化在家庭和个人消费上强调勤俭节约，主张精打细算，反对奢侈浪费，这对人们的购买决策具有深远的影响。勤俭被作为中华传统美德广为称颂。改革开放以后，中国经济突飞猛进，人们的消费观念变化很大，超前消费已经被普遍接受。然而，如何合理消费，仍然是国人需要面对的问题。发扬中华传统文化中的积极思想，树立正确的消费观念，可以为自己、社会带来无尽的益处。理性的消费观念包括必要消费观、规划消费观、环保消费观。

一、现金的含义

现金是金融活动中常用的概念，根据现金的范围，现金有狭义和广义两种理解。狭义的现金一般包括现金以及可以随时用于支付的存款，广义的现金通常包括狭义的现金和现金等价物。常见的现金等价物有活期存款、各类银行存款、货币市场基金等金融资产。

二、现金规划的含义

现金规划是由于个人或家庭短期资金需求而进行的管理日常现金及现金等价物和短期融资的活动。其核心是建立应急基金（紧急储备基金），保障个人和家庭生活质量的持续性、稳定性。

三、现金规划的目的

现金规划是客户的每个生命周期阶段或不同家庭模式都不可避免的理财活动，是客户整个理财规划中最重要的部分，是理财规划活动的基础。现金规划的目的具体包括以下几个方面。

（1）满足日常生活开支需要。

（2）满足预防突发事件需要。

（3）满足投机性需要。

现金规划的目的是即使资产保持一定流动性，又可以获得一定收益。

四、现金规划的工具

（一）现金规划的一般工具

现金规划的一般工具包括现金、储蓄、货币市场基金。

（二）现金规划的融资工具

常见的现金规划的融资工具主要包括信用卡融资、存单质押贷款、凭证式国债质押贷款、个人无抵押小额信贷业务、保单质押融资和典当融资。

案例延伸阅读 6 –1

投资理财从娃娃抓起

2023 年 1 月 20 日，北京银行发布"京萤计划"儿童综合金融服务数字升级暨首个沉浸式儿童金融数字生态"京萤梦空间"，将儿童金融与虚拟现实产业相结合，通过 AR 技术推出线上线下一体互动式服务，打造沉浸式儿童金融数字生态新体验。北京银行同步推出了首个沉浸式儿童金融数字生态"京萤梦空间"。"小京卡"是家长和孩子共同管理压岁钱的财商教育辅助工具，也正是北京银行儿童金融虚拟现实体验的入口，扫描后即可看到数字人"京京""萤萤"的身影，它们会带领孩子们共同走进沉浸式虚拟体验空间——"京萤梦空间"。

截至信息发布，北京银行以"京萤计划"为载体，已服务超 138 万户家庭，"小京卡"发卡突破 52 万张，"小京压岁宝"销量超 26 亿元。北京银行将持续围绕孩子和家庭，打造激发儿童潜力、满足家长需求、契合社会发展、助推民族进步的儿童金融服务特色品牌，助力少年儿童的健康成长；同时，依托数字化服务能力，塑造服务"一代人"、服务"一辈子"的金融服务模式，形成集儿童金融、成长金融、创业金融、家庭金融、财富金融、养老金融于一体的"全生命周期"综合金融服务体系，打造"伴您一生的银行"。

资料来源：张寿林. 北京银行儿童金融服务再升级 首发沉浸式数字生态[EB/OL]. (2023 –01 – 28). https://www.cebnet.com.cn/20230128/102853648.html.

五、现金规划的内容

(一) 现金规划的主要影响因素

现金规划的工作内容就是合理确定现金及现金等价物的额度,一个家庭为了支付日常生活开支应该预留多少现金,主要受到以下几个方面的影响。

(1) 现金的持有成本。持有现金会有利息损失,现金越多,持有成本越高。

(2) 建立紧急备用金的必要性。现代社会不确定因素越来越多。例如,失业、工作能力丧失、紧急医疗或者意外灾害等各种风险都是需要面对的,当风险发生的时候,保有一定量的现金可以帮助人们渡过难关。

(3) 风险偏好程度。风险偏好程度高的家庭,可以预留较少的现金。

(4) 非现金资产的数量。目前,很多家庭大量的资产是房产等流动性较差的资产,更需要持有较多的现金。

(5) 家庭收入来源及稳定性。家庭成员大多都有收入,工作稳定,同时还有除工薪收入之外的其他收入来源,如兼职收入等,则可以持有较少的现金。

(6) 现金支出及稳定性。如果家庭意外的大额开支较少,支出稳定,可以预留较少的现金。

(二) 根据收入进行规划

由于种种原因的影响,每个家庭收入来源、收入水平存在较大的差距,不同的收入模式,现金规划应该不同。

(三) 根据支出项目进行规划

家庭支出根据具体用途划分为生活支出与理财支出。生活支出包括衣食住行和娱乐医疗,理财支出包括贷款利息、保费与投资费用支出。现金规划需要根据家庭人口数计算维持日常生活必需的现金数额,推算出能够应对各项基本支出必需的基础收入。

基础收入 = 期望水准的生活费用 × 家庭人口数

应有收入 = 基础收入 + 买房本息负担 + 退休金储蓄 + 教育储蓄金

买房本息负担:房价 = 期望平方米数 × 家庭人口数 × 期望地区的房屋单价

退休金储蓄 = 期望水准的生活费用 × 人数 × 退休后生活年数 (20 年) ÷ 离退休年数 (假定退休金投资回报率等于通货膨胀率)

教育储蓄金 = 未成年子女数 × 期望水准的教育费用 ÷ (距离子女上大学的年数 × 12) (假设投资报酬率等于学费上涨率)

（四）建立紧急备用金

1. 建立紧急备用金的必要性

（1）能够应对失业或失能导致的收入中断。

（2）能够支付紧急医疗或意外灾害导致的超支费用。

（3）能够满足短期资金流动性需要。

2. 建立紧急备用金的方式

可以采用两种方式：流动性强的活期存款、短期定期存款或货币市场基金；备用贷款额度，如信用卡或消费额度贷款。

3. 衡量紧急备用金应变能力的指标

1）失业保障月数

$$失业保障月数 = 存款、可变现资产或净资产 ÷ 月固定支出$$

依照用于失业保障的资产范围，其可分为存款、可变现资产与净资产等指标。

$$存款保障月数 = 存款 ÷ 月固定支出$$
$$可变现资产保障月数 = 可变现资产 ÷ 月固定支出$$
$$净资产保障月数 = 净资产 ÷ 月固定支出$$

存款保障月数是最保守的保障，要有 3 个月的时限。可变现资产保障月数一般定为 6 个月以上。净资产保障月数定为 12 个月以上。

2）意外或灾害承受能力

$$意外或灾害承受能力 = （可变现资产 + 保险理赔金 - 现有负债）÷ 基本费用$$

比率 > 1，说明发生意外时承受能力比较强；比率 < 1，说明发生意外将会影响家庭短期生活及居住环境；比率 < 0，说明该家庭没有任何风险保障，当资产发生减损时负债依旧，将无力恢复正常生活。

六、现金规划工作程序和方法

（一）现金规划一般工作程序

现金规划一般工作程序如图 6 - 1 所示。

（二）现金规划方法

制订现金规划需要掌握客户的财务信息。为了全面反映家庭在某一时期的整体收支情况并了解其资产和负债数量，需要编制家庭财务报表，同时，所编制的家庭资产负债表、收入支出表以及基于财务报表的财务评价指标分析，是准确规划家庭理财方案的基础。

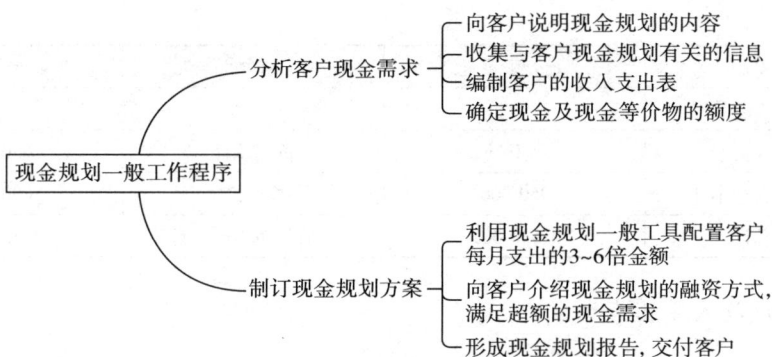

图 6 - 1 现金规划一般工作程序

1. 家庭资产负债表

家庭资产负债表反映了在某一时点上客户的资产和负债情况，它是客户过去各种经济活动的结果。资产负债表分为资产和负债两部分，每部分再分为若干项目，具体列出与客户财务状况和目标相关的内容。通过计算净资产可以判断客户拥有的财富数量。表 6 - 1 是根据中年已婚并有子女客户的资料编制的家庭资产负债表。

表 6 - 1　家庭资产负债表

客户：商先生 　　　　　　　　　　　　　　　　　　　　　　　　　日期：2023 - 12 - 31

资产项目	金额/元	负债项目	金额/元
现金及现金等价物		长期负债	
现金	20 000	教育贷款	0
活期存款	30 000	房屋贷款	500 000
定期存款	50 000	长期负债合计	500 000
现金及现金等价物小计	100 000	中期负债	
其他金融资产		汽车贷款	100 000
股票	200 000	消费贷款	20 000
债券	70 000	中期负债合计	120 000
信托	80 000	短期负债	
基金	120 000	信用卡透支额	7 800
其他金融资产小计	470 000	应缴税金	2 200
个人实物资产		其他应付款	0
住宅	780 000	短期负债合计	10 000
汽车	120 000		
家具	50 000		

续表

资产项目	金额/元	负债项目	金额/元
珠宝和收藏品	0		
其他个人资产	0	负债总计	630 000
个人实物资产小计	950 000	净资产	890 000
资产总计	1 520 000	负债与净资产合计	1 520 000

2. 家庭收入支出表

收入支出表反映了客户一定时期的收入与支出情况，它对客户在某一时期的收入与支出项目进行归纳汇总，作为估计未来收入与支出的基础。收入支出表是理财规划的重要依据，有助于对客户在该时期的收入和支出项目进行比较，判断是否合理并提出改进建议。收入支出表分为收入、支出和盈余（或赤字）三个部分，表 6-2 是依据中年已婚并有子女客户的资料编制的家庭收入支出表。

表 6-2　家庭收入支出表

客户：商先生　　　　　　　　　　　　　　　　　日期：2023-1-1—2023-12-31

收入项目	金额/元	比率/%	支出项目	金额/元	比率/%
经常性收入			经常性支出		
工资	180 000	50.4	餐饮费	40 000	14.9
奖金和津贴	50 000	14.0	交通费	8 000	3
租金收入	15 000	4.2	子女教育费	40 000	14.9
有价证券红利	35 000	9.8	所得税	25 000	9.3
银行存款利息	2 000	0.6	医疗费	15 000	5.6
债券利息	5 000	1.4	人寿和其他保险	20 000	7.5
信托基金红利	20 000	5.6	房屋保险	0	0
其他固定利息收入	0	0	房屋贷款偿还	50 000	18.7
经常性收入小计	307 000	86.0	消费贷款偿还	10 000	3.7
非经常性收入			经常性支出小计	208 000	77.6
捐赠收入	0	0	非经常性支出		
遗产继承	50 000	14.0	购置衣物费	20 000	7.5
非经常性收入小计	50 000	14.0	财产损失	5 000	1.9
收入总计	357 000	100	电器维修费	1 000	0.4
			捐赠支出	2 000	0.7
收入总计（+）	357 000		旅游费用	32 000	11.9
支出总计（-）	268 000		非经常性支出小计	60 000	22.4
盈余	89 000		支出总计	268 000	100

3. 现金规划中的财务指标分析

将客户的资产负债表和收入支出表中有关项目进行对比可得出财务指标。财务指标可以衡量客户资产在偿付债务、流动性和营利性等方面的能力，同时反映了客户的风险偏好和价值取向。通过财务指标分析，理财规划师可以评价客户的财务状况，并据以确定适当的理财规划策略。关于财务指标分析的有关内容详见项目7。

七、消费规划

（一）如何理解消费规划

消费规划是指在一定的财务资源约束条件下，对各项消费支出进行规划，以实现适度消费、提高生活质量的目标。现金规划所涉及的项目能一次性用现金支付，而消费规划涉及的"大件"购买通常需要分期付款。消费规划包括住房消费规划、汽车消费规划和其他消费规划，如信用卡和个人信贷消费规划等。

（二）住房消费规划

购房是客户家庭一项大额支出，主要涉及首付款金额、贷款期限、贷款金额、贷款利率和还款方式。等额本金还款法和等额本息还款法是实际购房消费中常见的两种还款方式。首付款金额、贷款期限、贷款金额、贷款利率和还款方式等方面的选择是由客户结合自己的财务情况、所处生命周期阶段决定的。在购房资金不足或购房不利的情况下可以考虑租房策略。租房可以减少前期大额投入，但是无法取得房屋的所有权，存在被迫离开等严重影响生活质量的风险。可以在比较购房和租房的优劣之后，作出符合自己实际的选择。

（三）汽车消费规划

汽车消费是家庭另一项重要的消费。人们购买汽车不仅仅是为了出行方便，拥有汽车是身份的象征，同时是成功的象征。购车分为自筹经费购车与贷款购车，银行规定贷款购车必须购买所指定经销商的汽车，并提供银行认可的财产抵押、质押或第三方保证。个人汽车贷款的年限是3~5年，汽车消费贷款的首期付款不得低于所购车辆价格的20%，还款方式有等额本息还款、等额本金还款、按月还款、按季还款等。

实训6-1

实训目标

1. 能够根据客户支出资料进行现金规划分析。

2. 根据现金规划流程制订现金规划方案（报告）。

3. 制订消费规划方案（报告）。

实训内容

客户肖先生是一位外企中层管理人员，月收入 19 000 元，每年年终奖为 50 000 元。肖太太月收入 6 000 元，夫妇二人的五险一金，公司与个人均正常缴纳。目前夫妇二人还没有孩子。家庭每月支出大约为 10 833 元，已购房，每月支付月供 5 000 元。目前各类存款约为 300 000 元。理财目标：购买一辆 180 000 元左右的轿车。请根据客户资料为客户作出现金与消费规划。

实训步骤

步骤 1：在与客户进行有效沟通的基础上收集与客户现金规划有关的信息，如职业、家庭情况、收入和支出状况等相关信息。（略）

步骤 2：根据收集到的信息，理财规划师引导客户编制月（年）度家庭收入支出表，项目归类及编制见前述内容中有关家庭收入支出表的部分，制订现金规划，可以依据家庭收入支出表中总支出数据计算月生活费支出数据，再进行现金备用金的测算。

步骤 3：简要分析客户财务状况。根据资料内容，肖先生一家年收入为 350 000 元，属于中等收入家庭。根据收入结构，家庭收入主要来源于肖先生。家庭目前有房贷，但无父母赡养等问题，房贷收入比为 17%，生活压力较小。年开支约为 130 000 元，占家庭收入的 37.1%，收支比例合理。现有积蓄 300 000 元，年节余约为 220 000 元，列出肖先生家庭收入支出简表（表 6-3）。

表 6-3　肖先生家庭收入支出简表

收入项目	金额/元	百分比/%	支出项目	金额/元	百分比/%
经常性收入			经常性支出		
工资	300 000	85.7	日常生活开支	50 000	38.5
奖金和津贴	50 000	14.3	房屋贷款偿还	60 000	46.1
经常性收入小计	350 000	100.0	经常性支出小计	110 000	84.6
非经常性收入小计	0	0	非经常性支出		
收入总计	350 000	100.0	购置衣物费	20 000	15.4
支出总计	130 000	37.1	非经常性支出小计	20 000	15.4
盈余	220 000	62.9	支出总计	130 000	100

步骤 4：合理确定现金或现金等价物的额度，建立紧急备用金，制订现金规划方案。

利用现金规划一般工具按照每月支出的倍数进行现金资产的配置；紧急备用金的建立可以通过两种方式：一是配置流动性较强的活期存款、货币市场基金；二是利用备用贷款额度，如信用卡或消费贷款额度。

步骤5：向客户介绍现金规划的融资工具（见步骤4），满足超额融资需求。

步骤6：形成现金规划报告，交付客户。

目前客户肖先生家庭年支出总计130 000元，为了保证流动性和效益性，这部分资金可以采用组合方式进行筹集。2万元现金+4万元活期存款+5万元3个月定期存款。家庭紧急备用金的建立，在确定现金或现金等价物的额度时可以参考客户的流动性比率。现金或现金等价物的额度一般为个人或家庭每月支出的3~6倍，肖先生家庭收入比较稳定，建议现金或现金等价物的额度确定为每月支出的3~4倍，即32 500~43 333元。具体可以将现有积蓄中的20 000元作为家庭紧急备用基金，以定活两便存款形式或短期银行理财产品进行配置，这样收益合理、支取灵活，可以应对紧急情况。根据肖先生的具体情况，可以申请透支额度在10 000~15 000元的信用卡，以满足紧急现金需要。

步骤7：根据客户家庭收支和资产情况确定汽车消费规划方案（报告）。

由于打车难、出行不方便等问题，购买一辆代步私家车被提上了日程。根据该客户收入支出资料，目前没有孩子，家庭财务基础比较好（积蓄有30万元，年收入35万元）。如果全款用积蓄购置家用车，剩余积蓄12万元，会影响投资理财资产配置。建议选择首付10万元左右，其余购车款采用车贷偿还。车贷可以采用信用卡分期付款的方式。信用卡车贷审批快捷、手续简单，只要提供一张信用记录良好的信用卡，提供身份证之后就可以向持卡银行申请分期购车，无须提供担保，免除了中介公证等手续，只需要支付一年期费用在5%左右，剩余资金可以每月支付6 667元（80 000÷12），不会给客户家庭的财务带来压力。

实训 6 - 2

实训目标

1. 能够根据客户支出资料进行现金规划分析。

2. 提出现金收支规划建议。

实训内容

40岁的朱先生想要达到中等生活水平，同时要支付买房、两个子女10年后上大学以及20年后自己退休三大理财目标所需要的费用。已知全家四口月生活费为4 000元，房贷本息每月为3 000元，退休金储蓄为夫妇二人合计2 500元（每月），教育基金储蓄每个子女需要100 000元，请你为朱先生作出现金收支规划，计算朱先生目前月生活费开支是否在正常的支付能力范围之内。假定朱先生60岁退休，退休后生存至80岁。

实训步骤

步骤 1：计算四口之家的月生活费 4 000 元。

步骤 2：计算月房贷本息 3 000 元。

步骤 3：计算每月朱先生夫妇二人退休储蓄（2 500×20÷20）＝2 500 元。

步骤 4：计算每月两个孩子教育基金储蓄（100 000×2÷120）＝1 667 元。

步骤 5：以上项目合计得到每月总支出，4 000＋3 000＋2 500＋1 667＝11 167 元。

规划建议：根据以上分析，朱先生每月可支配收入必须达到 11 167 元以上。如果可支配收入达不到 11 667 元，理财目标就无法实现，就需要降低生活费支出。

小资料

现金规划融资方式中的典当融资

典当迄今已有 1 700 多年的历史，在中国近代银行业诞生之前，典当是民间主要的融资渠道。典当行是指依照《中华人民共和国公司法》和《典当管理办法》设立的专门从事典当活动的企业法人。典当是指当户将其动产、财产权利或者房地产作为当物抵押给典当行，再交付一定比例费用，取得当金并在约定期限内支付当金利息、偿还当金、赎回典当物的行为。典当融资实质是以质押或抵押的方式，从典当行获得资金的快捷融资。典当行是国家特许从事放款业务的特殊融资机构，典当融资具有小额、期限短、安全性好等特点，其业务开展有效补充了大型商业银行贷款在满足中小企业和个人短期资金需要方面的不足。特别在满足个人短期内应急资金的需求方面，典当融资具有不可替代的优势。现金规划中使用典当融资方式拓宽了资金需求者的融资渠道。典当融资存在融资成本高、需要缴纳较高的综合费用等不足，由于种种原因，典当行业在我国的业务开展并不充分。目前，典当融资因其快捷、方便受到了越来越多的企业和个人的欢迎。

实训 6－3

实训目标

能够运用等额本金还款法完成制订汽车消费规划方案有关参数的计算。

实训内容

客户小张打算 2022 年购买一辆大众桑塔纳小轿车，金额为 100 000 元，首付三成，贷款金额 70 000 元，2022 年 7 月开始按揭贷款，贷款期限 5 年（按月还款），汽车贷款年利率为 6.5%，客户不确定应该采用等额本金还款法、等额本息还款法两种还款方式中的哪一种，请你将表 6－4 中以等额本金还款法计算的前 6 个月的期初剩余本金、每月偿还利息、每月还款额、期末剩余本金补充完整（暂不考虑商业保险、交强险和各种税费）。

表 6 -4　汽车消费贷款还款额计算表

期次	总期数/月	贷款利率/% 6.5%/12	每月偿还本金/元	期初剩余本金/元	每月偿还利息/元	每月还款额/元	期末剩余本金/元
1	60	0.005 416 667	1 166.67				
2	60	0.005 416 667	1 166.67				
3	60	0.005 416 667	1 166.67				
4	60	0.005 416 667	1 166.67				
5	60	0.005 416 667	1 166.67				
6	60	0.005 416 667	1 166.67				

要点提示：等额本金还款法每期还款额的计算公式为

每季还款额 = 贷款本金 ÷ 贷款期季数 + （本金 − 已归还本金累计金额） × 季利率

每月还款额 = 贷款本金 ÷ 贷款期月数 + （本金 − 已归还本金累计金额） × 月利率

实训步骤

步骤 1：计算每月偿还本金。

每月偿还本金 = 贷款本金 ÷ 总还款期数 = 70 000 ÷ 60 = 1 166.67（元）

步骤 2：计算期初剩余本金。

首先在 Excel 电子表格中制作汽车消费贷款还款额计算表，然后根据上述公式计算期初剩余本金。在期初剩余本金所在单元格 F6 中依次键入“=”“F5”“−”“E5”，按回车键就得到第二期期初剩余本金为 68 833.33 元，然后选中填充柄拖拽至 F7、F8、F9、F10 单元格，依次得出各期期初本金金额，如图 6 -2 所示。

汽车消费贷款还款额计算表

期次	总期数	贷款利率	每月偿还本金	期初剩余本金	每月偿还利息	每月还款额	期末剩余本金
1	60	0.005416667	1166.67	70000			
2	60	0.005416667	1166.67	=F5-E5			
3	60	0.005416667	1166.67				
4	60	0.005416667	1166.67				
5	60	0.005416667	1166.67				
6	60	0.005416667	1166.67				

图 6 -2　等额本金还款法期初剩余本金的计算

步骤 3：计算每月偿还利息。

在每月偿还利息所在单元格 G5 中依次键入“=”“F5”“*”“D5”，按回车键即得出第一期偿还利息为 379.17 元，然后选中填充柄拖拽覆盖 G6、G7、G8、

G9、G10，即得出各期偿还利息，如图6-3所示。

图6-3　等额本金还款法每月还款利息的计算

步骤4：计算每月还款额。

在每月还款额所在单元格H5中依次键入"＝""E5""＋""G5"，按回车键即得出第一期还款额为1 545.84元，然后选中填充柄拖拽覆盖H6、H7、H8、H9、H10，即得出各期还款额，如图6-4所示。

图6-4　等额本金还款法每月还款额的计算

步骤5：计算期末剩余本金。

在期末剩余本金所在单元格I5中依次键入"＝""F5""－""E5"，按回车键即得出第一期剩余本金为68 833.33元，然后选中填充柄拖拽覆盖I6、I7、I8、I9、I10，即得出各期剩余本金金额，如图6-5所示。

图6-5　等额本金还款法期末剩余本金的计算

步骤6：列出已经填列全部数据的等额本金还款法计算表，见表6-5。

表6-5 等额本金还款法计算表

期次	总期数/月	贷款利率/% 6.5%/12	每月偿还本金/元	期初剩余本金/元	每月偿还利息/元	每月还款额/元	期末剩余本金/元
1	60	0.005 416 667	1 166.67	70 000.00	379.17	1 545.84	68 833.33
2	60	0.005 416 667	1 166.67	68 833.33	372.85	1 539.52	67 666.66
3	60	0.005 416 667	1 166.67	67 666.66	366.53	1 533.20	66 499.99
4	60	0.005 416 667	1 166.67	66 499.99	360.21	1 526.88	65 333.32
5	60	0.005 416 667	1 166.67	65 333.32	353.89	1 520.56	64 166.65
6	60	0.005 416 667	1 166.67	64 166.65	347.57	1 514.24	62 999.98

实训 6-4

实训目标

能够运用等额本息还款法完成制订汽车消费规划方案有关参数的计算。

实训内容

能够熟练地进行汽车消费贷款的等额本息还款法的有关计算。

根据实训6-3中汽车贷款等额本金还款法计算汽车消费规划有关参数的资料，请你在表6-6中填写出以等额本息还款法计算的前六期每期还款额、每期偿还本金、每期偿还利息、期末剩余本金等内容，并且简要指出两种还款方式各自的特点（暂不考虑商业保险和各种税费）。

表6-6 等额本息还款法计算表（贷款期限5年，贷款利率6.5%）

还款期次	总期数/月	贷款金额/元	每期还款额/元	每期偿还本金/元	每期偿还利息/元	期末剩余本金/元
1	60	70 000				
2	60	70 000				
3	60	70 000				
4	60	70 000				
5	60	70 000				
6	60	70 000				

要点提示：

本任务需要使用 Excel 电子表格及财务函数 PMT、PPMT、IPMT。

实训步骤

步骤1：计算每期还款额。

（1）在 Excel 电子表格中录入等额本息还款法计算所需要的各项变量及数值

（表格中将年利率转化为月利率），制作等额本息还款法计算表，如图6-6所示。

还款期次	总期数（月）	贷款金额（元）	每期还款额（元）	每期偿还本金（元）	每期偿还利息（元）	期末剩余本金（元）
1	60	70000	1369.63			
2	60	70000	1369.63			
3	60	70000	1369.63			
4	60	70000	1369.63			
5	60	70000	1369.63			
6	60	70000	1369.63			

等额本息还款法计算表
贷款期限5年，贷款利率6.5%

图6-6 等额本息还款法计算表

（2）找到 Excel 电子表格"公式"中的财务函数，在财务函数中找到 PMT 函数，光标放在第一期"每期还款额"单元格 D4 上。等额本息还款法每期还款额的计算如图6-7所示，分别输入 PMT 函数计算对话框中的各个变量数值，单击 PMT 函数对话框的"确定"按钮，得出第一期还款额 1 369.63 元，然后将计算结果分别填入第二期、第三期、第四期、第五期、第六期"每期还款额"相应单元格内。

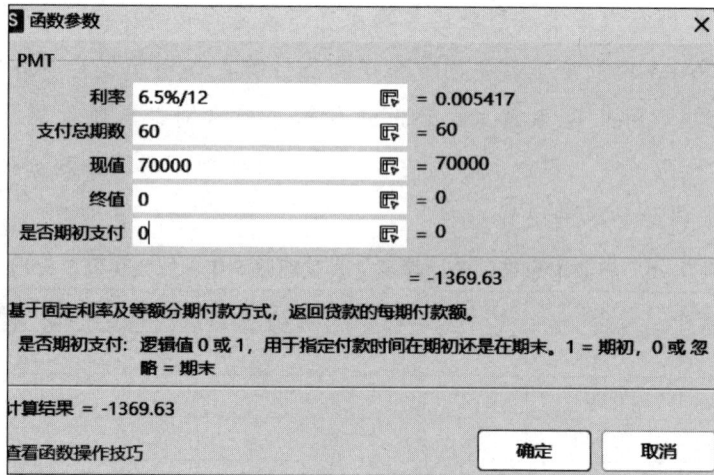

图6-7 等额本息还款法每期还款额的计算

步骤2：利用 PPMT 函数计算每期偿还本金。

在财务函数中找到 PPMT 函数，光标放在第一期"每期还款额"单元格 E4 上。如图6-8所示，分别输入 PPMT 函数计算对话框中的各个变量数值，单击 PPMT 函数对话框的"确定"按钮，得出第一期本金还款额 990.464 元，以此类推，分别计算出以后五期的每期偿还本金，然后将计算结果分别填入第二期、第三期、第四期、第五期、第六期"每期偿还本金"相应单元格内。

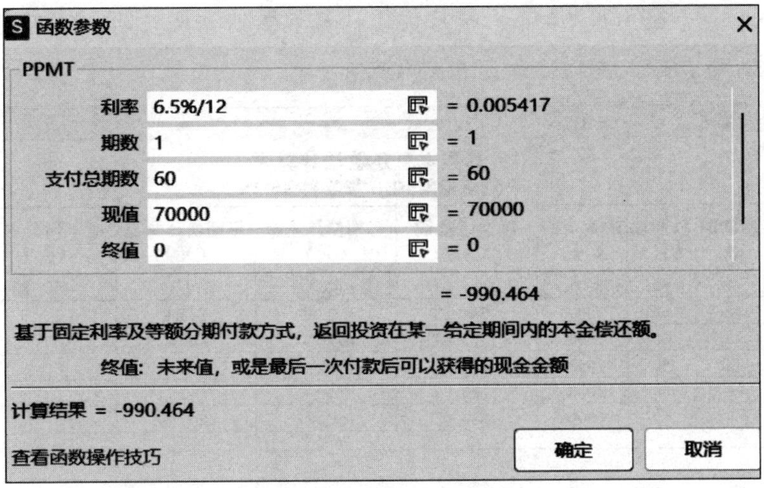

图 6-8　等额本息还款法每期偿还本金的计算

步骤 3：利用 IPMT 函数计算每期偿还利息。

在财务函数中找到 IPMT 函数，光标放在第一期"每期偿还利息"单元格 F4 上。如图 6-9 所示，分别输入 IPMT 函数计算对话框中的各个变量数值，单击 IPMT 函数对话框的"确定"按钮，得出第一期利息偿还金额 379.167 元。然后，分别计算出第一期以后各期的数值，将计算结果分别填入第二期、第三期、第四期、第五期、第六期"每期偿还利息"相应单元格内。

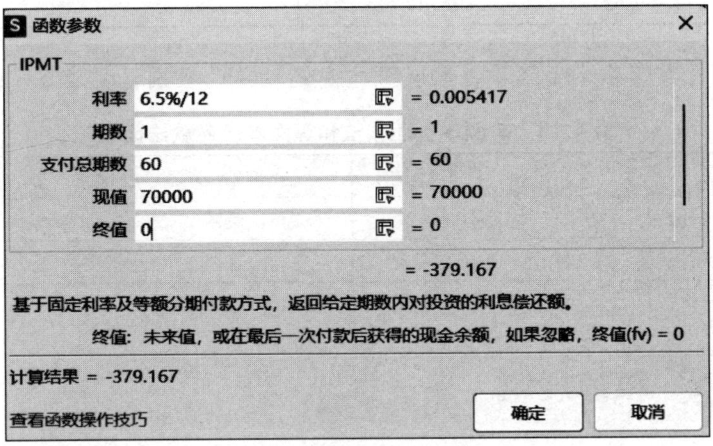

图 6-9　等额本息还款法每期偿还利息的计算

步骤 4：计算每期剩余本金。

将光标放在 G4 单元格上，依次键入" ="" C4"" -"" E4"，按回车键得到第一期剩余本金为69 009.54元，然后依次计算第二期、第三期、第四期、第五期、第六期剩余本金，填入表内，如图6－10所示。

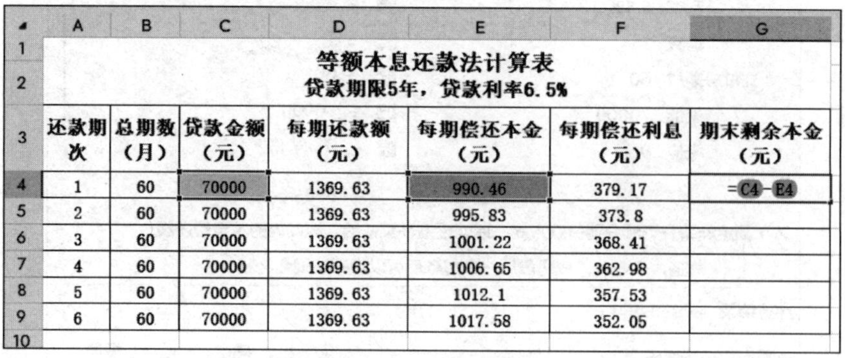

	A	B	C	D	E	F	G
1	等额本息还款法计算表						
2	贷款期限5年，贷款利率6.5%						
3	还款期次	总期数（月）	贷款金额（元）	每期还款额（元）	每期偿还本金（元）	每期偿还利息（元）	期末剩余本金（元）
4	1	60	70000	1369.63	990.46	379.17	=C4-E4
5	2	60	70000	1369.63	995.83	373.8	
6	3	60	70000	1369.63	1001.22	368.41	
7	4	60	70000	1369.63	1006.65	362.98	
8	5	60	70000	1369.63	1012.1	357.53	
9	6	60	70000	1369.63	1017.58	352.05	
10							

图6－10　等额本息还款法每期剩余本金的计算

经过以上计算，得出等额本息还款法计算表，见表6－7。

表6－7　等额本息还款法计算表　　元

还款期次	每期还款额	每期偿还本金	每期偿还利息	期末剩余本金
1	1 369.63	990.46	379.17	69 009.54
2	1 369.63	995.83	373.80	68 013.71
3	1 369.63	1 001.22	368.41	67 012.48
4	1 369.63	1 006.65	362.98	66 005.84
5	1 369.63	1 012.10	357.53	64 993.74
6	1 369.63	1 017.58	352.05	63 976.16

步骤5：总结等额本金还款法和等额本息还款法的区别，见表6－8。

表6－8　等额本金还款法和等额本息还款法比较

还款方式	每期偿还本金	每期偿还利息	每期还款额
等额本金还款法	固定不变	递减	递减
等额本息还款法	递增	递减	不变

任务6－2　教育规划

知识目标

1. 了解教育规划的概念、工具。

2. 学习并掌握教育规划的步骤。

能够根据客户情况熟练地完成教育规划。

思政目标

1. 融入习近平总书记关于家庭教育重要作用的教育思想，做好教育规划。
2. 弘扬中华民族重视教育的优秀传统文化。

思政阅读 6 – 2

党的二十大关于教育工作的会议精神

习近平总书记在党的二十大报告中提出，"我们要坚持教育优先发展、科技自立自强、人才引领驱动，加快建设教育强国、科技强国、人才强国……"2012 年以来，我国财政性教育经费支出占当年国内生产总值比例达到 4%，这是举世瞩目的一件事。十年树木，百年树人，党和国家始终坚持教育优先发展的战略。教育不仅仅是家庭或个人层面的事情，教育事关民族、国家发展的未来。然而，非义务教育阶段以及义务教育阶段的部分费用仍然需要每个家庭承担。在重视教育的同时，应该合理安排各项家庭支出，我们需要尽早做好教育资金的规划。

资料来源：习近平. 高举中国特色社会主义伟大旗帜　为全面建设社会主义现代化国家而团结奋斗——在中国共产党第二十次全国代表大会上的报告[R]. 2022.

知识储备

一、初步认识教育规划

（一）教育规划的概念

教育规划即教育投资规划，是指为规划实现预期教育目标所需要的费用而进行的财务安排。根据教育对象不同，教育规划可分为个人教育规划和子女教育规划两种类型。子女教育规划通常是家庭理财规划的核心。子女教育又可分为基础教育和高等教育，由于高等教育费用普遍较高并且主要由家庭来承担，因此，教育规划主要是指高等教育规划。

（二）子女教育所需费用

子女教育费用包括子女自立前接受教育的所有学费和生活费。每个家庭不同，子女教育费用也有区别。要根据个人所处区域、父母对子女的期望，以及家庭负担能力，选择是否借读、择校，是否能够支付民办大学或出国留学的费用，最终制订出符合客户实际的教育规划。

（三）子女教育规划的特点

子女教育规划与其他家庭理财规划有显著的区别，其特点包括以下几个。

（1）时间无弹性。一般家庭，子女到了 18 岁就要步入大学，届时父母就应该准备好至少 1 年的高等教育金。除去子女幼儿阶段的开销以外，能准备教育金的时间大致为小学到中学（约 12 年）。因此，子女教育规划明显地不同于购房规划或养老规划。购房规划或养老规划可以采用推迟购房时间或推迟退休等方式推迟目标实现的时间，而子女教育规划则无法推迟。

（2）费用无弹性。高等教育费用相对固定，因此其费用无弹性，而其他理财规划费用有弹性。教育费用对每位学生基本相同，不会因为家庭贫富而有差异。

（3）费用适当从宽规划。子女的资质无法准确预测，子女高等教育费用增长率也无法预估。因此，需要在规划时留有较大空间。家长很难预知子女在独立生活前需要支出多少资金。子女接受教育时间长度和最终达到的受教育水平与子女的资质、注意力、学习习惯和能力有关。

（4）考虑通货膨胀。一般来说，教育费用的增长率高于物价上涨率。因此，以筹集子女教育金为目的的投资至少应该保证投资收益率高于学费增长率。由于教育金支出的持续时间较长，一般从小学到大学毕业需要 15～16 年，教育规划必须能够应对教育费用逐年增长的现状。在抵御通货膨胀带来的风险的同时，其投资规划的标的资产应具备较好的增值能力。

案例延伸阅读 6-2

今天，教育孩子到底需要多少钱

2022 年 2 月 22 日，多位学术专家设立的"育娲人口研究"发布了《中国生育成本报告》（以下简称"报告"）。报告以国家统计局发布的《中国统计年鉴 2020》为基础进行估算，得出中国家庭养育一个孩子到 18 岁的平均成本为 48.5 万元，为人均 GDP 的 6.9 倍，该倍数几乎是全球最高的。

报告还指出，虽然中国法律规定 18 岁是成年年龄，父母没有义务抚养已年满 18 岁的子女，但实际上大多数大学生的学费和生活费仍然依靠父母支付。在中国，一个孩子大学 4 年的平均养育成本为 14.2 万元，这使全国家庭将孩子抚养至大学毕业时的平均养育成本上升到62.7万元。

另外,相对于全国平均水平,城镇孩子的养育成本高于农村孩子的养育成本,0~17岁城镇孩子的养育成本平均为63万元。而如果在头部大城市养孩子,费用则更高。报告中——测算了我国31个省(自治区、直辖市)的养育成本,其中上海、北京的养育成本达到约100万元人民币。

国内其他省份和城市的教育费用也许存在差异,但是,不争的事实是绝大多数省份教育费用已经占到家庭支出的很大比例。由于生活节奏的加快和工作压力的加大,很多年轻人选择了晚婚晚育。等到孩子18岁成年,父母已经50多岁了,即使他们还有工作的能力,也很难保证50多岁时的收入水平与30多岁时相当。大多数人面临的现实是,父母在逐渐老去,家庭收入在逐年下降,到了子女大学阶段更加力不从心。

尽早进行教育规划是每个家庭必须认真考虑的问题。这笔花费最长有20多年的时间可以规划,利用多种金融工具组合投资,所需要的成本就会更低。目前,国内比较常见的教育规划工具分别是银行存款、房产、股票、基金和储蓄型保险。

资料来源:各省市养孩成本排行榜:上海北京达到约100万元人民币[EB/OL].(2022-02-22).https://cj.sina.com.cn/articles/view/1638782947/61add7e3027017mbu.

二、子女教育规划的工具

(一)长期教育规划工具

长期教育规划工具主要包括教育储蓄、教育保险、基金定投、子女教育信托、政府债券、股票和公司债券、国家助学贷款和商业性助学贷款。

1. 教育储蓄

教育储蓄是指按照国家有关规定在指定银行开户、存入规定数额资金、用于教育目的的专项储蓄,是一种专门为学生支付非义务教育所需教育金的专项储蓄。

教育储蓄的利率享受优惠政策:零存整取储蓄将享受整存整取利息。利率优惠幅度在25%以上。例如,1年期、3年期教育储蓄按开户日同期同档次整存整取定期储蓄存款利率计息。6年期教育储蓄按开户日的5年期整存整取定期储蓄存款利率计息。教育储蓄的主要优点是:无风险、收益稳定且回报高于同期活期存款。但教育储蓄的缺点也较为明显:首先,能办理教育储蓄的投资者身份受限制,且支取教育储蓄款必须开具非义务教育的入学证明,否则无法享受利率优惠和免税待遇。其次,教育储蓄的投资额受限,本金存款最高仅为2万元。这远远低于目前一个孩子的高等教育基本费用。由于通胀等因素,利率变动可能带来风险,储户可能无法分享到升息的利好。因此，教育储蓄需组合搭配其他的教育规划工具，以实现教育资本的积累。

2. 教育保险

教育保险又称教育金保险、子女教育保险、孩子教育保险，是以为孩子准备教育基金为目的的保险。教育保险是储蓄性的保险，教育保险既具有强制储蓄的作用，也有一定的保障功能。教育保险的对象一般是 0 岁（出生满 28 天且已健康出院的婴儿）到 17 周岁的少儿。教育保险相当于把在短时间内急需的大额资金分散到逐年储蓄，所以越早投保，家庭的缴费压力越小，领取的教育金越多。

教育保险的优点主要有：一是具有储蓄、保障、分红和投资等多项功能，客户范围广。二是具有强制储蓄的功能。必须每年存入约定金额，以保证储蓄计划完成。这对于缺乏时间弹性和费用弹性的教育规划是非常适合的。三是保单可质押。教育保险费缴纳超过一定时期后，保单就具备了现金价值，如果出现不时之需，可以将保单质押。四是具有"保费豁免"功能。"保费豁免"功能是指投保教育保险的家庭，万一父母由于特定原因而无力再继续缴纳保费，保险公司将豁免其所有未交保费，被保险人还可以继续得到保障和资助。

教育保险的缺点有：短期内无法提前支取教育金，资金流动性较差，早期退保可能使本金受损。因此，教育投资规划应适当购买教育保险，不宜多买。

3. 基金定投

基金定投被称为懒人理财。基金定投应注意以下问题：一是最好选择股票型基金或配置型基金，基金定投的目的是通过灵活运用资金来赚取固定收益，因此对收益波动较大的股票型基金或配置型基金来讲，定额定投会更具有优势。二是长期投资应选择波动性较大的基金，由于定期定额长期投资的时间复利效果分散了股市多空、基金净值起伏的短期风险，只要坚持长期扣款原则，选择波动幅度较大的基金更能提高获利水平。三是适时适度调整投资策略，基金定投可以根据长、短期理财目标选择不同特色的基金，也可以根据个人或家庭的每月可投资金额变化进行投资策略的调整。

以筹措子女将来留学费用为例，若资金是短期内需要的，就必须提高每月投资额，同时选择波动幅度较小的稳健型基金进行定投，或者加大这类基金的投资比例。当家庭的可投资金额提高时，可以适当地提高每月扣款额度、缩短投资时间、提高投资效率等。

📖 小资料

基金定投及基金组合投资

基金定投是近年来被人们广泛接受的教育规划工具，它具有长期储蓄的特点，能积少成多、平摊投资成本、降低整体风险。只要选择的基金整体增长性良好，投资者长期投资，就可以获得一个相对平均的收益，而不必考虑入市的最佳时点。华尔街流传一句话："要在市场中准确地踩点入市，比在空中接住一把飞刀更难"，但是，如果投资者分批买入基金，就有可能避开市场的高点（亦有可能买入不在低点）。坚持长期的基金定投，必然会带来均衡成本的好处，为投资者带来相对均衡的收益。但是，用某种基金进行单一投资仍然无法避免市场波动风险。通过基金组合投资的方式可以有效降低整体资产波动性，从而实现降低本金回撤的目标，在实际投资中能降低投资者的心理压力，更有利于长期投资。理财顾问建议普通投资者选择2~3只宽基指数作为定投组合，比如沪深300+、中证500，涵盖了A股75%流动市值，是A股的中大盘股代表；当你对指数型基金投资有一定了解后，可再加入1~2只能获得超额收益的产品增强投资回报；对于普通投资者，定投组合不宜超过5只产品，基金产品数量选择过多会导致投资过程中不必要的干扰。

4. 子女教育信托

对于收入较高的家庭，可以将其财产所有权委托给受托人（如信托机构），由受托人按照信托协议的约定为受益人（如孩子）的利益或特定目的，管理或处分信托财产。在子女教育创业信托中，父母可委托一家专业信托机构帮忙管理自己的一笔财产，并通过合同约定这笔钱用于将来孩子的教育和生活开销。

我国信托业起步较晚，目前教育信托业务的开展还不普遍，随着信托业的发展，子女教育信托必将在教育规划中发挥重要作用。

子女教育信托具备以下几个优点：一是激励子女自立自强。在设立信托时可设立一定的条件，只有当孩子达到预定目标，才能取得相应的资金，进而激励子女努力奋斗。二是防止子女任意挥霍财产。受托人对教育金的管理可以防止子女对资金的滥用。三是有助于从小培养孩子理财意识。设立信托后，孩子的教育及生活开支都将与信托机构、银行等紧密相连，有利于其从小养成节俭、合理规划的理财观念。四是避免家庭财务危机。通过设立信托保证了一部分财产的安全性，可以避免由于家庭财务危机而给子女未来的教育和生活带来不良影响，实现风险阻隔。五是财产可获得专业的管理。专业信托机构的理财管理服务可以使信托财产得到最好的规划和配置，实现保值和增值，同时保证子女未来的学习和生活。

5. 政府债券

政府债券的发行主体是政府，它是指财政部门或其他代理机构为筹集资金，以政府名义发行的债券，包括国库券和公债两大类。国库券由财政部发行，用以弥补财政收支不平衡；公债是指为筹集建设资金而发行的一种债券。政府债券安全性高、流通性好、收益稳定，是子女教育规划的主要工具之一。

6. 股票和公司债券

股票和公司债券的收益和风险明显高于基金与政府债券，且子女教育时间弹性小，从稳健性的角度和资产匹配原则来看，不宜大量采用。如果教育规划时间很长（一般在 7 年以上），客户承受风险能力较强，且对这两种投资工具具有较好的驾驭能力，可以使用定投的方式进行投资，但这两类投资工具所占的比重不应过大。

7. 国家助学贷款和商业性助学贷款

国家助学贷款是由中央政府和省级政府共同推动的一种助学信用贷款，具体实施中，由国家指定的商业银行负责发放，用于帮助大学生负担学费和生活费。国家助学贷款无须担保，并且由中央或省级财政贴息，这是其提供的主要优惠。

商业性助学贷款是指由商业银行向借款人发放的用于支持学生完成学业所需费用的人民币贷款。

（二）短期教育规划工具

如果教育规划开始时间较晚，短期内就需要一笔资金来支付教育费用，此时只能考虑贷款或者资产变现。贷款可分为住房抵押贷款、学校贷款、政府贷款、资助性机构贷款和银行贷款。一般情况下，可以首先考虑大学的低息贷款，还可以考虑向政府或资助性机构申请贷款。但这类贷款对申请人的资质要求较高，不易取得。如果选择银行贷款，就要支付较高利息，且要采用抵押或质押的方式担保。因此，在采用银行贷款之前，应慎重考虑确保贷款不会影响家庭未来的退休计划和其他理财规划。

采用资产变现的方式也可以用于满足紧急情况下的教育资金需要。但这将减少家庭的资产，同时资产的变现能力也会影响资产变现。

三、子女教育规划的步骤

子女教育规划主要包括以下五个步骤。

（1）了解客户子女教育基本情况，确定子女教育规划的时间。

（2）根据子女教育的需求，明确子女教育目标。首先应该考虑子女的学习能力、兴趣爱好、学习潜质等实际情况。不同的学校类型，教育费用差异很大，因此还应该考虑学校的特点、地理位置、师资力量、学费等综合因素。

（3）计算子女教育金缺口。①通过了解目标学校的收费情况和未来学费增长率来确定需要准备的教育费用。②与目标学校的招生办公室联系就可以获得目标学校的收费情况资料，包括学费、住宿费、膳食费、交通费和通信费用等。③教育费用增长率是变化的。可以对最近几年来的通货膨胀率进行平均计算，再结合经济发展趋势，对教育规划期间的费用增长率作出较为合理的预测。教育费用增长率一般会高于通货膨胀率，因此，在预测时应该以宽松为原则，使子女的教育投资更有保障。

（4）调整投资组合，出具规划方案。在对客户子女教育金进行测算以后，如果出现资金缺口，将不能实现教育目标。理财师应对客户原有计划进行调整，在充分掌握教育储蓄、证券投资、贷款、教育信托、教育保险等产品的风险、收益和范围的基础上，从客户家庭的实际情况出发，进行资金缺口的管理，调整投资组合，实现客户教育规划的目标。

（5）监测和管理教育规划方案。对制订的教育规划方案，要定期、不定期地进行测算评估，对已经或预计会改变的情况，要不断地调整方案，最终实现教育金资金储备。

教育规划具体操作步骤如图6-11所示。

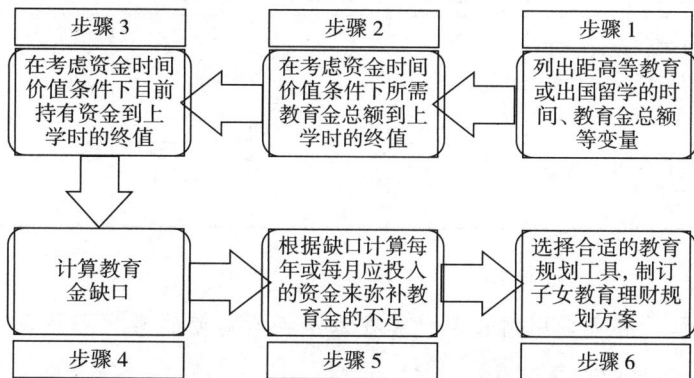

图6-11 教育规划具体操作步骤

实训6-5

实训目标

能够熟练地按照规定步骤为客户进行教育规划。

实训内容

现有客户吕女士资料如下：孩子今年8岁，10年以后上大学，以目前的大学教

169

育费用为基准，考虑了学费年增长5%以后，以7%的收益率计算得出需要进行教育规划每月储蓄（基金定投）的金额。

客户吕女士的孩子将在18岁开始上大学，打算进入综合性大学学习，相关资料如下。

（1）吕女士目前每月存入一笔金额固定的储蓄存款作为教育投资计划的一部分，年收益率为7%。

（2）以上教育投资的利息按月支付，并且滚入本金进入下一期的投资。

（3）目前大学4年所需要的生活费和学费合计，假如以入学第一年为基准，综合性大学为60 000元。

（4）假设上大学费用的预计增长率为5%（包括通胀率因素及大学学费的实际增长率），这一增长率保持相对稳定。请帮助吕女士进行教育规划。

要求：填制表6－9中未知的数值，并简要写出计算过程。

表6－9　大学教育成本计算表　　　　　　　　　　　　　　　　　元

目前子女年龄	15 岁	12 岁	8 岁	4 岁	1 岁
距离上大学尚余年数	3 年	6 年	10 年	14 年	17 年
现在入学费用（综合性大学）	60 000	60 000	60 000	60 000	60 000
5%的复利终值系数	1.157 6	1.340 1	1.628 9	1.979 9	2.292 0
按照预计增长率计算，在入学年所需要的教育费用总额（综合性大学）					
就读综合性大学每月所需储蓄金额（贴现率7%）					

要点提示：

（1）按照预计教育费用增长率计算在入学年所需要的教育费用总额（综合性大学），利用复利终值的计算方法。

（2）利用Excel表格PMT函数计算教育储蓄（基金定投）的金额。

实训步骤

步骤1：利用理财计算器或Excel表格的FV函数分别计算本金为60 000元，年利率为5%，期限分别为3、6、10、14、17年的复利终值。（略）

步骤2：利用理财计算器或Excel表格的PMT函数分别计算目前子女年龄分别为15、12、8、4、1岁，年贴现率为7%，期限分别为3、6、10、14、17年的每月所需要储蓄的金额（函数的具体调用见项目6现金规划有关任务步骤）。

步骤3：列出大学教育成本计算表中全部的数值，见表6－10。

表 6 – 10 大学教育成本计算表 元

目前子女年龄	15 岁	12 岁	8 岁	4 岁	1 岁
距离上大学尚余年数	3 年	6 年	10 年	14 年	17 年
现在入学费用（综合性大学）	60 000	60 000	60 000	60 000	60 000
5%的复利终值系数	1. 157 6	1. 340 1	1. 628 9	1. 979 9	2. 292 0
按照预计增长率计算，在入学年所需要的教育费用总额（综合性大学）	69 456	80 406	97 734	118 794	137 520
就读综合性大学每月所需储蓄金额（贴现率7%）	1 739.44	901. 81	564. 66	418. 24	352. 50

实训 6 – 6

实训目标

能够熟练地为客户进行各类长期教育规划工具的理财配置。

实训内容

客户童女士的孩子今年 10 岁。她的教育投资规划目标是：孩子 18 岁上大学时积累足够的本科教育费用。客户已经有 50 000 元教育储备金，不足部分考虑以定期定额投资基金的方式解决。假定年平均投资回报率为 4%（入学后投资回报率不变）。如果目前大学本科教育（4 年）费用（含学费、生活费）为 20 000 元，教育费用预计增长率为 5%（入学后教育费用增长率为 0），计算童女士每月定投基金的金额。

要点提示：本任务需要使用理财计算器或 Excel 电子表格及财务函数 FV、PV、PMT。基金定投默认为期末年金。

实训步骤

步骤 1：计算教育费用的复利终值。为了统一时间标准，以复利终值的方法按照预计教育费用增长率，把目前大学本科教育年学费折算为入学年的年教育费用。其具体计算公式为

入学年年教育费用终值 = 目前年教育费用 × (1 + 教育费用年增长率)^{距离入学年期限}

可以使用理财计算器或 Excel 电子表格的终值函数 FV。通过计算得出大学教育年学费在入学年的终值为 29 549. 11 元。

步骤 2：计算大学 4 年教育费用总需求，即全部教育费用入学年的现值。其具体计算公式为

教育费用总需求 = 入学年年教育费用终值 × 年金现值系数 $(P/A, i, n)$

值得注意的是，教育费用总需求的计算一般采用期初年金现值的公式。计算得

出结果为 111 550.58 元。

步骤 3：计算现有教育储备金的终值。以复利终值的方法，按照预设的投资回报率，将客户现有储蓄 50 000 元折算为大学入学年的终值。计算涉及的 Excel 函数及理财计算器的使用同于步骤 1 教育费用终值的计算。计算得出结果为 68 428.45 元。

步骤 4：计算大学 4 年教育费用缺口。其具体计算公式为

大学 4 年教育费用缺口 = 大学 4 年教育费用总需求 − 教育准备金入学年终值

得出教育费用缺口为 43 122.13 元。

步骤 5：计算基金定投额。可以使用理财计算器或 Excel 电子表格 PMT 函数计算教育储蓄（基金定投）的金额。孩子今年 10 岁，8 年以后上大学，以目前的大学教育费用为基准，考虑了学费年增长 5%，并以 4% 的收益率计算得出需要进行教育规划每月储蓄（基金定投）的金额。根据本任务的资料，使用财务函数 PMT 时 Type 选择的是默认模式，赋值为 0，表示此项投资为期末模式。

步骤 6：列出子女教育规划计算表，见表 6 − 11。

表 6 − 11　子女教育规划计算表

项目	代码	数值	备注
子女目前的年龄	A	10 岁	—
距离上大学剩余的年数	B	8 年	18 岁 − A
目前大学年学费	C	20 000 元	根据实际情况预设
目前学费增长率	D	5%	预设的数值
按目前学费增长率计算的年学费终值	E	29 549.11 元	C × 复利终值系数
现有教育准备金	F	50 000 元	可供子女未来教育使用的资金
预计收益率	G	4%	预设的数值
现有教育准备金在大学入学年的终值	H	68 428.45 元	F × 复利终值系数
大学 4 年教育费用总需求	I	111 550.58 元	E × 年金现值系数
大学 4 年教育费用的缺口	J	43 122.13 元	I − H
按照 4% 的收益率计算的每月储蓄（定投）金额	K	381.89 元	J ÷ 年金终值系数

任务 6 − 3　个人税收规划

知识目标

学习并掌握税收规划的基础知识。

能够根据客户情况熟练地为客户作出税收规划。

思政目标

1. 了解国家的税收政策，树立正确的纳税意识。
2. 能够完成有关税收规划的基本计算和操作。

思政阅读 6-3

依法诚信纳税，成就强国未来
——关于偷税漏税，这些法律知识要知晓

税收与我们的生活息息相关，税收取之于民、用之于民、造福于民，主要用于国防和军队建设、道路交通和城市基础设施建设以及国计民生的方方面面。税收的本质是汇聚众散之财、办惠民之国事。税收关乎民生、关乎国本。新中国成立 70 多年来，特别是改革开放 40 多年来，除了经济发展的巨大成就外，还涌现出一系列超级工程或大国重器。无论是九天揽月的"北斗"，还是傲视全球的"中国天眼"，还有卫星墨子号、港珠澳大桥工程、"辽宁号"航母等的亮相，无不彰显出大国的崛起，这些成就都离不开财政资金的支持。可以说，"中国梦"的实现离不开税收的巨大贡献。

我国宪法规定，中华人民共和国公民有依照法律纳税的义务。国家税法具有法律权威性，任何企业和个人都不能以不法手段逃避纳税义务。

1. 什么是纳税人和扣缴义务人？

《中华人民共和国税收征收管理法》规定，法律、行政法规规定负有纳税义务的单位和个人为纳税人。法律、行政法规规定负有代扣代缴、代收代缴税款义务的单位和个人为扣缴义务人。纳税人、扣缴义务人必须依照法律、行政法规的规定缴纳税款、代扣代缴、代收代缴税款。

2. 哪些属于偷税行为？

《中华人民共和国税收征收管理法》规定，纳税人伪造、变造、隐匿、擅自销毁账簿和记账凭证，或者在账簿上多列支出或者不列、少列收入，或者经税务机关通知申报而拒不申报，或者进行虚假的纳税申报，不缴或者少缴应纳税款的，是偷税。

3. 偷税行为应如何处罚？

《中华人民共和国税收征收管理法》规定，对纳税人偷税的，由税务机关追缴其不缴或者少缴的税款、滞纳金,并处不缴或者少缴的税款 50% 以上 5 倍以下的罚款;构成犯罪的,依法追究刑事责任。

扣缴义务人采取前款所列手段,不缴或者少缴已扣、已收税款,由税务机关追缴其不缴或者少缴的税款、滞纳金,并处不缴或者少缴的税款 50% 以上 5 倍以下的罚款;构成犯罪的,依法追究刑事责任。

资料来源:以案说法|关于偷税漏税,这些法律知识要知晓——[EB/OL]. (2021 - 08 - 27). http://society. people. com. cn/n1/2021/0827/c1008 - 32210850. html.

知识储备

一、税收规划的含义

税收规划即税收筹划。税收规划是指在纳税行为发生前,在法律允许的范围内,通过对纳税主体的经营、投资、理财等经济活动的事先筹划和安排,充分利用税法提供的优惠和差别待遇,以减轻税负,达到整体税后收入最大化的过程。合理避税是税收规划的目标所在。

二、税收规划的主要内容

税收规划的主要内容包括避税规划、节税规划、转嫁规划、实现涉税零风险。

(1) 避税规划,是指纳税人采用税法允许的财务手段,如利用收入延迟、避免应税项目实现、费用合理税前扣除等手段减少纳税的财务活动。

(2) 节税规划,是指纳税人利用税法中固有的起征点、减免税等优惠政策,通过对筹资、投资等经营活动的安排,实现少缴税甚至不缴税的行为。

(3) 转嫁规划,是指纳税人为了达到减轻税负的目的,通过价格调整将税负转嫁给他人承担的经济行为。

(4) 实现涉税零风险,是指纳税人账目清楚,纳税申报,税款缴纳及时、足额,没有税收方面的处罚,就是在税收方面没有任何风险。

三、税收规划的原则

(一) 合法性

不违反国家税收法律法规及征管办法为税收规划的基本原则,这也是税收规划最基本的特征,是税收规划区别于偷税、抗税、骗税等不法行为的关键。只有做到合法,才能保证理财师所规划的纳税方案得到税务主管机关、国家金融监督管理总局、中国人民银行等部门的认可。否则,可能受到惩罚甚至承担相应的法律责任。

（二）前置性

前置性是指纳税人和理财师应该尽量在应税行为发生前或发生过程的较早阶段进行税收规划，以实现税收规划合法合理的目标。

税收规划的对象是纳税人的应税行为和应纳税额，我国具有比较完善的税收制度和征管体系，对这两方面都有明确的规定。

（三）整体性

在进行某个税种的税收规划时，还要考虑与之相关的其他税种的税负效应，进行统筹安排，保证整体税负最轻、税后利润最大，防止顾此失彼、前轻后重。

（四）风险与收益均衡

税收规划可以降低税负，但也有一定的风险，主要包括法律风险、由于客观环境的变化引起的实际税负与规划目标偏离的风险等，纳税人和理财师均应关注有关政策法规、纳税人实际经营状况、自身财务状况的重大变化，及时调整税收规划方案，或采取其他手段减少损失。

（五）成本效益

税收规划要有利于实现个人的财务目标，要保证通过规划取得的收益大于规划成本，同时，要正确处理增加收入与降低税负之间的关系，以免陷入单纯为了降低应纳税额而影响个人收入增长的误区。

税收规划的行为主体是纳税人，纳税人本身可以是税收规划的行为人，也可以聘请税务顾问或会计师进行税收规划。

案例延伸阅读 6 – 3

纳税：每个公民应尽的义务

人们说在美国，只有死亡和税收无法避免。有个真实故事：在美国的芝加哥，曾经有个黑帮大佬叫卡冯，黑道做得天衣无缝，人人都知道他是黑帮老大，警方却拿不到他一点犯法的证据。FBI（美国联邦调查局）请来税务局帮忙，税务局发现他名下持有很多财产，却无法和他申报的纳税总额进行匹配，于是直接以偷税漏税罪把卡冯送进了监狱。

根据世界银行 2017 年的数据，全球 GDP 总量约为 81 万亿美元。超级富豪们采用各种避税手段隐匿了近 8 万亿元的财富，这些财富基本不受税收人员的监管。在我国，近年来，明星偷漏税案件屡见不鲜。2002 年，刘××的北京××有限责任公

司被查出 1996 年以来采取不列或少列收入、多列支出、虚假申报等手段偷税漏税达
1 458.3 万元。

根据国家税务总局网站有关信息披露，内蒙古自治区税务部门在日常管理中发现某网络主播存在涉税风险，经提示提醒、督促整改、约谈警示后，该网络主播仍拒不依法履行纳税义务，遂由税务稽查部门依法对其开展了税务检查。

经查，该网络主播在 2020 年至 2021 年期间从事网络直播取得收入，通过虚假纳税申报手段少缴个人所得税 10.26 万元。呼伦贝尔市税务局稽查局依据《中华人民共和国个人所得税法》《中华人民共和国税收征收管理法》《中华人民共和国行政处罚法》等相关法律法规规定，对该网络主播追缴税款、加收滞纳金并处罚款共计 25.21 万元。呼伦贝尔市税务局稽查局已依法向其送达《税务处理决定书》和《税务行政处罚决定书》，该网络主播已按规定缴清税款、滞纳金及罚款。

总之，把握好合理避税和偷漏税的界限是每一位守法公民必备的素质。了解自己到底纳了哪些税、纳了多少税，如何合理避税，也就顺理成章地成为纳税人制定理财规划的必修课。

资料来源：内蒙古自治区呼伦贝尔市税务局稽查局依法对网络主播周梦妮偷税案件进行处理 [EB/OL]. (2024 - 01 - 12). https://www.chinatax.gov.cn/chinatax/n810219/c102025/c5220467/content.html.

四、个人所得税基础知识

个人所得税是一个国家对居民个人的境内境外、非居民个人的境内取得的各项应税所得征收的所得税。纳税主体为自然人，包括中国公民、在中国境内有所得的外籍人员与港澳台同胞、个体工商户。

《中华人民共和国个人所得税法》第 2 条规定，下列各项个人所得，应当缴纳个人所得税：①工资、薪金所得；②劳务报酬所得；③稿酬所得；④特许权使用费所得；⑤经营所得；⑥利息、股息、红利所得；⑦财产租赁所得；⑧财产转让所得；⑨偶然所得。居民个人取得以上第①项至第④项所得（称为综合所得），按纳税年度合并计算个人所得税；非居民取得以上第①项至第④项所得，按月或按次分享计算个人所得税。纳税人取得第⑤项至第⑨项所得，依照规定分别计算个人所得税。以下介绍个人所得税的税率规定。

（一）居民个人综合所得税计算及税率

自 2019 年 1 月 1 日起，居民个人取得的工资、薪金所得，劳务报酬所得，稿酬所得，特许权使用费所得作为综合所得。扣缴义务人向居民个人支付工资、薪金所

得时，综合所得按照累计预扣预缴的办法，按月办理扣缴。扣缴义务人在一个纳税年度内预扣预缴税款的时候，以纳税人在本单位截至本月取得的工资、薪金所得累计收入扣除累计免税收入、累计减除费用、累计专项扣除、累计专项附加扣除和累计依法确定的其他扣除后的剩余金额为累计预扣预缴应纳税所得额，然后按照对应税率（表6-12）计算得到累计应预扣预缴税额，再扣减累计减免税额和累计已预扣预缴税额，其余额为本期应预扣预缴税额。

表6-12　个人所得税预扣税率表

（综合所得适用）

级数	预扣预缴应纳税所得额	预扣率/%	速算扣除数
1	不超过36 000元的	3	0
2	超过36 000元至144 000元的部分	10	2 520
3	超过144 000元至300 000元的部分	20	16 920
4	超过300 000元至420 000元的部分	25	31 920
5	超过420 000元至660 000元的部分	30	52 920
6	超过660 000元至960 000元的部分	35	85 920
7	超过960 000元的部分	45	181 920

（二）其他综合所得（劳务报酬所得、稿酬所得、特许权使用费所得）预扣预缴个人所得税的计算及税率

劳务报酬所得、稿酬所得、特许权使用费所得以每次收入减除费用后的余额为收入额。其中，稿酬所得收入减按70%计算应纳税收入。劳务报酬所得、稿酬所得、特许权使用费每次收入不超过4 000元的，减除费用按800元计算；每次收入超过4 000元的，减除费用按收入的20%计算；劳务报酬所得计算预扣预缴税额参照表6-13。稿酬所得、特许权使用费所得适用20%的比例预扣率。

表6-13　个人所得税预扣率表

（居民个人劳务报酬所得预扣预缴适用）

级数	预扣预缴应纳税所得额	预扣率/%	速算扣除数
1	不超过20 000元的	20	0
2	超过20 000元至50 000元的部分	30	2 000
3	超过50 000元的部分	40	7 000

居民个人办理年度汇算清缴时，应当依法计算劳务报酬所得、稿酬所得、特许权使用费所得的收入额，并入年度综合所得计算应纳税款，税款多退少补。

（三）经营所得税计算及税率

经营所得适用5级超额累进税率，税率为5%至35%。经营所得以每一纳税年

度的收入总额减除成本、费用以及损失后的余额，即为应纳税所得额；应纳税额 =
全年应纳税所得额 × 适用税率 – 速算扣除数，见表 6 – 14。

表 6 – 14　个人所得税税率表

（经营所得适用）

级数	年应纳税所得	税率/%	速算扣除数
1	不超过 30 000 元的	5	0
2	超过 30 000 元至 90 000 元	10	1 500
3	超过 90 000 元至 300 000 元	20	10 500
4	超过 300 000 元至 500 000 元	30	40 500
5	超过 500 000 元的部分	35	65 500

对没有综合所得，但是取得经营所得的个人，计算其每一纳税年度的应纳税所
得额时，应当减除费用 6 万元专项扣除、专项附加扣除以及依法确定的其他扣除。
专项附加扣除在办理汇算清缴时减除。

**（四）利息、股息、红利所得，财产租赁所得、财产转让所得、偶然所得以
及其他所得税率**

利息、股息、红利所得，财产租赁所得、财产转让所得、偶然所得以及其他所
得税率适用 20% 的比例税率。

📖 **小资料**

关于纳税义务人的规定

纳税义务人又称"主体"，是税法规定的直接负有纳税义务的单位和个人。纳税
义务人依据住所和居住时间两个标准又区分为居民和非居民。根据《中华人民共和
国所得税法》第一条的规定，在中国境内有住所，或者无住所而一个纳税年度内在
中国境内居住累计满一百八十三天的个人，为居民个人。居民个人从中国境内和境
外取得的所得，依照本法规定缴纳个人所得税。在中国境内无住所又不居住，或者
无住所而一个纳税年度内，在中国境内居住累计不满一百八十三天的个人，为非居
民个人。非居民个人从中国境内取得的所得，依照本法规定缴纳个人所得税。

资料来源：《中华人民共和国个人所得税法》。

五、税收规划的具体操作

（一）避免应税收入（或所得）的实现

根据我国现行税法的规定，几乎各税种中都存在税收规划的空间。例如，财产增值部分只要不变现，一般就不对其课征所得税。另外，税法中还有一些免税收入的规定，纳税人即使取得了这些收入，也不用缴纳所得税。我国税法规定可以在税前进行专项扣除的项目有单位为个人缴付和个人缴付的基本养老保险费、基本医疗保险费、失业保险费等。对包括子女教育等六项专项附加扣除项目在税前按照一定金额进行扣除。合理合法避税，应用最多的方法还是投资避税，投资者主要可以利用基金定投、国债、教育储蓄、保险产品及银行本外币理财产品等投资品种来避税。

（二）工资、薪金转化为劳务报酬

例 6 - 1 王先生 2022 年从单位获得工资类收入 50 000 元，由于工资太低，王先生在 A 公司找到了一份兼职工作，当年收入为 100 000 元。

方案一：王先生与 A 公司没有固定的雇佣关系，从 A 公司取得的收入为劳务报酬所得，该部分收入在计入年度综合所得时实际计入额为 80 000 = [100 000 × (1 - 20%)] 元。当年综合所得应纳税所得额为 70 000 = (50 000 + 80 000 - 60 000) 元（不考虑专项扣除、专项附加扣除和其他扣除因素），当年综合所得应纳所得税额为

$$70\ 000 \times 10\% - 2\ 520 = 4\ 480（元）$$

方案二：王先生与 A 公司建立合同制的雇佣关系，与原单位解除合同，来源于原单位的 50 000 元为劳务报酬，计入综合所得金额为 50 000 × (1 - 20%) = 40 000 元。由 A 公司支付的 100 000 元作为工资薪金收入计入当年综合所得，二者合计 140 000 万元，当年应纳税所得额 = 140 000 - 60 000 = 80 000 元（不考虑专项扣除、专项附加扣除和其他扣除因素），当年应纳所得税额 = 80 000 × 10% - 2 520 = 5 480 元。

因此，在该案例中，相比从 A 公司领取工资薪金，王先生从 A 公司领取同等金额的劳务报酬每年可以实现节税：5 480 - 4 480 = 1 000 元。

（三）避免适用较高税率

一般情况下，适用税率越高，应纳税额就越多，税后收益就越少。因此，尽量使所从事的经济活动适用较低的税率，对纳税人降低税收负担意义重大。

例 6 - 2 王先生开设了一家经营家装材料的公司，由妻子进行管理，同时承接家庭房屋装潢工程。预计全年销售装饰材料的应纳税所得额为 100 000 元，安装维

修工程为 70 000 元。

方案一：合起来纳税，该所得为客户经营所得，则

应纳所得税额 = 170 000 × 20% − 10 500 = 23 500（元）

方案二：若王某和妻子分别成立个人独资企业，则各自应纳税额为

王某应纳所得纳税 = 100 000 × 20% − 10 500 = 9 500（元）

妻子应纳所得税 = 70 000 × 10% − 1 500 = 5 500（元）

分设两个公司合计纳税 9 500 + 5 500 = 15 000（元）。

23 500 − 15 000 = 8 500 元，分设两个公司，可以节税 8 500 元。

（四）充分利用"税前扣除"，企业提供住所、旅游津贴等福利

各国税法中都有一些允许纳税人税前扣除的条款，纳税人应当充分利用这些规定，多扣除一些费用，缩小税基，减轻税负，还可以通过报销部分费用的方法降低个人收入总额，以达到减轻税负的目的。

例 6 − 3 某公司会计师张先生的工作地点为某省会城市，全部收入为每月从公司扣除社保和住房公积金后获取的工资、薪金所得 8 000 元。由于租住一套一居室，每月支付房租 1 500 元，除去房租，张先生可用的收入为 6 500 元。已知，除住房租金外，张先生当年度不能享受其他专项附加扣除和依法确定的其他扣除。

如果张先生租房：

年度应纳税所得额 = 8 000 × 12 − 60 000 − 18 000 = 18 000（元）

张先生应纳个人所得税 = 18 000 × 3% = 540（元）

如果公司为张先生提供免费住房，每月工资下调为 6 000 元，则

张先生应纳个人所得税 =（6 000 × 12 − 60 000）× 3% − 0 = 360（元）

做税收规划后，张先生每年可节省所得税 180（= 540 − 360）元，而公司也没有增加任何支出。

注：省会城市房租扣除标准为 1 500 元/月，户籍人口超过 100 万的城市扣除标准是 1 100 元/月，户籍人口不超过 100 万的城市是 800 元/月。

（五）对年终奖的税收规划

例 6 − 4 赵玲 2020 年每月扣除"四险一金"外取得工资收入 6 000 元，年底还拿到了 100 000 元的年终奖。假设赵玲当年没有其他收入，赵玲应选择将年终奖单独计税，还是与当年度综合所得合并计税？

方案 1：年终奖单独计税

本年度赵玲综合所得应纳税所得额 = 6 000 × 12 − 60 000 = 12 000 元，综合所得

应纳税额 $= 12\,000 \times 3\% - 0 = 360$ （元）。

当年度赵玲取得年终奖应纳税额 $= 100\,000 \times 10\% - 2\,520 = 7\,480$ （元）

两项合计纳税 $= 7\,480 + 360 = 7\,840$ （元）

方案2：年终奖与当年度综合所得合并计税

当年度赵玲综合所得额为 $(6\,000 \times 12 + 100\,000) = 172\,000$ 元，当年度赵玲综合所得应纳税额为

$$(6\,000 \times 12 + 100\,000 - 60\,000) \times 10\% - 2\,520 = 112\,000 \times 10\% - 2\,520 = 8\,680 \text{（元）}$$

$$8\,680 - 7\,840 = 840 \text{（元）}$$

因此，年终奖单独计税比合并计税可节税840元。

（六）利用税收优惠

税法中的减免税等税收优惠规定，为纳税人节税规划提供了可能性。此外，一些具有期限规定的特定优惠政策也值得在进行税收规划时很好地利用。

减轻税负的方式主要有两种：一种是改变自己的住所；另一种便是根据各国具体规定的临时离境日期，恰当地安排自己的离境时间，使自己从居民纳税人变成非居民纳税人。

（七）税收规划的主要步骤

步骤1：了解客户的基本情况及要求。其主要内容包括客户的婚姻状况、子女及其他赡养人员、财务情况、投资意向、纳税历史情况、要求增加短期所得还是长期资本增值等。

步骤2：制订纳税计划。

（1）制订税收规划方案。为了制订税收规划方案需要完成的工作内容包括分析客户的业务背景、选择节税的方法、现行法律可行性分析、应纳税额的计算、影响因素变动分析。

（2）税收规划方案的选择和实施。其具体做法是：选择短期内节俭税收更多或在较长一个时段内可获得更大收益的纳税方案，选择成本更低或成本稍高但节税效果更好的计划，选择实施起来更便利或技术较复杂、风险较小的方案。

步骤3：控制税收规划方案的执行。税收规划实施以后，理财师还需要经常、定期地（一般一年或半年）通过一定的信息反馈渠道来了解税收规划方案执行的情况，当客户没有执行税收规划方案或是出现新情况时，税收规划人应该给予提示或及时修订税收规划。

实训 6 – 7

实训目标

1. 掌握税收规划的原则和基本方法。

2. 能够熟练地应用个人税收基本规划方法为客户进行个人所得税规划。

实训内容

某公司每月税前向员工林某发放工资 10 000 元，扣除个人负担的社保费用 500 元之后，林某实际每月领取工资 9 500 元。该公司和林某均未缴纳住房公积金。已知林某上一年度的月平均工资为 8 000 元（假定林某不享受专项附加扣除和其他扣除，也没有其他综合所得收入）。如果林某与公司人事部门达成一致，在保持实际发放工资数额不变的情况下，按照林某上年度月平均工资 12% 的比例将部分工资数额存入林某的公积金账户，林某本人也存入相同的金额，该方案是否能起到节税的效果？

实训步骤

步骤 1：按原来的方案计算。

$$林某全年综合所得应纳税额 = （9\,500 - 5\,000）\times 12 \times 10\% - 2\,520$$
$$= 2\,880（元）$$

步骤 2：按新的方案计算。

单位每月缴存公积金 960（= 8 000 × 12%）元，林某自己也存入 960 元，此时，其每月税前实际取得的工资收入 8 540（= 9 500 - 960）元。全年综合所得应纳税额 =（8 540 - 5 000）× 12 × 10% - 2 520 = 1 728（元）。

步骤 3：对新、旧方案进行比较。新方案比原来的方案少纳税 1 152 元（= 2 880 - 1 728）。

显然，新方案起到了节税的效果。

任务 6 – 4 投资规划

知识目标

学习并掌握投资规划的基础知识。

能力目标

能够运用投资理论和常见金融工具进行投资理财规划。

思政目标

树立投资风险防范意识。

思政阅读 6 - 4

投资更应该注意防范风险

有投资必然有风险。沃伦·巴菲特曾经说过,"我们不能只关注潜在的收益,还要看清楚对应的风险",巴菲特的名言强调了风险和收益的相对性,风险和收益是相伴相随的,在投资活动中,我们需要始终保持清醒的头脑,既要防止自己非理性操作带来的损失,也要警惕整个市场过度投机带来的系统性风险。

历史上曾经发生过七次股灾。1929 年大股灾是在毫无征兆的情况下发生的。随即出现的大萧条持续了 10 个年头。这次股灾彻底打击了投资者的信心,一直到 1954 年,美国股市才恢复到 1929 年的水平。第二次发生在中国香港,1973 年发生了香港股票普及化后第一次股灾,恒生指数于一年内大跌超过九成,数以万计的市民因此而破产。第三次股灾,被称为"黑色星期一",发生在 1987 年 10 月 19 日的美国,在从 10 月 19 日到 26 日 8 天内,因股市狂跌损失的财富高达 2 万亿美元之多,是第二次世界大战中直接及间接损失总和 3 380 亿美元的 5.92 倍。第四次股灾发生在 1989 年 12 月,日经平均股指高达 38 915 点,进入 20 世纪 90 年代,日本股市价格旋即暴跌。到 1990 年 10 月,股指已跌破 20 000 点。1991 年上半年,股指略有回升,但下半年跌势更猛。1992 年 4 月 1 日,东京证券市场的日经平均指数跌破了 17 000 点,日本股市陷入恐慌;8 月 18 日降至 14 309 点,基本上回到了 1985 年的水平。第五次发生在中国台湾,1990 年 2 月,指数从最高点 12 682 点一路崩盘,一直跌到 2 485 点才止住,8 个月的时间跌掉 1 万点。在从 12 000 点的下跌过程中,许多人屡次抄底,屡次套牢,从 12 000 点回到 8 000 点以下,有人开始进行买进,7 000点买进,6 000 点买进,5 000 点更是买进,日后是一路跌到了 2 485 点。

中国股市发展历程较为短暂,但依然经历了两次惊心动魄的股灾。一次发生在 1996 年。1996 年国庆节后,股市全线飘红。从 4 月 1 日到 12 月 9 日,上证综合指数涨幅达 120%,深证成分指数涨幅达 340%。12 月 16 日,《人民日报》发表特约评论员文章《正确认识当前股票市场》,给股市定性:"最近一个时期的暴涨是不正常和非理性的。"涨势终于被遏止。上证指数开盘就到达跌停位置,除个别小盘股外,全日封死跌停,次日仍然跌停。全体持仓股民三天前的纸上富贵全部蒸发。另一次发生在 2001 年。当年 7 月 26 日，国有股减持在新股发行中正式开始，股市暴跌，沪指跌 32.55 点。到 10 月 19 日，沪指已从 6 月 14 日的 2 245 点猛跌至 1 514 点，50 多只股票跌停。当年 80% 的投资者被套牢，基金净值缩水了 40%，而券商佣金收入下降 30%。

各个国家和地区股灾的发生原因不尽相同，但有一些共性：股市的走势大大脱离经济的基本面。投资者过度投机，积累了很高的市场风险，到某一敏感的时间节点，便全线溃败。每次股灾都会使不少投资人破产甚至因逃避债务而自杀，涉及千千万万的家庭和企业，给国民经济和社会财富带来巨大的损害。

资料来源：全球 7 次股灾回顾[EB/OL].（2015－01－20）. https://www.guancha.cn/economy/2015_01_20_306841.shtml.

知识储备

一、投资规划概述

投资规划是指理财师为客户制订专门的投资方案，对客户某一特定阶段或某一特定事项的现金流在不同时间、不同投资对象上进行配置以获取与风险匹配的最佳收益的过程。在确定投资规划时，需要考虑的是某种投资工具是否适合客户，因此必须熟悉各种投资工具的特性和投资基本理论。投资规划方案中要兼顾收益性和稳健性。在确定个人或家庭投资额度时，可以参考以下指标数值：

$$投资比率 = 投资资产/净资产 = 0.6$$
$$清偿比率 = 净资产/总资产 = 0.6$$

目前市场上可用的投资工具主要有以下两种。

（1）实物资产投资。其包括实业投资、不动产、艺术品、收藏品等。

（2）金融资产投资。股票：A 股、H 股；债券：国债、企业债券、金融债券、可转换债券；集合投资：证券投资基金、集合资金信托、私募基金等；衍生产品：期货、期权等；其他：外汇、黄金。

对于收入水平较高、收入来源稳定的家庭来讲，可以进行激进一点的投资，可以将收入的 30%～40% 投资房地产、土地所有权买卖，甚至可以直接投资股票。固定收益类和权益类投资可以进行 6∶4 的配置。如果家庭收入一般，应该主要投资于基金和国债，对于基金投资部分，可以将债券型基金和股票型基金进行比例为 6∶4 的配置。

二、投资的目的

一般来说，投资的目的主要有以下三方面。

（一）抵御通货膨胀

通货膨胀表现为物价的持续上涨，通货膨胀导致货币购买力的下降，人们为了降低通货膨胀对自己资产和收入的影响，往往会采用各种类型投资进行资产配置，以实现资产保值。

（二）实现资产的增值

资产的增值是通过投资使得资产超过投资成本的部分。任何投资都有成本投入并且要承受一定的投资风险，同时任何被投资的资产都有获得收益的预期。对于一般工薪阶层来讲，仅仅依赖固定的工资薪金，财富增长非常有限，其长期理财规划目标也不能实现，因此需要通过一定的投资手段才能达到资产增值的目的。

（三）获得经常性收益

现实中，许多投资者只是希望在求得保本的基础上获得一定的收益来补充家庭的开支。对于保守型的客户或者即将进入退休期的人士，他们不愿意承受较高风险去投资。因此，风险较低、收益相对稳定的国债、货币型基金等投资工具更适合这一类人群。

案例延伸阅读 6-4

向古人学习投资
——范蠡的投资之道在简单中看出不平凡的认知高度

范蠡，字少伯，春秋楚国人，一个传说活了88岁的超级牛人，他不但是春秋时期的首富，也是超级战略家，还是商人的祖师爷、最早的慈善家。在政治上，范蠡辅佐越王勾践最终灭吴，急流勇退后二次出山官至越国首辅；在商业上，他三次散尽巨额家财扶贫后又能够重新集聚万金财富。这简直是不可思议的完美人生，具备福、寿、禄三全的好运。司马迁对范蠡作出高度评价：忠以为国，智以保身，商以致富，成名天下。

范蠡一生有三次大的选择：一是选择去越国实现自己的政治抱负，辅助君王成就霸业；二是功成名就之时急流勇退；三是到天下经商财富中心宋国陶邑，下海经商做陶朱公。范蠡的时势价值观是东方投资学的鼻祖，他的口头禅：贵出如粪土，贱取如珠玉，与巴菲特名言"别人贪婪我恐惧、别人恐惧我贪婪"有着异曲同工之妙。范蠡的投资理念是：时贱而买，虽贵已贱；时贵而卖，虽贱已贵。这精辟地描述了市场周期股的特征：强周期行业在股价最便宜、最低迷的时候，往往表现出估值非常高，甚至亏损，价值投资者往往不敢下手，而范蠡告诉你，此时看似贵其实已经便宜；相反，在周期股盈利爆发时期，股价暴涨后，估值看似便宜，市盈率仅仅是个位数，范蠡告诉你，此时看似很便宜，其实已经贵到不值。

范蠡的投资之道，看似简单，然而大道至简，在简单中看出不平凡的认知高度，时势价值观是东方传统哲学的智慧。

作为普通工薪阶层，如果要实现个人财务自由，仅仅靠工资收入是远远不够的。在保证生活开支和其他必要开支的基础上，利用合理的投资理财渠道实现自身的财富保值增值是现代人应该学会的重要技能。因此，学习各种理财知识、应用各种投资方法管理自己的财富是我们人生规划的组成部分。

资料来源：范蠡的投资之道，看似简单，然而大道至简，在简单中看出不平凡的认知高度[EB/OL].(2022－07－08). https://caifuhao. eastmoney. com/news/2022070808 5211103056210.

三、投资规划的步骤

首先，要确定投资目标和可投资财富的数量；其次，根据对客户风险的偏好的评价，确定采取稳健型还是激进型的策略。

（一）确定客户的投资目标

投资规划方案围绕理财目标而制订，由于客户财务状况、理财目标、风险态度和风险承受能力各不相同，因此投资目标差异较大。一般将客户的投资目标区分为以下几类。

（1）为特定目的的资本积累。如家庭大额支出、子女教育和个人职业生涯规划、一般性财富积累等。

（2）防范个人风险。一些意外事件，如过早死亡、丧失劳动能力、医疗护理费用、财产与责任损失、失业等就是个人必须提前进行防范的风险。

（3）为退休后的生活提供收入来源。

（二）客户评估自身风险承受能力

风险与收益呈同方向变化，同时风险越大，潜在损失越大。不同的人对于风险的承受能力不同，一般情况下，通过风险测试、客户年龄及其资产状况等进行综合判断可以让客户认识自己的风险承受能力。

（三）根据客户的风险承受能力确定投资计划

（1）根据客户的投资目标和风险承受能力确定投资策略。

（2）根据投资策略和金融市场的客观情况，拟定一套组合投资方法——投资计划。

（3）投资计划的注意要点：既要保障投资目标，又要注意风险的规避和分散。

（四）实施投资计划

在实施投资计划的时候，不仅应按照投资组合方案，还应跟踪所投资商品的价格变化，当发现价格偏离时，要及时控制风险，以减少不必要的损失。

小资料

融资融券中的"买空"和"卖空"

融资融券是通过"买空"和"卖空"进行的证券投资操作，"空"表示投资者并不持有有价证券却想要参与交易，只能通过借入资金或有价证券进行操作；投资者想进行买入操作就必须借钱（融资），想进行卖出操作就借入有价证券（融券）。投资者融资或融券必须有抵押品，融资可以拿有价证券做抵押，融券可以以资金或其他有价证券做抵押。最后，在投资者到期偿还的时候，借什么就要还什么，且数量相等：融资就必须偿还相同数额的资金，融券就必须偿还同样数量的有价证券。这就是"买空""卖空"交易的基本原理。

投资者如果预期某种证券价格上涨，可以借入资金进行"买空"操作；投资者如果预期证券价格下跌，可以借入股票进行"卖空"操作。有了"买空""卖空"交易后，一方面，市场会形成真正的"多头"阵营和"空头"阵营，市场博弈更加均衡；另一方面，投资者在传统交易方式的基础上增加了很多新的交易方式。投资者可以单独进行"买空"交易或者"卖空"交易，也可以进行配对交易。如同时"买入股票A"和"卖空股票B"或者同时"买空股票A"和"卖出股票B"（这里的"买入""卖出"表示以自有资金或股票进行的买卖，"买空""卖空"表示是借入资金或股票进行的买卖）；一些机构投资者还可以进行一些更复杂的所谓对冲基金策略的交易等。"买空""卖空"投资思维的不断普及和实践将有效完善投资者的证券交易方式，丰富市场参与者的交易行为，促进市场投资理念多元化发展。

"买空""卖空"交易本质上是一种负债经营。要充分了解交易放大证券投资亏损的风险特性。投资者必须考虑自己的风险承受能力，要将"买空""卖空"交易规模控制在自己的承受能力范围内。

总之，投资者正确理解并树立"买空""卖空"的投资思维，树立负债经营的投资理念，不仅能有效提升投资者的证券投资能力，而且能加快培育投资者的诚信资本文化，为大力推进资本市场又好又快地发展奠定市场基础。

实训 6－8

实训目标

1. 掌握投资规划的常用工具及组合使用。

2. 能够熟练地应用投资规划的基本步骤为客户进行投资规划。

实训内容

客户郑先生今年 50 岁，是一家企业的职工，月收入 4 000 元左右。妻子 50 岁，退休在家，每月退休金 2 000 元，妻子还在超市做营销导购，每月收入 1 500 元。目前郑先生夫妇没有债务，还有一套住房可以用于出租，每月收入 2 000 元租金。郑先生全家每月生活开销大约为 3 000 元，另外孩子刚上大学，全年学费及生活费近 2 万元。目前夫妇二人有自有住房两套，市场价值总计近 200 万元；无房贷、车贷；400 000 元股票，200 000 元存款。郑先生请教理财师：如何让自己的晚年生活更有保障。

要点提示：

首先对郑先生家庭经济状况进行分析，其次对客户提出投资建议（投资风险规划和具体的投资规划）。

实训步骤

步骤 1：简要分析客户的收支结余情况和负债情况。客户全年收入为 114 000 元（4 000 × 12 + 2 000 × 12 + 1 500 × 12 + 2 000 × 12），全年支出 56 000 元（3 000 × 12 + 20 000），全年结余 58 000 元。结余比例较高，说明其储蓄意识与能力比较强。从负债分析的角度，该客户属于零负债，其财务状况比较安全，但其目前投资工具较为单一，并且其投资具有一定风险，说明客户进行投资配置资产具有一定的潜力。

步骤 2：计算得出客户家庭净资产达到 260 万元（200 + 40 + 20），虽然不是典型的中产家庭，也属于生活无忧的小康之家。其现金流比较稳定，可以实现一定的财务目标。

步骤 3：进行风险管理规划。根据客户年龄接近退休或已经退休的特点，应该增加风险保障方面的投资，如投资意外险。根据双十原则，保费可以占到年收入的 1/10 左右，保额可以是年收入的 10 倍左右。

步骤 4：客户收支情况说明还有一定投资空间，根据其家庭结构和收支结余情况，可以考虑采取防守型的投资策略，将股票转化为投资基金组合。具体来讲，建议选择优质平衡型基金，比例可以确定为30%左右，再配置一部分偏债型基金，比例可以达到70%。投资组合年平均收益率可以达到5%左右。

实训 6 – 9

实训目标

1. 掌握投资规划的常用概念、具体方法。

2. 能够根据客户的实际情况进行投资规划。

实训内容

客户詹先生今年35岁，妻子与其同龄，二人有一年龄为8岁的女儿。夫妻二人一年工资薪金收入约为30万元，年终奖约为6万元。经过测算，夫妻二人全年家庭各类生活支出为16万元，房屋还贷、保费和各种理财支出约为5万元，其他支出如偶然性支出等约为5万元。客户目前拥有包括定期存款、股票、债券、保单等金融性资产约为50万元，包括住宅、汽车、家电等项目的自用性资产约为180万元，包括新购一套房产等实物性资产为100万元。夫妇二人目前的流动性负债（如信用卡、水电费、应付税金等）为3万元，长期负债（房贷、车贷）为30万元。夫妻二人打算重新购买一套面积大一点的房子，打算让孩子在国内高中毕业之后去国外深造。

实训步骤

步骤1：分析该客户的家庭财务状况。

（1）家庭净资产 = 资产合计 - 负债合计 = （50+180+100）-（3+30）= 297（万元）。

（2）年收支结余 = 收入合计 - 支出合计 = （30+6）-（16+5+5）= 10（万元）。

（3）客户财务指标分析：计算结余比率、投资与净资产比率。

结余比率 = 收支结余 ÷ 税后收入 × 100% = 10 ÷ 36 = 27.78%

投资与净资产比率 = 投资资产 ÷ 净资产 × 100% = 50 ÷ 297 = 16.84%

根据行业经验，客户结余比率达到30%表明客户控制支出和储蓄积累的能力是比较强的。该客户结余比率略微偏低。投资与净资产比率达到50%为适宜水平，该指标可以衡量客户投资意识强弱，同时该指标是衡量是否能够实现财富自由的重要标准。该客户投资性资产比例过低。

步骤2：分析客户的理财目标。

客户远期理财目标：买房、子女受教育，为合理目标。

客户近期理财目标：购车，为合理目标。

步骤 3：给予客户投资规划建议。

（1）风险保障规划。在已经购买的各类商业保险的基础上，考虑为夫妻二人配置意外伤害保险、医疗保险，并为孩子购买重疾险。具体金额可以根据客户实际情况来决定。

（2）为购房作出规划。如果购房是远期目标，目前可以考虑利用投资工具（股票、债券、基金等）积累更多的购房首付，鉴于客户年龄正值个人生命周期的稳定期，收入上升较快，可以考虑适当扩大投资。

（3）为孩子接受教育作出规划。孩子教育费用的规划应该尽早，这样经济压力会小一点。目前孩子 8 岁，还有 10 年的规划时间，假定按照英美本科课程学费标准，至少需要准备 100 万元现值的教育金。假定投资收益率为 5%，按月定投金额为 1 万元左右。

任务 6 - 5 退休及养老规划

知识目标

学习并掌握退休及养老规划的基础知识。

能力目标

能够根据客户情况熟练地为客户作出退休及养老规划。

思政目标

1. 了解我国人口国情及养老规划的重要意义。
2. 能够完成有关养老规划的计算、分析和文字总结。

思政阅读 6 - 5

认识国情，尽早为养老做准备

根据《中华人民共和国 2022 年国民经济和社会发展统计公报》有关数字统计，2022 年末全国人口 141 175 万，60 周岁及以上人口 28 004 万，占人口比重为 19.8%，65 周岁及以上人口 20 978 万，占人口比重为 14.9%。国际上衡量老龄化有三个标准：一是65岁人口占总人口的比例是7%，意味着进入老龄化社会；二是65岁人口占总人口的比例达到14%是老龄社会；三是65岁人口占总人口的比例达到21%成为超高龄社会。2022年年末，全国参加城镇职工基本养老保险人数50 349万，比上年末增加2 275万。参加城乡居民基本养老保险人数54 952万，增加155万。然而，由于我国人口基数大，社会养老保险并没有做到全覆盖，社会保障水平不高。同时，我国养老金替代率偏低，为社会平均工资的40%。1999年之后，我国企业职工养老金替代率总体呈下降趋势。加之通货膨胀等因素的影响，退休后，生活水平和生活质量必然受到影响。

党的二十大报告提出，发展多层次、多支柱养老保险体系。人力资源和社会保障部有关负责人介绍，要努力构建以基本养老保险为基础、以企业年金和职业年金为补充、与个人储蓄性养老保险和商业养老保险相衔接的"三支柱"养老保险体系。

第一支柱为基本养老保险，包括城镇职工基本养老保险和城乡居民基本养老保险。截至2021年年底，参加人数已经超过10亿，积累基金6万亿元。第二支柱为企业年金、职业年金，由用人单位为其职工建立，主要发挥补充作用。截至2021年年底，参加企业（职业）年金的职工7 200多万，积累基金4.5万亿元，补充养老作用初步显现。第三支柱为个人储蓄性养老保险和商业养老保险，是多层次养老保险体系的短板。人力资源和社会保障部有关负责人说，个人养老金有利于个人理性规划养老资金、合理选择金融产品，是积极应对人口老龄化的重要举措。

数据显示，目前城乡老年人有相当比例需要依赖子女养老，晚年能独立、有尊严地生活的老人比例并不高。总体来看，每个人的养老保障仅仅依靠社会基本养老保险是不够的，每一位中国公民都要了解我国养老制度安排和养老保障体系，为养老准备充足的资金，为退休做准备越早越好。

资料来源：李心萍，曲哲涵，欧阳洁. 政府政策支持、个人自愿参加、市场化运营的补充养老保险：个人养老金制度正式实施［EB/OL］.（2022 - 11 - 07）. https://china. huanqiu. com/ article/4AN4q6F4tpF.

知识储备

一、退休及养老规划的基础知识

目前，世界各国人民一般在55～65岁退休。就目前的人均寿命而言，一般人在退休之后还有10～30年的退休生活。大多数人在退休之后就会面临收入下降的现实，这是无法避免的问题。为了使退休生活更有保障，人们必须提前制订退休计划，或者说需要未雨绸缪，预先进行基于退休目的的财务策划，将老年时各种不确定因素对生活的影响降到最低。

（一）什么是退休及养老规划

退休及养老规划是为了使客户在老年退休以后保持一种自立而有尊严、生活品质不会下降的生活，而从某个年龄阶段开始实施的积极的理财方案。退休及养老规划是客户一生中最重要的财务目标。在 40 多年计划生育政策的影响下，不少家庭处于 4－2－1 的人口结构，传统的"养儿防老"似乎无法实现。如果不幸罹患疾病，又没有足够的保险保障，就会对子女造成极大的经济压力。

合理的退休及养老规划已经成为不少人在面临退休及养老时的必然选择，不但可以满足退休后生活支出的需求、保证自己的生活品质，而且可以显著地提高个人的净财富。

（二）退休及养老规划的影响因素

从某种意义上讲，所有的个人理财规划最终都是为富足养老服务的，尽早设计自己的人生理财规划，主动地面对问题而非被动地等待，是非常必要的。

（1）预期寿命。预期寿命的长短意味着个人退休后的生存时间，预期寿命越长，所需要的养老费用越多，从而直接影响到退休规划的目标与策略。

（2）性别差异。性别平等是社会日益进步的标志，然而，性别差异在世界范围内始终存在。一般而言，女性的寿命比男性长，女性的退休年龄却比男性提前（根据 2024 年人力资源和社会保障部关于退休年龄的规定，2025 年以后，男职工法定退休年龄将用 15 年时间延迟至 63 周岁，女职工原法定退休年龄为 55 周岁、50 周岁将用 15 年时间逐步延迟至 58 周岁、55 周岁），加上一些社会历史因素的影响，女性退休后的状况要差于男性。

（3）退休年龄的影响。退休年龄对退休规划会产生两方面的影响：一是个人工作赚取收入的时间长短（积累时间）；二是个人退休后生存时间长短。在某些情况（诸如经济不景气等）下，雇主可能出于降低成本的考虑而推出提前退休计划，鼓励员工提前退休。延迟退休也会影响退休规划。

（4）经济运行周期。积累退休储备的时间应该选择经济繁荣期。对于已经开始退休生活的人而言，经济周期的更替将改变其相对经济地位。从中国经济增长的长期趋势来看，中国经济转轨所实现的静态增长过程将逐渐结束，这种情形对正处于积累退休储蓄的个人而言是有利的。这也正是当前我国居民进行个人退休规划时最有利的外部条件。

（5）其他因素。比如通货膨胀、市场利率波动、个人和家庭成员的健康状况、医疗保险制度的变化等都会对养老规划产生一定影响。

案例延伸阅读 6－5

为什么要延迟退休？我国人口老龄化程度有哪些变化？专家解读

我国 2035 年左右将进入重度老龄化阶段。

"十四五"规划和党的二十届三中全会通过的《中共中央关于进一步全面深化改革 推进中国式现代化的决定》中，"延迟法定退休年龄"的内容都被放在了与人口发展有关的部分。那么，我国的人口总体发展情况和老龄化程度有哪些变化？

新中国成立初期，我国总人口规模为 5.4 亿。截至 2023 年，总人口已经达到 14.1 亿。人口数量总体快速增加的同时，人口发展也刚刚跨过两个重要转折点。一是从人口出生情况来看，中国从 2022 年起出现人口负增长，2023 年延续负增长态势。二是 65 岁及以上人口占总人口比例，于 2021 年达到 14.2%。

按照国际上的一般划分，这标志着继 2000 年中国以 7% 的老龄化率进入老龄化社会之后，从此进入中度老龄化阶段。据预测，2035 年左右，60 岁及以上老年人将突破 4 亿，占比超过 30%，进入重度老龄化阶段。到 2050 年前后，我国老年人口的规模和比重将达到峰值。

中国人民大学劳动人事学院院长赵忠表示，法定退休年龄制度在 20 世纪 50 年代确定以后，事实上一直没有进行比较大的调整或改变，根据当时的人口状况、经济发展来制定的政策体系，和现在的人口结构和社会经济发展是脱节的。

实际上，老龄化的一个重要原因来自一个积极的变化，就是人口预期寿命的大幅度提高。2023 年，中国人均预期寿命已达 78.6 岁，健康预期寿命，即在身体健康状态下的生存年数也显著提高。并且，随着科技发展和经济结构的改变，纯粹依赖于重体力的劳动在大幅减少，更多的是知识型、技能型的岗位，这为延长工作年限提供了更多可能。

赵忠表示，预期寿命延长，意味着可以继续从事生产经营活动的年龄也增加了。通过制度性的改革，可以更好地扩大国家劳动力的规模，事实上对于一个国家的社会经济发展会产生非常重要的意义。

资料来源：李红刚，唐蕾，朱劲松，等. 为什么要延迟退休？我国人口老龄化程度有哪些变化？[EB/OL].（2024 － 09 － 12）. https://www.mohrss.gov.cn/SYrlzyhshbzb/ztzl/zt202409/zcjd/202409/t20240912_525683.html.

二、制订退休及养老规划的原则

（一）及早规划

如果打算退休后的生活有所保障，就要提前做好退休及养老规划。时间长可选择收益和风险相对较高的产品，时间会摊平风险；时间短则选择储蓄和短期债券以确保本金安全。

（二）弹性化

在进行退休规划时，不能对未来收入和支出的估计太过乐观，许多人往往会高估退休之后的收入而低估退休之后的开支，如此进行退休规划会给自己的退休养老生活带来收不抵支的隐患。正确的做法是，以保证给付的资金如社会养老保险和商业养老保险满足退休后的基本支出，以回报较高的其他投资如有价证券等满足退休后的生活品质支出。

（三）退休基金使用的收益化

为了保证退休后的生活，退休基金应该保持稳健的理财原则。但并不意味着要放弃退休基金进行投资获取收益的机会。事实上，任何资金都是有货币时间价值的，投资者应该在稳健的前提下寻求收益的最大化。

（四）谨慎性

老年人发生意外的风险较高，可能会经常发生不确定的支出等。因此，在制订退休及养老规划的过程中，估计支出时应该适度宽松，估计收入应该保守，使退休后的生活有更高的财务保障。

三、退休及养老规划工具

（一）基本养老保险

基本养老保险是按照国家统一政策规定强制实施的保障广大离退休人员基本生活需要的一种养老保险制度。其覆盖范围包括城镇所有企业，即国有企业、集体企业、外商投资企业、私营企业和其他城镇企业及其职工，实行企业化管理的事业单位及其职工。《国务院关于完善企业职工基本养老保险制度的决定》（国发〔2005〕38 号）规定参统单位（指各类企业）的单位缴费费率为 20%，个人缴费费率 8%，城镇个体工商户和灵活就业人员参加基本养老保险的缴费基数为当地上年度在岗职工平均工资，缴费比例为 20%，其中 8% 计入个人账户，退休后按企业职工基本养老金计发基本养老金。参加基本养老保险的个人劳动者，缴费基数在规定范围内可高可低，多缴多收益。职工按月领取养老金必须达到法定退休年龄，并且已经办理了退休手续；所在单位和个人依法参加了养老保险并履行了养老保险的缴费义务；个人缴费必须满15年。

（二）企业补充养老保险

企业补充养老保险又称企业年金或职业年金，是指在政府强制实施的公共养老金或国家养老金制度之外，企业在国家政策的指导下，根据自身经济实力和经济状况自愿建立的为本企业职工提供一定程度退休收入保障的补充型养老金制度。企业年金是对国家基本养老保险的重要补充，是我国正在完善的城镇职工养老保险体系（由基本养老保险、企业年金和个人储蓄性养老保险三个部分组成）的"第二支柱"。在实行现代社会保险制度的国家中，企业年金已经成为一种较为普遍的企业补充养老金计划，并且成为所在国养老保险制度的重要组成部分。因此，企业年金是介于社会保险和商业保险之间的一种特殊保险形式。

（三）个人储蓄性养老保险

个人储蓄性养老保险是我国多层次养老保险体系的一个组成部分，是由职工自愿参加、自愿选择经办机构的一种补充保险形式。个人储蓄性养老保险由社会保险机构经办，由社会保险主管部门制定具体办法，职工个人根据自己的工资收入情况，按规定缴纳个人储蓄性养老保险费，计入当地社会保险机构在有关银行开设的养老保险个人账户，并按不低于或高于同期城乡居民储蓄存款利率计息，以提倡和鼓励职工个人参加储蓄性养老保险，所得利息计入个人账户，本息一并归职工个人所有。

（四）商业养老保险

商业养老保险是商业保险的一种，它以人的生命或身体为保险对象，在被保险人年老退休或保期届满时，由保险公司按合同规定支付养老金。目前，商业保险中的年金保险、两全保险、定期保险、终身保险都可以达到养老的目的，都属于商业养老保险范畴。商业养老保险也可以当作一种强制储蓄的手段，帮助年轻人未雨绸缪，避免年轻时的过度消费。

（五）自筹退休金

自筹退休金主要是积蓄投资，使有限资金发挥更大效用，可以选择市场上合适的投资工具，如商业养老保险、基金定投、住房反向抵押等。住房反向抵押是一种新型养老模式，退休前为供楼而工作，退休时完成供楼，退休反向将该楼抵押给银行，每月定额获得一笔资金，去世后楼款用完，房屋由银行收回。

📖 小资料

什么是个人养老金制度

根据人力资源和社会保障部有关负责人的介绍，个人养老金制度是政府政策支持、个人自愿参加、市场化运营的补充养老保险制度。参加城镇职工基本养老保险或城乡居民基本养老保险的劳动者，均可参加。这一制度安排是适应我国社会主要矛盾变化，满足人民群众多层次、多样化养老保障需求的必然要求，有利于在基本养老保险的企业年金、职业年金基础上，再增加一份积累，退休后能够再多一份收入。政策支持主要体现在税收优惠。根据国家税务总局的有关规定，在缴费环节，个人向个人养老金资金账户的缴费，按照 12 000 元/年的限额标准，在综合所得或经营所得中据实扣除；在领取环节，个人领取的个人养老金，不并入综合所得，单独按照 3% 的税率计算缴纳个人所得税，其缴纳的税款计入"工资、薪金所得"项目。此外，个人养老金实行个人账户制度。资金账户具有唯一性，参加人只能选择一家符合条件的商业银行确定一个资金账户，商业银行只能为同一参加人开立一个资金账户，并将依据《商业银行和理财公司个人养老金业务管理暂行办法》确定首批开办个人养老金业务的机构名单。

资料来源：李心萍，曲哲涵，欧阳洁. 政府政策支持、个人自愿参加、市场化运营的补充养老保险：个人养老金制度正式实施[N]. 人民日报，2022–11–07.

四、制订退休及养老规划的流程

一份完整的退休及养老规划设计，包括工作生涯设计（估算退休金的多少）、退休后生活设计（估算退休后的花费支出）、自筹退休金的储蓄投资设计（差值部分）。自筹退休金的来源是运用过去的积累投资或者现在到退休前剩余工作生涯中的储蓄积累。在养老规划积累的初期，积累额应该是收入的 10%～20%。退休规划的最大影响因素分别是通货膨胀率、工资薪金收入增长率与投资报酬率。

退休及养老规划流程包括以下几个。

（1）制订退休目标，就是客户退休生活的设计。

（2）预测退休养老资金需求。计算出退休后第 1 年养老资金和退休期间费用总需求。计算方法是：维持当前生活水平所需支出 + 老年阶段增加的开销（医疗护理）– 老年阶段减少的开销（如子女教育费用、房屋按揭费用、保险支出、交通费等）。同时需要考虑投资报酬率和通货膨胀率。目前有两种简便估算方法：以退休前收入的某一比例估算，如收入的 60%～70%；以退休前支出的某一比例估算，如支出的 70%～80%。其计算公式如下：

退休后需要准备的退休养老资金＝退休后第 1 年支出的费用×预期余寿

不考虑退休后生活费用的增长率：

退休时需要准备的退休养老资金＝退休后第 1 年支出的费用÷定期存款利率

考虑投资报酬率和退休后生活费用的增长率：

$$退休时需要准备的退休金 = E\frac{1-\left(\dfrac{1+c}{1+r}\right)^n}{r-c}$$

其中，E 为退休后第 1 年生活支出费用；c 为生活费用增长率；r 为投资报酬率。

（3）计算退休后的收入。其主要内容包括社会保障收入、雇主退休金、补贴、儿女孝敬、投资回报和其他收入等项目。现实中退休收入估算会存在偏差，主要原因是缺乏养老规划经验和知识，由于养老规划周期很长，情绪过于悲观或乐观容易使养老规划产生较大偏差。

（4）计算退休资金缺口。预计的养老金总支出扣除退休后的收入、退休准备金后的差额即为退休资金缺口。退休准备金的来源是当前资产中留作养老储备金和未来每年储蓄留作养老储备金的部分。

退休金缺口＝预计的养老金总支出 – 退休后的收入 – 退休准备金

（5）制订退休规划，选择退休规划工具。制订退休规划是指根据退休金缺口，利用各种方法弥补退休金缺口，从而形成一项规划方案。退休金缺口的弥补可以通过提高当前收入、提高储蓄比例、降低退休后开销、延长工作年限、提高投资收益等方法。退休后各阶段一般规划见表 6 – 15。

表 6 – 15 退休后各阶段一般规划

阶段		一般规划
退休前期	65 岁以前	尚有工作能力，可以考虑兼职工作
退休中期	65 ~ 75 岁之间	本阶段具备积极的生活能力，退休生活支出的高峰期，可以考虑外出旅游、发展业余爱好等
退休后期	75 岁以后	居家护理为主，医疗开支增加，需要年金及终身医疗保险的保障

（6）执行计划，反馈与调整。将以上所述退休及养老规划内容以流程图进行展示，如图 6 – 12 所示。

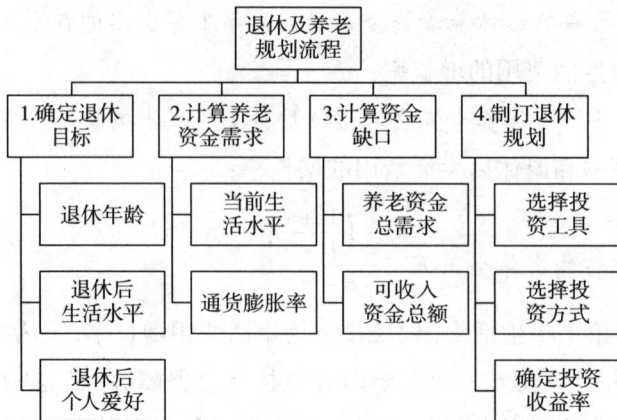

图 6 – 12　退休及养老规划工作流程

实训 6 – 10

实训目标

能够根据退休及养老规划的流程和方法进行退休及养老规划。

实训内容

周先生今年 30 岁，每月税后收入 15 000 元，平均月支出 8 000 元。周先生希望自己的退休年龄是 60 岁，估计周先生会活到 80 岁，他希望退休后生活品质保持原来的 70%，旅游费用 2 000 元/年，保健费 4 000 元/年。假定客户的投资报酬率为8%，退休后余寿为 20 年。要求：当平均通货膨胀率为 5%，计算客户退休时需要储备多少养老金才能满足养老支出的需要。

实训步骤

步骤 1：计算退休后每年所需要的养老金。按照现在的消费水平，每年的养老费用需求计算如下：

$$8\,000 \times 70\% \times 12 + 2\,000 + 4\,000 = 73\,200 （元）$$

步骤 2：计算出退休后第 1 年的养老金需求：$73\,200 \times (1 + 5\%)^{30} = 316\,366.18$（元）。

步骤 3：周先生退休后生存 20 年，折算为在退休之年的退休储备金。

$$316\,366.18 \times (P/A, 8\% - 5\%, 20, 0, 1)$$
$$= 316\,366.18 \times (P/A, 3\%, 20, 0, 1)$$
$$= 4\,847\,931.79 （元）$$

客户需要储备 4 847 931.79 元养老金，才能满足养老支出的需要。

实训 6 – 11

实训目标

能够根据退休及养老规划的流程和方法进行退休及养老规划。

实训内容

参照实训 6 – 10 的资料，假定目前周先生所在地区月平均工资为 5 000 元，每年月平均工资按 5% 增长（假定退休后工资不再增长），假设当地养老金替代率为 50%，投资报酬率仍然以 8% 计算，通胀率以 5% 计算。假设周先生退休后每月生活支出仍然同于实训 6 – 10、退休后收入参照当地平均水平。请计算客户的养老金缺口。

实训步骤

步骤 1：计算退休后每年所需要的养老金。按照现在的消费水平，每年的养老费用需求为

$$8\ 000 \times 70\% \times 12 + 2\ 000 + 4\ 000 = 73\ 200\ (元)$$

步骤 2：计算退休后第 1 年的养老金需求。

$$73\ 200 \times (1 + 5\%)^{30} = 316\ 366.18\ (元)。$$

步骤 3：周先生退休后生存 20 年，折算为在退休之年的退休储备金。

$$316\ 366.18 \times (P/A,\ 8\% - 5\%,\ 20,\ 0,\ 1)$$
$$= 316\ 366.18 \times (P/A,\ 3\%,\ 20,\ 0,\ 1)$$
$$= 4\ 847\ 931.79\ (元)$$

步骤 4：计算 30 年后周先生每年可以领取的养老金。

$$5\ 000 \times (1 + 5\%)^{30} \times 50\% \times 12$$
$$= 129\ 658.27\ (元)$$

步骤 5：退休后养老金领取到 80 岁，计算这部分养老金在 60 岁时的现值。

$$129\ 658.27 \times (P/A,\ 8\% - 5\%,\ 20,\ 0,\ 1)$$
$$= 1\ 986\ 857.28\ (元)$$

步骤 6：计算退休后的养老金缺口。

$$4\ 847\ 931.79 - 1\ 986\ 857.28 = 2\ 861\ 074.51\ (元)$$

经过计算得出客户养老金缺口为 2 861 074.51 元。

实训 6 – 12

实训目标

能够应用退休及养老规划的方法进行退休及养老规划有关参数计算。

实训内容

白先生夫妇今年均刚过 35 岁，初步打算 55 岁退休，退休后第 1 年，白先生夫妇估计二人需要 10 万元生活费。由于通货膨胀的原因，生活费用每年按照 3% 的速度增长。白先生夫妇估计会活到 85 岁，假设夫妇二人退休后没有基本养老保险金，也没有企业年金等定期收入，其退休费用只能靠退休前积累的退休金生活。假设退休前的投资收益率为 5%，退休后的投资收益率为 3%，白先生夫妇现在已经有 55 万元的退休基金，如果采用定期定投的方式，每年年底还需要投入多少钱才能实现理想的退休目标？请列出所有需要计算的参数，并写出计算过程。

实训步骤

步骤 1：计算 30 年退休生存期间所需要的费用在 55 岁时候的现值（贴现率为 0，期限为 30 年，年金为 10 万元）。

退休后第 1 年生活费 10 万元，退休 30 年期间所需要的费用在 55 岁时的现值 = 10 万 × $(P/A, 3\% - 3\%, 30)$ = 300（万元）。

步骤 2：计算现有退休基金的终值（投资收益率为 5%，期限 N 为 20 年，PV 为 55 万元）。

$$N = 20；I/Y = 5；PV = -55（万元）；CPT\ FV = 145.93（万元）$$

步骤 3：计算退休养老金缺口。

$$300 - 145.93 = 154.07（万元）$$

步骤 4：根据差额计算每年定投额。

$$N = 20；I/Y = 5；FV = 154.07；CPT\ PMT = 4.66（万元）$$

任务 6-6　财产分配与传承规划

知识目标

学习并掌握财产分配与传承规划的基础知识。

能力目标

1. 能够根据客户情况熟练地为客户作出财产分配与传承规划。

2. 能够综合应用各种财富传承理财工具进行财富传承规划。

思政目标

树立正确的财富传承观念。

思政阅读 6-6

社会主义核心价值观与家庭财产继承

社会主义核心价值观已经融入家庭财产继承中，继承人应该本着互谅互让、和睦团结的精神，协商处理继承问题［《中华人民共和国民法典》（以下简称《民法典》）第1132条］；如果夫妻一方死亡后另一方再婚的，有权处分所继承的财产（《民法典》第1157条）、继承权和受遗赠权的自由放弃（《民法典》1124条）均体现了继承权的自由处分理念；受欺诈、胁迫所订立的遗嘱无效，伪造的遗嘱无效，遗嘱被篡改的内容无效（《民法典》1143条）是对不诚信被继承人行为的立法规制。

遗产继承处理的不仅是当事人之间的财产关系，还关系到家庭伦理和社会道德风尚，继承人应当本着互谅互让、和睦团结的精神消除误会，积极修复亲情关系，共促良好家风。如在最高人民法院发布的人民法院大力弘扬社会主义核心价值观十大典型民事案例的"自愿赡养老人继承遗产案"中，法院认为原告虽没有赡养祖父母的法定义务，但其能专职侍奉生病的祖父母多年直至老人病故，是良好社会道德风尚的体现，应当予以鼓励，裁判时结合继承法的规定对赡养行为给予高度肯定，确定了非法定继承人享有第一顺位的继承权利，结合赡养行为对适当继承遗产的范围进行合理认定，实现了情、理、法的有机融合，弘扬了团结友爱、孝老爱亲的中华民族传统美德。

资料来源：姜磊.浅论社会主义核心价值观在民法典继承编的融入与适用[N].民主与法制时报，2020-08-28(2).

知识储备

各个国家对于居民的遗产都有相应的法律规定，在人们法律意识不够强的时代，人们会将遗产平均分配给其子女和配偶。如今，在理财师的规划和建议下，通过制订和执行财产分配与传承计划，客户既可以实现个人的遗产传承目标，还可以降低遗产处置费用和纳税金额的支出。任何人，不论年龄大小、财富多寡，制订一份合理的财产分配与传承规划都是非常必要的。

一、财产分配与传承规划的基础知识

财产分配规划是针对夫妻财产而言的，是对婚姻关系存续期间夫妻双方的财产关系进行的调整。因此，财产分配规划也称为夫妻财产分配规划，而财产传承规划是为了保证财产安全承继而设计的财务方案，是从财务的角度对个人生前财产进行的整体规划；同时，为个人和家庭提供了一种规避风险的保障机制。

现实生活当中，个人或家庭可能遭遇的风险主要来自以下方面。

（1）家庭经营。

（2）夫妻中一方或双方丧失劳动能力或经济能力。

（3）离婚或再婚。

（4）家庭成员的去世。

以上风险的发生均会对个人及家庭的经济能力产生不利影响，如果在风险发生之前采取措施，就可以最大限度地消除或减小可能造成的不利影响。

案例延伸阅读 6－6

从科比遗产之争谈家族财富管理

NBA 篮球巨星科比·布莱恩特于当地时间 2020 年 1 月 26 日上午 11 点 47 分，在一场直升机坠机事故中身亡。和他一起离开的，还有他年仅 13 岁的女儿吉安娜。这场噩耗让无数球迷伤心落泪。科比在 20 年 NBA 生涯里，累计赚取的薪资收入就达到了 6 亿美元。加上商业代言、个人投资等，科比的遗产总额超过 20 亿美元，大约折合人民币 140 亿元。由于科比生前并未对财富的传承进行富有成效的全方位规划，因此距离科比去世不到一个月，就爆出科比妻儿与科比父母、姐姐争夺巨额遗产的新闻。

裁判文书网数据显示，我国每年因继承产生的诉讼案件总量 2018 年、2019 年、2020 年三年均保持在 10 万件以上。同时，我国 2018 年、2019 年、2020 年连续三年遗嘱继承诉讼案件均保持在 6 000 件以上。2019 年，仅北京市遗嘱继承诉讼就高达 1 322 件，上海市则高达 1 353 件。换言之，在这两个地区，平均每天就约有 3.7 件遗嘱继承诉讼案件发生。

单一依赖遗嘱并非解决财富传承之道。在家庭财富积累已经极其丰富的当下，高净值人士财富不断积累，富二代们即将大规模接班。家庭财富传承规划管理的需求无疑会越加旺盛。合理使用遗产规划、信托服务、离岸资产服务、不动产管理、融资、慈善安排等财富管理工具将会是更多家庭的理性选择。

资料来源:【案例解析】从科比遗产之争谈家族财富管理[EB/OL]. (2020 - 04 - 14). https://finance. sina. com. cn/trust/xthydt/2020 - 04 - 14/doc - iircuyvh7634502. shtml.

二、财产分配规划的内容

(一) 分析客户的婚姻状况

1. 婚姻成立的法律条件

结婚是指男女双方按照法律规定的条件和程序,以确立夫妻关系为目的而达成合意的民事法律行为。结婚是婚姻成立的形式要件,登记结婚是婚姻成立的法定程序,是婚姻取得法律认可和保护的方式,是夫妻之间权利义务关系成立的必要条件。婚姻成立还需要实质要件,这是婚姻成立的关键。结婚的必备条件有:①男女双方完全自愿,禁止一方对另一方的强迫或第三人干预;②达到法定年龄,即男满22周岁、女满20周岁;③符合一夫一妻制。

2. 无效婚姻及其财产问题处理

无效婚姻是指男女两性虽经登记结婚,但由于违反结婚的法定条件而不发生婚姻效力,应被宣告为无效的婚姻。无效婚姻包括四种具体原因:①重婚的;②有禁止结婚的亲属关系的;③婚前患有医学上认为不应当结婚的疾病,婚后尚未治愈的;④未达法定婚龄的。

针对无效婚姻期间的财产处理,法律上有一定的规定,如同居期间所得的财产,推定为共同财产,如主张归个人所有,应承担举证责任;在子女抚养问题上,则适用《民法典》有关父母子女关系的规定。

3. 可撤销婚姻

可撤销婚姻是指违反结婚的某些法定条件,其婚姻可以在法定期间予以撤销。这种婚姻通过有撤销权的当事人行使撤销权使已经发生法律效力的婚姻关系失去法律效力,受胁迫一方撤销婚姻的请求应在自结婚登记之日1年内提出,被非法限制人身自由的当事人撤销婚姻的请求,应当自恢复人身自由之日起1年内提出。过了这个时间限制,没有提出撤销请求,即视为有效婚姻。

(二) 财产分配规划的影响因素

(1) 抚养。是否存在抚养关系是财产分配首先要考虑的因素。父母必须按照法律规定对未成年子女履行抚养义务,抚养是指父母对子女在经济上的供养和生活上的照料,包括负担子女的生活费、教育费、医疗费等。对不能独立生活的、尚在校接受高等教育的子女，或者对因丧失或未完全丧失劳动能力等非主观原因而无法维持正常生活的成年子女在一定条件下也要进行抚养。对子女的抚养、教育义务不因解除婚姻关系而消失。

（2）赡养。财产分配规划需要考虑的重要因素应该包括子女是否对父母尽到赡养义务，赡养费用是子女的必要支出。承担赡养义务的不仅包括亲生子女、养子女，还包括继父母形成抚养教育关系的继子女。

（3）夫妻债务。财产分配规划必须考虑夫妻债务，夫妻债务是指夫妻在婚姻关系存续期间履行法定扶养义务所负担的债务，包括夫妻在婚姻关系存续期间为满足共同生活所需的衣、食、住、行、医等活动以及履行法定义务和共同财产、经营过程中所负担的债务。夫妻债务包括夫妻个人债务和夫妻共同债务。

（4）夫妻共有财产的股权构成。影响财产正常分割的情形有：一是财产经营方为了达到侵占夫妻共同财产的目的，往往会采取隐瞒、转移、变卖、毁损夫妻共同财产等手段，甚至会串通他人来欺骗另一方；二是在实践中进行公司股权折价补偿时，折价标准难以确定。通常的做法是，由财产分割双方协商确定股权的实际价值，协商不成，一般以股权所在公司当年每股净资产额确定其价值。

具体规划时，首先界定家庭财产和其个人财产的范畴，对夫妻共有财产或夫妻约定财产中属于夫妻共有的财产进行理财规划时，应征得夫妻双方的同意，否则只能对个人的财产或夫妻约定财产中属于个人财产的部分进行规划。

（三）确定财产分配规划的原则

1. 合法、合情

合法是指不违反与财产分配有关的法律规定，合情是指财产分配要合乎情理，财产分配不仅要完成财务资源的分割，还应该从协调客户及其家庭成员间关系入手，并考虑各个家庭成员主要是夫妻二人对家庭的付出和贡献。

2. 照顾弱势妇女儿童

（1）离婚时，如果一方困难，另一方应该从其住房等个人财产中给予适当帮助。

（2）离婚后子女的抚养：哺乳期间的子女，以母亲抚养为原则；哺乳期后的子女，应该从有利于子女的身心健康、保障子女的合法权益出发，结合抚养能力、条件决定。

（3）抚养费的给付期限一般到子女满18岁时为止。

3. 有利方便

在共同共有关系终止时，对共有财产的分割，有协议的按协议处理；没有协议的，应当根据等分原则处理，同时考虑共有人对共有财产的贡献大小，适当照顾共有人生活的实际需要等情况。分割夫妻财产时，原则上应当遵循均等分割的原则。

4. 不得损害国家、集体和他人利益

夫妻在离婚分割财产时，不得把属于国家、集体和他人所有的财产当作夫妻共同财产进行分割，不得借分割夫妻财产之名损害他人利益。

(四) 财产分配规划的工具

(1) 公证。公证是指夫妻财产约定协议公证，即公证机构依法对夫妻双方或未婚男女双方就各自婚前财产（或婚后财产）和债务的范围与权利归属问题所达成的协议的真实性、合法性给予证明的活动，包括婚前财产约定公证和婚后财产约定公证。

(2) 信托。信托是指委托人基于对受托人的信任，将其财产权委托给受托人，由受托人按照委托人的意愿以自己的名义，为受益人（委托人）的利益或其他特定目的进行管理或处分的行为。信托包括婚姻家庭信托、子女保障信托、遗产管理信托和财产约定公证。

例6-5　张老汉遗产之争：口头遗嘱是否具有法律效力？

张老汉育有四个子女，分别是大女儿张红、二女儿张丽、儿子张大和女儿张芳。张老汉年轻时勤劳能干，辛苦一辈子积累了一定的家产。近年来，张老汉身体逐渐衰弱，便开始思考如何安排遗产继承问题。张老汉的家产主要包括以下几项：一处位于市中心的房产，市值约300万元；一辆家用轿车，价值约20万元；存款50万元；股票市值约100万元。张老汉在生前曾口头表示，遗产要平均分配给四个子女。然而，随着张老汉的离世，四个子女对于遗产分配问题产生了分歧，最终导致了遗产继承纠纷。

本案例争议焦点：①遗产分配原则；②口头遗嘱的法律效力；③法定继承与遗嘱继承的适用。

案件分析：

(1) 张老汉在生前曾口头表示遗产要平均分配给四个子女。根据《民法典》第1130条遗产分配规则的规定："对生活有特殊困难又缺乏劳动能力的继承人，分配遗产时，应当予以照顾。"结合本案，张老汉的四个子女中，大女儿张红和二女儿

张丽均已经结婚，生活较为稳定；儿子张大和女儿张芳均未婚，生活较为困难。因此，在遗产分配时，应当适当照顾张大和张芳。

（2）张老汉的口头遗嘱不具备法律效力。根据《民法典》第 1138 条的规定，遗嘱人在危急情况下，可以立口头遗嘱。口头遗嘱应当有两个以上见证人在场见证。危急情况消除以后，遗嘱人能够以书面或录音录像形式立遗嘱的，所立的口头遗嘱无效。

（3）由于本案的具体情况，本案应适用法定继承。

资料来源：法律遗产继承方面的案例（3 篇）［EB/OL］.（2024 - 11 - 13）. https：//wenku. baidu. com/tfview/abbaf9c701768e9951e79b89680203d8cf2f6a3a？_ wkts_ =1744253648374.

三、遗产规划

（一）遗产规划的内容

（1）确定遗产继承人和继承份额。

（2）为遗产所有者的供养人提供足够的财务支持。

（3）在与遗产所有者的其他目标保持一致的情况下，将遗产转移成本降到最低水平。

（4）确定遗产所有者的继承人接受这些转移资产的方式。

（5）为遗产提供足够的流动性资产以偿还其债务。

（6）最大限度地为所有者的继承人（受益人）保存遗产。

（7）确定遗产的清算人等。

（二）遗产规划的工具

1. 遗嘱

《民法典》第三章对于遗嘱继承和遗赠作出了明确规定。《民法典》第 1134 条、第 1135 条、第 1136 条、第 1137 条、第 1138 条、第 1139 条分别对自书遗嘱、代书遗嘱、打印遗嘱、录音录像遗嘱、口头遗嘱、公证遗嘱作出了具体规定。根据《民法典》第 1138 条的规定，遗嘱人在危急情况下，可以立口头遗嘱。口头遗嘱应当有两个以上见证人在场见证。危急情况消除以后，遗嘱人能够以书面或录音录像形式立遗嘱的，所立的口头遗嘱无效。

《民法典》第 1134 条规定，自书遗嘱由遗嘱人亲笔书写，签名，注明年、月、日。《民法典》第 1135 条规定，代书遗嘱应当有两个以上见证人在场见证，由其中一人代书，并由遗嘱人、代书人和其他见证人签名，注明年、月、日。《民法典》第 1137 条规定，以录音录像形式立的遗嘱，应当有两个以上见证人在场见证。遗嘱人和见证人应当在录音录像中记录其姓名或者肖像，以及年、月、日。

2. 遗产委托书

遗产委托书是遗产规划的另一种工具。它授权当事人指定的一方在一定的条件下代表当事人指定其遗嘱的订立人，或直接对当事人遗产进行分配。通过遗产委托书，客户可以授权他人代表自己安排和分配其财产，从而不必亲自办理有关的遗产手续。被授予权利代表当事人处理其遗产的一方称为代理人。在遗产委托书中，当事人一般要明确代理人的权利范围。后者只能在此范围内行使其权利。

遗产委托书有两种：普通遗产委托书和永久遗产委托书。如果当事人去世或丧失行为能力，普通遗产委托书就不再有效。所以，必要时，当事人可以拟定永久遗产委托书，以防范突发意外事件对遗产委托书有效性的影响。永久遗产委托书的代理人，在当事人去世或丧失行为能力后，仍有权处理当事人的有关遗产事项。永久遗产委托书的法律效力要高于普通遗产委托书。在许多国家，对永久遗产委托书的制定有着严格的法律规定。

3. 遗产信托

遗产信托是一种法律契约，当事人通过它指定自己或他人来管理自己的部分或全部遗产，从而实现各种与遗产规划有关的目标。遗产信托的作用很多。它可以作为遗嘱的补充来规定遗产的分配方式，或用于回避遗嘱验证程序，或增强遗产计划的可变性，或减少遗产税的支出。采用遗产信托进行分配的遗产称为遗产信托基金，被指定为受益人管理遗产信托基金的个人或机构被称为托管人。

只保留一部分遗产不直接分配给继承人，而是委托受托人依据其遗愿安排，可以避免继承人因生活奢靡或不善理财而败光家产，受益人不止一代，而是世世代代享用遗产，可以打破"富不过三代"的魔咒。

4. 人寿保险

人寿保险在遗产规划中被越来越多地使用。保险作为财富传承的工具，具有明显的特点：①保险受益人明确，法律关系清晰，通过指定身故保险金受益人的方式，可以由投保人（委托人）明确将财富转化为保险金形式，依照投保人的意愿将保险金按照比例或是顺序分配给受益人。②经过指定受益人的保险金，在被保险人百年之后，不列入被保险人的遗产，从而达到财产隔离的目的。③财产以保险费的形式由保险公司（受托人）管理、运用及分配，对遗产可以起到保值、保全的作用，这部分财产在投保的时候要注意保险的种类及产品的投资风险评级。④在许多国家（包括我国），身故保险金属于免税资产。因此，终身寿险具有规避遗产税的功能，能减少遗产转移的成本。

5. 赠与

赠与是指当事人为了实现某种目标将某项资产赠送给受益人，而使该项财产不再出现在遗嘱条款中。投资者采用这种方式是为了减少税收支出，在许多国家，对于赠与财产的征税要远远低于对遗产的征税。其优点是赠与财产实现了财产转移，规避了将来的遗产税征收，而且有可能使家庭的所得税支出额下降。

例 6 - 6 广州一男子邱某明去世前留下遗嘱，把名下两套房产份额都留给他父亲，妻子李某和 3 岁的孩子小霖却一分没有。妻子看到遗嘱以后，号啕大哭，她觉得丈夫绝情，索性撕破脸皮把公公告上法庭。

案件分析：邱某明遗嘱中提到花都区和丰顺县这两处房产。其中，花都区这套房子是邱某明婚前财产，但婚后夫妻俩共同还贷了。因此，虽然可以算作邱某明个人财产，但婚后共同还贷部分应该分出来。根据《民法典》1153 条的规定：夫妻共同所有的财产，除有约定的外，遗产分割时，应当先将共同所有的财产的一半分出为配偶所有，其余的为被继承人的遗产。本案中，李某在婚后与丈夫共同还贷了，因此应该先把贷款部分和利息分出来，剩下的才是邱某明可分割的份额。

另外，丰顺县的房子是邱某明和李某婚后共同购买、共同还贷，应属于夫妻共同财产。《民法典》第 1141 条规定：遗嘱应当为缺乏劳动能力又没有生活来源的继承人保留必要的遗产份额。小霖只有 3 岁，作为父亲，邱某明理应为儿子留下遗产份额，可他却把全部份额都留给父亲，因此，这项遗嘱内容无效。

最后法院判决，花都区的房子由老人继承，但老人要支付给妻子李某婚后还贷部分，以及增值部分利息的一半。丰顺县的这套房子的份额由小霖继承，由于李某是小霖的监护人，所以还贷部分由李某帮助其偿还。

资料来源：男子生前立遗嘱：房产归父亲，妻儿都没份！法院这样判[EB/OL]. (2021 - 11 - 24). https://baijiahao. baidu. com/s? id = 1717274211509437180&wfr = spider&for = pc.

（三）遗产规划的操作步骤

1. 确定目标

选择遗产继承人，决定其应得遗产的种类和数量。确定相应遗产继承人对财产的控制权。对于遗产继承人不具备管理其所继承遗产的能力的情形，可以选择专业人员代理继承人管理所继承遗产，使遗产继承人长期享受遗产带来的利益。

2. 估计遗产

明确遗产的种类和数量，估算财产的公允价值。

3. 测定遗产负债

遗产负债是在将遗产分配给继承人之前必须从中支付的必要开支，包括死亡人生前所欠未付的债务、丧葬费、诉讼费、未付所得税等。如果生前不对遗产负债进行充分的估计，到时往往会使有些很有价值的财产被迫以低价售出抵债。

4. 制订遗产规划

在制订遗产规划时，理财师需要注意以下原则：保证遗产规划的可变性，确保遗产规划的资产流动性，减少遗产纳税。由于客户的具体情况不同，不同类型客户的遗产规划工具和策略的选择也有着很大的区别。

（1）客户已婚且子女已经成年。这类客户的财产一般是与其配偶共同拥有的，遗产规划将遗产留给其配偶。当配偶去世以后，遗产留给子女或其他受益人。如果客户不愿意由其配偶继承遗产，就可以选择其他适合的方案。

（2）客户已婚且子女未成年。由于子女未成年，需要在规划中加入遗嘱信托工具。如果配偶也在子女成年之前去世，遗嘱信托可以保证由托管人来管理客户的遗产，并根据其子女的需要分配遗产。如果客户希望由自己来安排遗产在子女之间的分配比例，就可以将遗产加以划分，分别由几个不同的信托基金来管理。

（3）客户未婚或离异。如果客户的遗产数额不大，受益人已经成年，则客户通过遗嘱将遗产留给受益人即可。如果客户的遗产数额较大，而且并不打算更换遗产的受益人，就可以采用不可撤销性信托或捐赠的方式，以减少纳税金额。如果客户遗产的受益人尚未成年，则应该使用遗产信托工具进行管理。

5. 完成遗产规划

请有关人员起草遗产规划文件，将遗产规划内容通知有关继承人。

6. 遗产规划的修改

这是遗产规划的最后步骤。遗嘱只有在当事人死亡后才会有效公开，当事人在死亡之前可以随时改变遗嘱的条款或是取消遗嘱。客户的财务状况和遗产规划目标往往处于变化之中，遗产规划必须满足其不同时期的需要，因此需要进行对遗产规划的定期检查和修改。理财规划师应该建议客户每年或每半年对遗产规划进行重新修订。

实训 6-13

实训目标

能够运用遗产规划工具为客户作出合理的遗产规划。

实训内容

国学大师季羡林先生去世以后，财产纠纷便随之而起。无独有偶，2007年6月，著名相声艺术家侯耀文突发心肌梗死去世以后，其遗产分配一直未有定论，侯耀文的女儿和侯耀文的兄弟侯耀华之间一直处于官司纠纷状态，直至2019年才达成和解。我国基层法院的统计资料显示，近年来遗产继承纠纷案持续增长。其中有近70%的遗产继承纠纷是由于被继承人生前未立遗嘱或未制订遗产规划引起的。请你做出适合一般客户的遗产规划方案。

要点提示：遗产规划不仅包括立遗嘱这样一种形式，还可以采用受益人明确的人寿保险产品、信托产品、遗产委托书等形式。被继承人可以根据自己的实际情况选择不同的遗产规划工具。

实训步骤

步骤1：根据遗产规划的程序，首先应该确定个人财产范围。

步骤2：根据个人意愿确立继承人或受赠人。

步骤3：进行财产分配，根据客户具体情况还可能附加抚养要求、葬礼安排等。

步骤4：以书面形式自书或聘请律师见证或公证处公证将签署内容形成遗嘱。

实训 6-14

实训目标

能够运用家庭财产分配规划的工具和流程为客户进行财产分配规划。

实训内容

罗先生今年45岁，是一位企业主，妻子40岁，是一位家庭主妇，夫妇二人有一个年满18岁的儿子。罗先生的资产有企业股权3亿元、房子2500万元、金融资产6000万元、境外资产200万美元等。罗先生打算让儿子接手他的事业，以防万一，罗先生想现在对家庭资产进行合理的分配并确保其安全地传承给儿子。作为理财规划师，请按照财产分配与传承规划的流程为罗先生做一个财产分配与传承的规划。

实训步骤

步骤1：客户情况记录（客户家庭基本信息、家庭资产构成）。

步骤2：计算和评估客户的资产值（企业股权、房子、金融资产、境外资产）。

步骤3：确定财产管理的目标，包括儿子毕业后接手家族事业、房产过户给妻子、公司全部股权给儿子。

步骤4：制订财产分配与传承规划方案。

根据罗先生的情况和资产管理目标，建议：①罗先生送儿子去国外接受本科和研究生教育，让儿子学成之后归国接手家族企业。为了支撑儿子的学业顺利完成，可以设立一个200万美元的境外信托，以境外信托的投资收益来支付儿子的学费和生活费。②罗先生为自己投保终身寿险，保额500万元，可以同时设立保险金信托。③用6 000万元金融资产设立一个境内信托，境内信托的受益人是妻子，部分投资收益支付境内的家庭支出，剩余的部分则可以交保费。④儿子学成回国以后，可以安排他到公司接班，每年将5%～10%的股权转移给儿子。

步骤5：在完成以上规划之后，设立一个公证遗嘱，按照罗先生的意愿安排信托与保险以外的遗产分配方案，分配方案载明股权、房子等的处理安排。

📖 **小资料**

遗产规划中的信托

根据《中华人民共和国信托法》的规定，信托是指委托人基于对受托人的信任，将其财产权委托给受托人，由受托人按委托人的意愿以自己的名义，为受益人的利益或者特定目的，进行管理或者处分的行为。信托业务是一种以信用为基础的法律行为。

《民法典》第1133条第3款规定：自然人可以依法设立遗嘱信托（probate trust），遗嘱信托是指通过遗嘱这种法律行为而设立的信托。也就是委托人预先以立遗嘱方式，将财产规划的内容，包括交付信托后遗产的管理、分配、运用及给付等，详订于遗嘱中，等到遗嘱生效时，再将信托财产转移给受托人，由受托人依据信托的内容，也就是委托人遗嘱所交办的事项，管理处分信托财产。与遗嘱继承、遗赠、生前信托等制度相比，遗嘱信托有以下功能优势：第一，遗嘱信托受托人只是依照委托人的意志进行财产管理，而不受继承人或者其他利害关系人的干涉。第二，更好地保护继承法上的弱者。第三，有效降低遗产税。通过信托进行财富传承，受益人在获得信托收益时，只需要缴纳一定的所得税，而通过其他形式的传承则需要缴纳遗产税。第四，财产有效管理与增值。遗嘱信托之遗产必须由专业人士进行管理，比如资金信托，受托人可以进行组合投资，进而实现财富的增值。

遗嘱信托写入《民法典》是我国财富规划领域高质量发展的契机。我们相信，遗嘱信托方式的运用必将使更多的人受益，使我国财富规划事业更加繁荣。

资料来源：中华人民共和国民法典[M]. 中国法制出版社,2020.

项目小结

本项目主要包括现金规划与消费规划、教育规划、个人税收规划、投资规划、退休及养老规划、财产分配与传承规划六个任务。重点介绍了每个专项理财规划所涉及的相关基础知识和理财规划方法、工作流程及操作步骤。同时，配合各任务中内容的需要，融入大量有关消费、教育、养老、税收、遗产分配等方面的思政案例和延伸阅读资料。通过本项目的学习，可以使学习者理财规划操作技能水平得到实质性的提高，并有助于学习者综合素质的培养。

即测即练

项目训练

1. 客户李先生家庭月支出为 6 900 元，现金规划中确定的现金资产的额度为多少？现金规划如何配置？

要点提示：一般的客户现金资产配置额度为每月生活平均支出的 3～6 倍。

2. 客户金先生夫妇现在每月的支出在 4 000 元左右，请计算他们以紧急备用金方式进行现金规划的额度，帮助客户确定可以用于建立紧急备用金的资产。

3. 程女士打算按揭购车以便日常代步，购车金额为 200 000 元，贷款三成，2023 年 6 月开始按揭贷款，贷款期限 5 年（按月还款），汽车贷款年利率为 6.15%，客户决定采用等额本息还款法，请你列表计算前 6 个月的月还款额、月偿还本金、累计偿还利息（暂不考虑商业保险、交强险和各种税费）。

4. 小张今年 28 岁，湖南人，健康状况良好，在某大型企业从事产品研发业务，月收入 12 000～15 000 元，有社保。其父母已经退休，父母均有养老保险，父母合计每月可以领取 6 000 元养老金。目前，小张有女朋友，全家月均生活支出 3 000 元左右。家庭资产有定期存款 300 000 元，活期存款 50 000 元。小张计划后年在长沙买房。请你通过分析小张的财务状况为小张制订一份现金规划方案。

5. 2022 年 1—6 月，王女士均在同一单位工作，每个月工资 18 000 元，三险一金每月扣除 3 200 元，累计基本减除费用按照 5 000 元乘以当前月份数计算，不考虑其他情况，子女教育费、赡养老人等专项附加扣除每月 2 500 元，前 5 个月已预交税额 1 130 元，计算 6 月份预交税额是多少。

6. 客户周先生的孩子现在 8 岁，周先生希望通过按月分期投资的方式筹集孩子18 岁上大学时所需要的大学本科教育费用。目前，大学 4 年费用为 60 000 元（含生活费、学费）。预计学费增值率为 4%（入学后学费增值率为 0），投资报酬率为

6%。计算大学4年学费总需求，以及客户为筹措学费需要确定的月定投金额。

请帮助周先生作出教育规划。

7. 龚女士是一位企业经营者，女儿今年10岁。由于自己有英国留学的经历，感觉自己非常受益于英国的教育，龚女士打算让孩子在18岁时去英国留学（学制四年），目前英国留学每年的教育费用是30万元（包含学费和生活费），并且学费年增长率为3%（入学后学费增长率为0）。龚女士已经准备了50万元的教育准备金，预计龚女士的投资收益率为4.5%（入学后投资收益率保持不变）。

请帮助龚女士作出教育规划，计算龚女士每月基金定投。

8. 章女士今年38岁，打算55岁退休，预期寿命80岁。章女士为了安享晚年，同时不给子女增加额外的负担，打算准备一笔充足的养老资金。目前，一般家庭退休月生活费为3 000元，生活费上涨率为2.3%。章女士退休以后每年可以领取的退休金为40 000元。截至目前，章女士已经准备了80 000元作为养老准备金，退休前的投资收益率是4.35%，退休后的投资收益率是3.35%，计算章女士养老费用缺口，并计算为筹集养老资金必须进行每月月初基金定投的金额。

9. 请你为平衡型客户进行各类投资资产配置。同时请简要列出各类资产的配置方案。

10. 客户汪先生生活在一个地级城市，他今年55岁，已经办理了退休手续，月退休金3 000元左右。汪太太53岁，是一位事业单位职工，还有两年退休，每月收入6 000元。汪先生退休后被企业返聘，每月收入2 000元。汪先生每月各项家庭生活开支大约3 000元。儿子正在复习考研，预计读研后每年学费生活费近40 000元。夫妻二人均参加了社保，没有购买任何商业保险。汪先生和妻子有两套市中心的住房，按照市场行情，两套住房目前估价180万元。其中一套用于自住，一套出租，每月收入租金1 000元。目前，汪先生家庭定期存款200 000元，活期存款100 000元，没有投资股票或债券、基金，也没有任何债务。

请判断汪先生所处生命周期和投资类型，并为其作出合理的资产配置。

11. 某公司高管苗先生与妻子离婚，为补偿妻子，苗先生打算离婚后每月向妻子支付10 000元，共支付20年。经过协商，妻子同意离婚，但又怕苗先生不能履行协议，要求一次性付清赡养费。苗先生担心妻子再婚配偶会挪用或侵吞这笔钱，于是二人产生了分歧。请你运用合理的方式，为苗先生作出家庭财产分配规划。

要点提示：有孩子的离婚双方，给孩子支付生活费的问题可以通过设立以孩子为受益人的信托来解决。

12. 影响家庭财产分配规划的因素有哪些？

项目 7　理财规划服务流程

　　一份完整的理财方案包括哪些要素？完整的理财方案的制订应该经过哪些流程？作为理财规划人员，在提供综合理财规划服务的过程中，客户分析是非常关键的一步。理财规划人员往往需要在制订理财目标、理财工具选择、实施时间安排等方面，根据客户需求进行差异性的分析。如何针对客户的具体情况设计合理的理财方案，使客户认可提出的理财建议？这就通过对家庭资产负债表、收入支出表进行财务数据整理以及财务比率指标的分析；还需要通过风险承受能力分析、风险偏好分析等方法进行客户非财务信息的分析。最后，在对客户完成全面分析的基础上，制订出符合客户需求的理财规划方案。此外，理财规划人员在理财规划方案制订完成后及其实施过程中，仍需要定期评估规划方案，监督客户的财务状况及实施效果，并且对理财效果进行评价。

思维导图

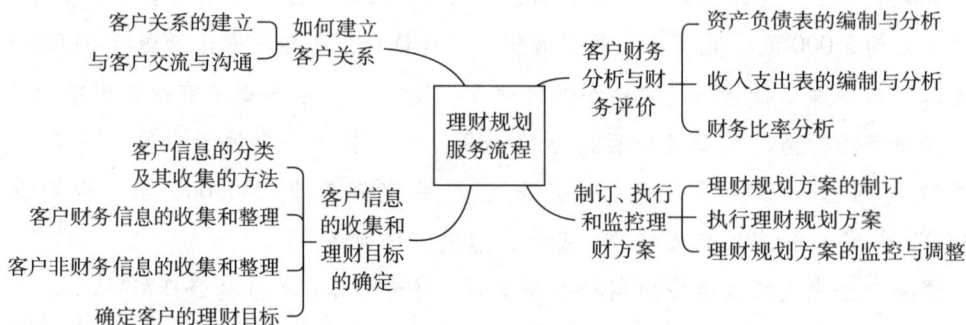

项目情境导入

　　"今天是我们第一次见面，相信您对我和我所服务的公司还不太清楚，请允许我简单地介绍一下。我目前是××公司的理财经理，为客户提供家庭服务，我在进入这个行业之前，针对国内各家财富管理服务机构做过深入的了解，我在选择公司时考虑到几个方面：这家公司是否专业经营、财力雄厚、诚信可靠？经过我多方面

214

分析，××公司在业内很有影响力，我非常满意我的选择。"以上这段文字并不是在简单地描述自己和公司，而是通过重点突出、逻辑清晰、层层递进的沟通，引发客户的兴趣与思考，同时传递出引申意思。通过这段开场白，你认为能达到什么样的沟通效果？

任务 7-1　如何建立客户关系

知识目标

1. 了解客户关系建立的目的。
2. 掌握与客户建立关系的技巧和手段。
3. 理解客户市场营销。

能力目标

1. 能够收集客户信息并建立客户关系。
2. 能够进行客户市场营销。
3. 具备人际沟通能力。

思政目标

1. 培养学生树立正确的个人价值观——诚实守信。
2. 培养学生养成良好的职业道德和职业素养。

思政阅读 7-1

建立客户关系的关键是诚实守信

个人的品德与道德观念关乎个人的职业生涯。诚实守信是建立信任关系的基石，是个人的品德与道德观念的体现。建立客户关系成功与否是直接决定个人理财规划业务是否可以得到开展的关键。要想建立良好的客户关系，就必须信守诺言，一旦向客户作出承诺，就一定要竭尽全力去履行。在建立客户关系的过程中，信守承诺的态度是赢得客户信任和忠诚度的关键因素。只有真诚待人、诚实守信，才能够在别人心目中建立起信任感，以提升客户满意度和忠诚度，从而促进业务增长和持续发展，也只有具备强大个人品德与道德观念的人，才能在复杂多变的环境中坚守职业操守，进而更好地抵御各种诱惑和压力，作出正确的决策，从而在行业中赢得尊重和信任。

知识储备

一、客户关系的建立

（一）建立客户关系的目的

建立客户关系的目的是寻找目标市场及目标客户群，让潜在客户和目标客户产生购买欲望并付诸行动，促使他们尽快成为企业的现实客户。

一般而言，具有理财需求的客户群有以下几类。

（1）财富净值很高但没有时间去规划及管理资产的人士，如企业主、公司高管、专业人士。

（2）财富净值较低但积极规划未来的群体，如大学生。

（3）具有极高的家庭责任感、对子女有很高期望的人群。

（4）家庭居住环境面临较大改变、需要做特殊调整安排的人群。

（5）发生了能激发自身主动寻找专业理财服务事件的人群。

只有通过与客户充分沟通交流，设法与客户建立起初步的信任，从而建立起业务关系，理财规划人员才能获取客户的各方面信息，全面了解客户的财务状况，进而为其提供切实可行的专业建议，制订出符合客户需求和客观情况的规划。

在实际操作中，由于客户的财务保密需求、风险偏好及对理财规划流程的了解程度各有差异，理财规划人员有可能无法获得全面、有效的信息。因此，理财规划人员需要拥有熟练的沟通技巧和丰富的实践经验，才能全面地了解客户的财务目标、投资偏好、风险态度和风险承受能力等基本信息，获得客户的认可，并与客户建立良好的关系。

（二）建立客户关系的方式

建立客户关系的方式多种多样，主要包括电话交谈、互联网沟通、书面交流和面对面会谈等。而与潜在客户进行面对面会谈是理财规划人员建立客户关系最重要、最常用的方式。

二、与客户交流与沟通

在很多情况下，理财规划人员能否与客户建立业务关系，客户能否确定委托理财规划人员所在的机构为其提供理财服务，都直接受会谈效果影响，所以理财规划人员必须掌握与客户交流的基本方法和技巧，并在实际工作中不断总结和提升自己的沟通能力。

（一）保持恰到好处的态度

在沟通过程中赢得客户信任是建立客户关系的第一步，因此理财规划人员留给客户的第一印象非常重要。那么，理财规划人员应该用什么态度对待客户呢？

（1）尊敬。理财规划人员应无条件地尊敬客户，尊敬别人是取得他人好感的重要环节。只有当你重视客户，让他感受到你对他的敬重，你的好感才会传递给对方，才能增强客户的信心，让客户觉得自己很重要。反过来，客户对你产生好感才会尊敬你。

（2）真诚。真诚的人总是值得信赖。理财规划人员以开诚布公的态度与客户沟通，能拉近双方的心理距离，被客户当成忠实可靠的人并愿意倾诉自己的问题。优秀的理财规划人员总是会发自内心地帮助客户，敢于坦诚地表达自己的想法，尽职尽责。

（3）理解和包容。理财规划人员要能够站在客户的角度看问题，准确地把握客户心理，让客户觉得其善于倾听，能了解自己的内心想法、懂得自己的感受。

（4）自知。理财规划人员必须清晰地了解自己，尤其是自己的观点和态度，因为理财规划人员是根据客户的价值观来协助和帮助客户进行理财决策。理财规划人员对自己了解得越多，就越能理解和评价自己的行为，进而学会控制自己，避免将自己的价值判断强加给客户。

（二）如何开展交流

（1）应该选择一个适合初次交流的环境约见客户，避免噪声、电话的干扰，也不要同时和两个客户谈不同的内容。由于会谈会涉及客户的财务信息，因此安静的环境能给客户一种安全感。

（2）理财规划中的会谈往往都是比较正式的。在交流的初始阶段，应该先向客户说明双方交流的目的和流程，开场白不必太长，让客户有心理准备，在后面的交流中能够更好地配合，提高交流的效率。

（三）主要的交流手段

交流是指把某条信息通过语言或者非语言形式传递给他人以引起他人的注意。理财规划人员在与客户会谈交流过程中，最主要的交流手段就是语言和行为。

（1）语言。常用的语言交流形式主要有解释、安慰、建议、提问、总结等。

语言交流中需注意以下几个方面。

①词语的特定意思。

②语速和长度。

③避免主观臆断。

④亲切的话语有助于促进交流、巩固客户关系。

⑤不要使用"保证""肯定""必然"或其他具有承诺性质、在法律上具有约束力的措辞。应根据情况使用"估计""可能"和"一般情况下"等相对留有余地的措辞。

⑥在介绍所在机构的业务能力和业务优势时，不得有直接或间接贬损其他机构或理财规划人员的语意。

⑦避免使用命令语气。不能让客户有一种被命令的感觉，如"您必须向我们提供真实信息"等，可以改为"我们制订的理财规划方案是否适合您的实际情况，关键取决于我们掌握您的信息是否准确，所以您的真实信息对我们至关重要"。要让客户感受到理财规划人员像朋友一般亲切，是为客户提供服务和帮助的。

（2）行为。有专家指出，人们2/3的信息传递是通过非语言渠道进行的。因此在理财规划过程中，行为是指除了语言以外的其他交流方式。理财规划人员掌握行为交流的技巧，不但可以更好地理解客户，而且可以运用这些技巧表达自己的感情，使双方关系更加融洽。

行为主要是指身体和嗓音，具体包括身体位置、身体运动、手势、面部表情、眼神、音量和音调。肢体语言比口头语言更单纯，更能反映人的真实感受。但是需要注意的是，客户的行为所表达的含义都应当在本人其他行为或语言中得到验证，不要单凭其中一个表现就急于下结论。

（四）做好服务五要素

维护客户关系的最好方法就是做好服务，主要从以下五方面做起。

（1）从客户利益出发，诚信正直。让客户从我们的销售活动中得到切实的收获，通过执行理财规划，真正实现自己身心健康、家庭和睦、财富保值增值，达到财务自由。

（2）细分客户，特殊顾客特殊对待。根据二八原则，即80%的利润是由20%的客户创造的，利用客户本身的价值和利润率来细分客户，并密切关注高价值客户，保证他们获得相应的服务和待遇，使他们成为企业的忠诚客户。

（3）提供系统化解决方案。不能仅仅停留在向客户销售产品层面上，要更主动地为他们量身定做一套适合的、系统化的投资理财规划方案，要在更多方面关心和支持顾客发展，增强顾客的购买力，扩大其购买规模，创造和推动新的需求。

（4）提供增值服务。为客户提供无偿的健康、旅游、出国留学等咨询；也可为客户提供医疗卡、紧急救援卡等服务。

（5）密切客户关系。客户签约后，要及时向客户表达谢意，并明确承诺所提供的后续服务。通过亲情关怀，密切与客户的关系。在客户的生日、节假日时，送上精心挑选的礼品和亲手书写的贺卡，或为客户送去一条温馨的短信祝福。另外，客户的职业领域一般不同，可以通过组织一些活动，使他们彼此建立友好关系，以便优势互补、互通有无，在为客户带来利益的同时，增强客户的凝聚力和忠诚度。

（五）与客户交流、沟通技巧

客户关系建立的目的就是与客户建立良好的信任关系，在这层关系的搭建过程中，理财顾问需要具备一定的职业形象、沟通能力和专业能力。职业形象并不一定是西装革履，重要在于你的穿着打扮、仪容仪表是否能引起客户的好感，让客户觉得和你"气味相投"。沟通能力，比如，如何进行开场白、如何有效介绍自己和公司、如何与客户建立共同话题，并在聊天的过程中充分掌握客户的背景资料；如何适当寒暄与赞美，拉近与客户之间的距离。专业能力，一个合格的理财顾问，平时会适当关注国内、国际宏观经济趋势及当下热点事件，会了解各类投资市场行情及重要金融政策，同时将这些专业内容转化成客户喜闻乐见的沟通话题，让客户觉得其和他沟通不是单纯地只为卖出一款产品给他，而是结合当前的经济和市场环境，从专业人士的角度，为他提供一个投资选择。在和客户接触过程中，如何展现自己的沟通能力呢？主要有两个关键点：一是介绍自己与公司；二是与客户建立共同话题。

实训 7 -1

实训目标

通过自我介绍建立客户关系。

实训内容

针对客户做自我介绍。

实训步骤

步骤 1：开场白，亲切地问候客户，简单介绍自己并引出话题。

步骤 2：介绍自己的专业能力及所在机构的背景。

步骤 3：简要介绍自己的职业态度。

这种介绍方法相信比简单的平铺直叙会有更好的效果，同时也会争取更多与客户沟通的机会。

任务 7 −2　客户信息的收集和理财目标的确定

1. 掌握确定理财目标的技巧。
2. 了解客户信息收集的重要性及客户信息收集、整理的方法。
3. 了解客户理财目标的确定原则与步骤。
4. 熟练开展客户风险特征分析。

1. 能收集客户的信息并进行管理。
2. 能对客户的财务状况进行分析并制订理财目标。

1. 树立正确的人生价值观。
2. 养成良好的职业道德和职业习惯。

理财规划人员只有在获取客户的各方面信息之后，才能提出符合客户需求和客观情况的规划报告。由于客户信息复杂，因此如何有效地获取客户信息，并对其进行整理和加工，以充分地为理财规划服务，是整个理财规划的基础。

一、客户信息的分类及其收集的方法

（一）客户信息的分类

（1）定量信息和定性信息。客户信息可以分为定量信息和定性信息。定量信息是指以计量形式来表示经济活动的信息，是一种以数量形式存在、可以对其进行测量的信息。定性信息是一种非概率信息，它不能使用直接的概率测度方法，是一组表示事物性质、规定事物类别的文字表述型数据。定量信息和定性信息见表 7 −1。

表7-1 定量信息和定性信息

类别	定量信息	定性信息
个人（家庭）的基本档案	性别、身份证号码、出生日期、年龄、婚姻状况、就业状况、学历、配偶和子女的基本状况等	家庭关系、风险特征、投资偏好、理财知识水平、金钱观等
个人（家庭）的财务信息	资产负债、收入支出、保险、雇员福利、养老金规划、现有证券资产、其他退休收益、遗嘱等	财务目标陈述、现有的和可预见的经济状况、其他财务计划假设等

（2）财务信息和非财务信息。客户基本信息可以分为财务信息和非财务信息。

财务信息是指客户目前的收支情况、资产负债情况和其他财务安排以及这些信息未来变化情况，主要包括客户的收入和支出状况，还包括客户的资产和负债状况。财务信息是制订个人理财规划的基础和根据，决定了客户目标和预期是否合理，以及完成个人理财规划的可能性。

非财务信息是指财务信息以外的与理财规划有关的信息。对于客户来说，非财务信息主要包括其家庭状况、职业类型等。其中，家庭状况主要包括客户的婚姻状况、家庭人数和年龄分布、抚养和赡养情况。

（二）客户信息收集的方法

（1）初级信息的收集方法。由于客户的个人资料和财务资料只能通过与客户沟通获得，所以也称为初级信息。这是理财规划人员进行分析和拟订计划的基础。理财规划人员与客户初次会面时，仅通过交谈的方式收集信息是不够的，还可以通过数据调查表来帮助收集定量信息。

由于数据调查表的内容较为专业，所以可以采用从业人员提问、客户回答，然后由从业人员填写的方式来进行。如果客户自己填写调查表，那么在开始填写之前，从业人员应对有关的项目加以解释，否则客户提供的信息很可能不符合需要。

（2）次级信息的收集方法。次级信息是指通过间接渠道取得的信息，如宏观经济信息可以从政府部门或金融机构公布的信息中获得。次级信息的涉及面广，相当容易获得，只需要从业人员在平日的工作中注意收集和积累，建立专门数据库，以便随时调用。但政府公布的数据有时并不完全适用于个人，所以理财规划人员在使用时应该进行判断和筛选，以保证个人理财规划的客观性和科学性。

二、客户财务信息的收集和整理

（一）收支情况

（1）客户的收入状况。理财规划人员要明确客户收入的来源。个人收入主要有

工资收入、利息收入、租金收入和其他收入。在制订理财规划时，未来现金流入是
基础。因此，不仅要明确客户现在的收入来源，也要明确客户未来现金流入的来源。
在客户收入构成中，如果非经常性收入或非稳定性收入所占比重较大的话，容易对
客户的财务状况产生影响。另外，这里的收入均为纳税后的收入。

（2）客户的支出状况。与客户收入相对的是客户的支出，了解客户的支出状况
有利于分析客户的支出习惯、消费习惯以及投资习惯。个人支出可按用途分为生活
支出和理财支出，按支出时间分为日常支出、月度支出和年度支出。生活支出又可
细分为衣、食、住、行、娱乐和教育支出等。要了解企业客户主要的经营活动支出，
以便分析企业支出和投资习惯，为制订理财规划提供依据。

客户的收支情况可以通过表 7 - 2 来进行收集与管理。

表 7 - 2   客户现金流量表

年   月   日

项目	种类	金额	种类	金额
收入	工资薪金		自雇收入	
	奖金和佣金		养老金和年金	
	其他收入			
收入总计				
支出	日常生活支出		房屋支出	
	汽车支出		商业保险费用	
	医疗费用		其他支出	
支出总计				
结余				

（二）客户资产和负债情况

客户的资产可以分为实物资产和金融资产，实物资产主要是指房产、大型电器、
汽车等，金融资产主要是指银行存款、股票、债券、外汇等。既要了解资产的购置原
值情况，也要了解资产的市场价值。例如，通常用股票的市值来衡量客户持有的股票
的价值。个人客户的负债主要是房贷、车贷等消费贷款。

客户资产和负债情况是理财规划人员衡量客户财务状况是否稳定的重要指标，
因此在理财规划业务中，理财规划人员必须清楚地了解客户的资产与负债状况，并
且掌握资产与负债未来可能发生的变化。

客户的资产和负债情况可以通过表 7 - 3 进行收集和整理。

表 7 - 3 客户资产负债表

年   月   日

姓名：			日期：
资产			金额/元
金融资产	现金与现金等价物	现金	
		活期存款	
		定期存款	
		其他类型银行存款	
		货币市场基金	
		人寿保险现金收入	
		现金与现金等价物小计	
	其他金融资产	债券	
		股票及权证	
		基金	
		期货	
		外汇实盘投资	
		人民币（美元、港币）理财产品	
		保险理财产品	
		证券理财产品	
		信托理财产品	
		其他	
金融资产	其他金融资产小计		
	金融资产小计		
实物资产	自住房		
	投资的房地产		
	机动车		
	家具和家用电器类		
	珠宝和收藏品类		
	其他个人资产		
实物资产小计			
资产总计			
负债			
负债	信用卡透支		
	消费贷款（含助学贷款）		
	创业贷款		
	汽车贷款		

续表

姓名：			日期：
负债			金额/元
负债	住房贷款		
	其他贷款		
负债总计			
净资产（资产总计减去负债总计）			

（三）客户的纳税情况

对于个人客户，根据其纳税状况，分析客户的收入状况和投资偏好。例如，根据个人或企业所得税可以估算出个人或企业收入，根据缴纳的证券印花税可以估算出客户的交易量和交易次数，从而间接了解客户的投资心理。

（四）其他财务情况

客户的其他财务情况主要包括客户的社会保障信息、风险管理信息以及遗产管理信息等。

社会保障信息是指养老保险、失业保险、基本医疗保险、工伤保险、生育保险、社会救济、社会福利计划、企业年金等。

风险管理信息主要是指客户保险保障的情况。在理财规划业务中，主要涉及的保险种类有人身保险、财产保险和责任保险。在填写这些栏目时，客户需要详细说明所购买保险的名称、投保人、被保险人、保险公司、保险单编号、投保金额和保险费。为慎重起见，理财规划人员应要求客户提供保险单复印件，在客户填写完毕后进行核对，或由理财规划人员自己根据保险单复印件填写，最后再要求客户确认。

我国开征遗产税的脚步声越来越近，结合中国目前的法律和实践，客户的遗产管理信息主要包括：客户是否拟订了遗嘱，遗嘱的形式和内容是否合法，客户是否拟使用遗嘱信托的方式管理财产，客户目前对遗产的分配安排有无疑问或要求等。

三、客户非财务信息的收集和整理

客户非财务信息是指除了财务信息以外的其他相关信息，包括客户基本信息和客户风险特征等。

（一）客户基本信息

客户基本信息包括客户的姓名、性别、年龄、社会地位，以及客户家庭基本状况、家庭成员的人数、各个成员的年龄、抚养和赡养人口状况等。通过这些基本信息，理财规划人员可以从侧面了解客户的财务状况，以及客户未来财务状况变化的可能性和变化程度。客户基本信息调查表见表7-4。

表7-4 客户基本信息调查表

项目	本人	配偶	其他成员
姓名			
出生日期			
出生地点			
参加工作时间			
职业			
职称			
工作单位			
工作安全程度			
退休日期			
婚姻状况（已、未、离、再）			
健康状况			
家族病史			
家庭地址			
单位地址			
家庭电话			
单位电话			
移动电话			
电子邮件			

（二）客户风险特征

客户风险特征是进行理财规划要考虑的重要因素之一。客户风险特征包括客户的风险偏好、风险认知及风险承受能力等。对待不同风险特征的人应当采用不同的理财方式。

（1）风险偏好。风险偏好反映客户主观上对风险的态度，是一种不确定性在客户心理上产生的影响。风险偏好产生的原因较复杂，但与客户所处的文化氛围、成长环境有很深的联系。例如，中国人向来喜欢求稳，强调平安是福。

（2）风险认知。风险认知反映的是客户主观上对风险的基本度量，也是影响人们对风险态度的心理因素。例如，一般投资者都知道股票市场具有很高的风险，但有些人对这类风险的评估较为谨慎，可能选择较低市盈率的股票；而有些人则较激进，可能选择市盈率较高、估价较高的股票。

（3）风险承受能力。风险承受能力反映的是风险客观上对客户的影响程度，同样的风险对不同的人的影响是不一样的。例如，对于一个仅有10万元养老金的退休人员和一个有数百万元资产的富翁来说，风险产生的影响是截然不同的。

根据对待投资风险与收益的态度，可以将客户分为三种类型，即风险厌恶型、风险偏好型和风险中立型。

（三）客户风险特征的分析方法

客户风险特征可以用客户风险承受能力和风险承受态度两个指标来分析。

（1）风险承受能力评估。

风险承受能力总分（100分）＝年龄因素分数（50分）＋其他因素分数（50分）

年龄因素：总分50分，25岁以下者50分，每多1岁减1分，75岁以上0分。

其他因素：就业情况、家庭负担、置业情况、投资经验、投资知识各10分，风险承受能力评估见表7-5。

表7-5　风险承受能力评估

分数	10	8	6	4	2
就业情况	公务人员	上班族	佣金收入者	自营事业者	失业
家庭负担	未婚	双薪无子女	双薪有子女	单薪无子女	单薪养三代
置业情况	投资不动产	自有住宅无房贷	房贷小于50%	房贷大于50%	无自有住宅
投资经验	10年以上	6~10年	2~5年	1年以内	无
投资知识	有专业证照	财经专业毕业	自修有心得	懂一些	一片空白

（2）风险承受态度评估。

风险承受态度＝对本金损失的容忍度＋其他心理因素

①对本金损失的容忍度，即可接受亏损的百分比（以1年的时间为基准），总分50分。不能容忍任何损失为0分，每增加1个百分点加2分，可容忍25%以上损失者为满分50分。

②其他心理因素，总分50分。风险承受态度评估见表7-6。

表7-6　风险承受态度评估

分数	10	8	6	4	2
首要考虑因素	赚短期差价	长期利得	年现金收益	抗通货膨胀保值	保本保息
过去投资绩效	只赚不赔	赚多赔少	损益两平	赚少赔多	只赔不赚
赔钱心理状态	学习经验	照常过日子	情绪影响小	情绪影响大	难以成眠
目前主要投资市场	期货	股票	房地产	债券	存款
未来回避投资场所	无	期货	股票	房地产	债券

（3）客户风险特征矩阵。综合两个方面的因素，可以得出客户风险特征矩阵，从而为其选择合适的投资组合建议。表7-7列出的客户风险特征矩阵中的投资组合

是一般情况下的参考建议,在实际个人理财业务中,为客户进行投资组合设计时除了考虑客户风险特征外,还要考虑其他因素,如利率趋势、当时市场准入状况、客户投资目标等。

表7-7 客户风险特征矩阵

风险矩阵	风险能力	低能力	中低能力	中能力	中高能力	高能力
风险态度	工具	0~19	20~39	40~59	60~79	80~100
低态度 0~19	货币	70	50	40	20	10
	债券	30	40	40	50	50
	股票	0	10	20	30	40
中低态度 20~39	货币	40	30	20	10	10
	债券	50	50	50	50	40
	股票	10	20	30	40	50
中态度 40~59	货币	40	30	10	0	0
	债券	30	30	40	40	30
	股票	30	40	50	60	70
中高态度 60~79	货币	20	0	0	0	0
	债券	40	50	40	30	20
	股票	40	50	60	70	80
高态度 80~100	货币	0	0	0	0	0
	债券	50	40	30	20	10
	股票	50	60	70	80	90

(四)客户其他理财特征分析

除了其风险特征外,还有许多其他理财特征会对客户理财方式和产品选择产生很大影响。

(1)投资渠道偏好,指客户由于个人具有的知识、经验、工作或社会关系等原因而对某类投资渠道有特别的喜好或厌恶。对此,理财规划人员在给客户提供财务建议的时候要客观分析并向客户做准确解释,在此基础上要充分尊重客户的偏好,而绝不能用自己的偏好影响客户的财务安排。

(2)知识结构,客户个人的知识结构,尤其是对理财知识的了解程度和主动获取信息的方式会对投资渠道、产品和投资方式的选择产生影响。

(3)生活方式,客户个人不同的生活、工作习惯对理财方式的选择也很重要。比如一个非常繁忙的职业经理人,尽管其风险特征、知识水平等各个方面都适合投资股票,但他没有这样的时间和精力。

（4）个人性格，客户个人的性格是个人主观意愿的习惯性表现，会对理财方式和方法产生影响。

四、确定客户的理财目标

理财目标是指客户通过理财规划所要实现的目标或满足的期望。理财规划人员要根据客户的财务状况，综合客户的投资偏好、风险偏好等信息，了解客户的期望目标，帮助客户形成合理的理财目标。

（一）理财目标的内容

客户的理财目标可以归结为两个层次，即实现财务安全和追求财务自由。关于财务安全、财务自由的详细讲解见项目 1 相关内容。

（二）理财目标的分类

可按照不同的标准对理财目标进行分类。

（1）按照实现时间，理财目标可以分为短期目标、中期目标和长期目标。

短期目标，是指在短期内（一般在 5 年左右）就可以实现的目标，一般需要客户每年或每两年重新制订或修改。如装修房屋或购置高档消费品等，可视为短期目标。

中期目标，是指一般需要 6～10 年才可能实现的目标。中期目标在制订后，一般不进行频繁修改，只在必要的情况下才进行调整。如接近退休年龄的客户安排退休金的投资问题等，可视作中期目标。

长期目标，是指一般需要 10 年以上的时间才能实现的目标。如比较年轻的客户设定的退休保障目标等，可视作长期目标。

短期目标、中期目标和长期目标之间界限的划分并不是绝对的，相同的理财目标对于不同的客户其分类结果可能不同，要根据客户的实际情况来界定和划分，可参考表 7-8。

表 7-8　常见的理财目标

目标	内容
短期目标	调整现有资产与负债结构（包括调整金融资产与实物资产比重、筹集紧急备用金、实现债务负担最小化）
	初步建立保障体系
	控制开支预算
	自身进修计划

续表

目标	内容
中期目标	为购房、购车筹集专项资金
	提高保险保障
	启动个人创业计划
长期目标	建立退休（养老）基金
	为孩子准备教育基金
	资产的保值增值

（2）按照重要性，理财目标可以分为必须实现的理财目标和期望实现的理财目标。

必须实现的理财目标是指对于客户正常生活而言必须要完成的计划；期望实现的理财目标是指在保证客户正常生活水平的前提下客户期望完成的计划。客户必须实现的理财目标与客户的生存相关，因此在制订理财规划时应优先考虑。

与客户必须实现的理财目标比较而言，客户期望实现的理财目标需在所有必须实现的理财目标都满足后，再考虑其具体实现途径和步骤。如果客户的财务实力还无法满足必须实现的理财目标，就需要对客户期望实现的理财目标进行调整。不同阶段的理财目标排序见表7-9。

表7-9 不同阶段的理财目标排序

人生发展阶段	排序1	排序2	排序3	排序4
单身期	节财计划	资产增值管理	应急基金	购置住房
家庭形成期	购置住房	购置硬件	节财计划	应急基金
家庭成长期	子女教育规划	资产增值管理	应急基金	特殊目标规划
子女大学教育期	子女教育规划	债务计划	资产增值管理	应急基金
家庭成熟期	资产增值管理	退休养老规划	特殊目标规划	应急基金
退休期	退休养老规划	遗产规划	应急基金	特殊目标规划

（三）理财目标确定的步骤

（1）了解客户的基本情况、财务状况，并且通过交流和沟通，了解客户的风险偏好、投资需求和目标等信息。在确定客户的理财目标前，应先征询客户的期望目标。

（2）根据对客户财务状况及期望目标的了解初步拟定客户的理财目标后，再次征询客户的意见并取得客户的确认。如果客户反对，应要求客户以书面方式提出自己的理财目标。

（3）如果在制订理财规划方案的过程中，计划对已确定的理财目标进行改动，必须对客户说明，并征得客户同意。

实训 7-2

实训目标

能完整收集客户的非财务信息。

实训内容

客户信息：

李鹏飞，汉族，31岁，学历大学本科，是一家贸易公司市场部的销售人员，健康状况良好；妻子王慧慧，汉族，29岁，学历大专，在一家大数据公司业务部担任客户经理，健康状况良好；父亲李江，汉族，61岁，初中毕业，已退休，健康状况良好；母亲周璇冰，汉族，57岁，初中毕业，已退休，健康状况良好。李先生和王女士刚结婚，还没有小孩，对于工作和退休方面，李先生和妻子打算到法定退休年龄就退休。

李先生联系方式：1383882××××，王女士联系方式：1337062××××。李先生一家现居住在滨河市开发区宜居家园 B 区 12 栋 1502。

要点提示：

家庭所处生命周期、收支及抗风险能力见表 7-10。

表 7-10　家庭所处生命周期、收支及抗风险能力

生命周期	可支配收入	支出	抗风险能力
单身期	低	高	高
家庭形成期	中	高	中高
家庭成长期	高	高	中
家庭成熟期	高	中	中低
退休期	低	中	低

要求：

1. 整理客户信息填入表 7-11。

2. 判断李先生家庭所处生命周期。

实训步骤

步骤1：整理客户信息填入表 7-11。

表 7 – 11 客户基本信息调查表

项 目	本人	配偶	父亲	母亲
姓名	李鹏飞	王慧慧	李江	周璇冰
性别	男	女	男	女
年龄	31	29	61	57
出生地点				
参加工作时间				
职业	上班族	上班族	退休	退休
职称				
学历	大学本科	大专	其他	其他
工作单位				
工作安全程度				
退休日期				
婚姻状况（已、未、离、再）				
健康状况				
家庭病史				
家庭地址	滨河市开发区宜居家园 B 区 12 栋 1502			
移动电话	1383882××××			
单位地址				
单位电话				
电子邮件				

步骤 2：判断李先生家庭所处生命周期。

客户家庭所处生命周期为家庭形成期。

根据表 7 – 10 得知，客户家庭可支配收入中等，支出水平高，抗风险能力中高。

实训 7 – 3

实训目标

能完整收集整理客户的财务信息。

实训内容

根据客户情况，收集到客户 2022 年 11 月 1 日到 2023 年 10 月 31 日的家庭财务数据如下。

1. 李先生家庭资产情况：

（1）1 年前买了 20 000 元的股票型基金，目前已上涨了 20%；

（2）现金 20 000 元；

（3）活期存款 20 000 元，定期存款 30 000 元（2 年后到期）。

2. 李先生家庭负债情况：

贷款本金为 24 000 元的消费贷。

3. 李先生家庭收入情况：

李先生月税后工资是 11 500 元，王女士月税后工资是 8 500 元；李先生税后年终奖为 19 000 元，王女士税后年终奖为 16 000 元。

4. 李先生家庭支出情况：

（1）租房支出 1 800 元/月；

（2）全家平均每月的日常生活支出 2 200 元；

（3）健身花费 3 000 元/年，电影花费 1 000 元/年；

（4）医疗费用：1 100 元/年；

（5）还贷款本金 1 000 元/月；

（不计存款利息收入；月收支均为年收支的 1/12）

（6）其他支出 600 元/月。

要点提示：

1. 题目中给出的财务资料为李先生提供的近一年的数据；

2. 填制收入支出表时不考虑投资收益；

3. 填制资产负债表时需要填写投资项目的当前市值。

要求：

（1）编制李先生家庭现金流量表（表 7-12）。

（2）编制李先生家庭资产负债表（表 7-13）。

实训步骤

步骤 1：编制李先生家庭现金流量表，见表 7-12。

表 7-12 家庭现金流量表

收入	
工资和薪金	$11\,500 \times 12 + 8\,500 \times 12 = 240\,000$
奖金和佣金	$19\,000 + 16\,000 = 35\,000$
自雇收入	
其他收入	

总收入	275 000	月收入	22 916.67

续表

支出			
日常生活支出	$2\,200 \times 12 = 26\,400$		
医疗费用	1 100		
商业保险费用			
其他支出	健身 3 000 + 电影 1 000 + 其他 600 × 12 + 消费贷款还款 1 000 × 12 = 23 200		
汽车支出			
房屋支出	$1\,800 \times 12 = 21\,600$		
总支出	72 300	月支出	6 025
总结余	202 700	月结余	16 891.67

步骤2：编制李先生家庭资产负债表，见表7-13。

表 7 - 13　家庭资产负债表

资产	
现金	20 000
活期	20 000
定期	30 000
货币市场基金	
期货	
债券	
股票	
基金	24 000
其他金融资产（其他）	
自住房	
汽车	
家具家电	
总资产	**94 000**
负债	
住房贷款	
汽车贷款	
信用卡透支	
消费贷款	24 000
总负债	**24 000**
净资产	**70 000**

实训 7 - 4

实训目标

完成客户风险特征分析，确定理财目标。

实训内容

王先生，30岁。妻子，25岁。两人刚结婚。王先生的税后收入5 000元/月

（扣除社保、医疗保险、公积金）；四大节日奖金，6 000 元/年；住房公积金，3.5 万元/年。妻子，税后收入 1 800 元/月（扣除社保、医疗保险，无公积金）。夫妻俩有 1 套 50 平方米的单位分住房，现出租，租金 600 元/月。家庭现有存款 10 万元。住房公积金 10 万元。投资股票 30 万元，现市值 11 万元，深套。单位为王先生买了 1 份终身福寿增值保险，已经交完保险费，估计到 60 岁后可以拿 60 万元。有旧车 1 部，非本人所有，只有驾驶权。日常支出 2 500 ~ 3 000 元/月。汽车费用 1 000 元/月。王先生买了永安康保险，每年交保费 5 000 元，交到 60 岁。

（1）王先生现在打算买 1 套 60 万元的商品房，其中，自己出 10 万元，可以通过父母资助 50 万元一次性付款（当然还是要还的）；

（2）计划 3~5 年后买 1 辆 10 万元左右的新车；

（3）由于明年即将有小孩，想为小孩买一份教育保险，也想帮妻子买一份医疗保险。

要求：

1. 根据风险承受能力评估表、风险承受态度评估表以及客户风险特征矩阵对王先生进行风险特征分析；

2. 确定理财目标；

3. 投资组合建议。

实训步骤

步骤 1：分析风险承受能力。

风险承受能力分析见表 7 – 14。

表 7 – 14　风险承受能力分析（客观因素）

分数	10 分	8 分	6 分	4 分	2 分	得分
30 岁	总分 50 分，25 岁以下者 50 分，每多 1 岁少 1 分，75 岁以上 0 分					45
就业状况	公务员	上班族	自由职业	个体	失业	8
家庭负担	未婚	双薪无子女	双薪有子女	单薪有子女	单薪养三代	8
置业状况	投资不动产	自有住宅无房贷	房贷 < 50%	房贷 > 50%	无自有住宅	8
投资经验	10 年以上	6 ~ 10 年	2 ~ 5 年	1 年以内	无	8
投资知识	专业人士	财经类毕业	自修有心得	懂一些	一片空白	4
总分						81

从测算结果来看，王先生风险承受能力高。

步骤 2：分析风险承受态度。风险承受态度测算表见表 7 – 15。

234

表 7 – 15　风险承受态度测算表

分数	10 分	8 分	6 分	4 分	2 分	得分
忍受亏损%	不能容忍任何损失 0 分，每增加 1% 加 2 分，可容忍 >25% 得 50 分					20
首要考虑	赚短线差价	长期利得	年现金收益	抗通货膨胀保值	保本保息	2
认赔动作	预设停损点	事后停损	部分认赔	持有待回升	不动产	4
赔钱心理	学习经验	照常过日子	影响	影响情绪小	难以成眠	8
最重要特征	获利性	收益兼成长	收益性	流动性	安全性	8
避免工具	无	期货	股票	外汇	不动产	10
总分						52

从测算结果来看，王先生风险承受态度中等。

步骤 3：客户风险特征矩阵。

根据表 7 – 7 客户风险特征矩阵得出王先生风险特征矩阵的风险态度评估为中态度、高能力。

步骤 4：确定理财目标。

（1）购买 1 套 60 万元商品房。

（2）购买 1 辆 10 万元左右的新车。

（3）由于明年即将有小孩，想为小孩买一份教育保险，也想帮妻子买一份医疗保险。

步骤 5：投资组合建议。

综合以上两个方面的因素，可以得出客户王先生风险特征矩阵，从而对其选择合适的投资组合建议是债券 30%、股票 70%。

任务 7 – 3　客户财务分析与财务评价

知识目标

1. 熟练进行客户资产负债表的编制和分析。
2. 熟练进行客户收入支出表的编制和分析。
3. 熟练进行家庭财务比率计算与分析。

能力目标

1. 能编制客户资产负债表和收入支出表。
2. 能运用简单的方法分析客户资产负债表和收入支出表。

3. 能通过财务报表和风险特征，对客户的理财需求作出准确的判断。

思政目标

1. 培养学生的思想道德素质、社会责任感和创新精神。
2. 坚守社会主义核心价值观。

思政阅读 7 - 2

弘扬工匠精神，追求卓越极致

工匠精神是一种追求卓越、精益求精的精神，它体现在对产品、服务和工艺的持续改进与不断完善上。工匠精神的核心在于对卓越的追求。这意味着理财规划人员在分析客户财务状况时判断精准，努力超越自我，为客户提供高质量的服务。永远不满足于现状，对自己的工作有强烈的责任感和使命感，在面对问题和挑战时，不畏惧、不退缩，勇于尝试新的解决方案。

知识储备

家庭财务状况分析是家庭财务管理的核心，是理财规划方案制订的基础。通过家庭资产负债表和收支表，从静态角度和动态角度分析客户的财务状况，以指标数值为基础，对客户的偿债能力、收支状况、储蓄结构和投资结构等方面进行分析，从而找出优化客户财务状况的措施，为客户制订客观、合理和科学的理财方案，帮助客户实现理财目标。

客户财务状况的分析主要包括资产负债分析、收入支出分析和财务比率分析三方面内容。根据家庭资产负债表数据，理财规划人员对客户可以进行财务状况定性分析。

一、资产负债表的编制与分析

客户的资产负债表是记录和分析客户资产和负债情况的重要工具，是衡量其财务状况是否良好和稳健的重要指标。资产负债表反映的是客户总的资产与负债情况，通过对资产负债表的分析，全面了解客户的资产负债情况。

（一）资产负债表的编制

资产负债表可以根据理财规划人员的习惯和客户的具体情况进行设计。第一次编制资产负债表时，要先列出资产清单和负债清单，并确定其现值。每个客户的财务状况都有所不同，在编制资产负债表时，可以根据客户的实际情况进行调整。

（二）资产负债表分析

1. 分别计算资产结构和负债结构

具体分析各项资产、负债的数额及其在总额中的比重。

2. 分别分析资产、负债和净资产情况

通过分析客户的个人资产负债表，理财规划人员不仅可以了解客户的资产负债情况，而且能够通过计算其净资产来判断客户拥有的实际财富数量。此外，还可以通过将客户目前的资产负债状况和往年的情况相比较，制订出改善客户目前财务状况的方案。

（1）资产分析。客户资产分为个人金融资产和个人实物资产两类。

个人金融资产根据资产的流动性又可分为现金类资产（现金和现金等价物）、其他金融资产两项。

现金类资产的特点是流动性强，风险很低，但收益性差，主要用于客户的日常开销。因此，这类资产如果占比较高，意味着客户的资产没有得到充分利用，势必影响总资产的收益性。通常情况下，这类资产的数额以满足3~6个月的开支较为适宜。现金类资产包括现金、各种类型的银行存款、货币市场基金等，这与企业会计的资产划分不同。

其他金融资产投资性高，收益较高，风险也较大。其他金融资产是客户为了获取投资收益而购买的资产，这类资产存在一定的风险，可以根据客户的风险偏好和国家宏观经济状况进行适当的配置。通常情况下，其他金融资产是使客户资产增值，实现其理财目标的关键要素。

个人实物资产根据资产的价值变动情况，通常分为升值性资产和折旧性资产。

升值性资产的特点是其价值能够随着市场供求状况而变动，通常具有升值的潜力，如房地产、珠宝和收藏品等。

折旧性资产的价值一般随着其使用年限的增加而降低，极少会有升值的潜力，如汽车和家具等。

因此，升值性资产具有投资价值，在理财规划中通过积极配置这类资产获得投资收益。折旧性资产在总资产中的占比过高，则不利于财富的积累，因此理财规划人员应建议客户平时注意对这类资产的支出。

（2）负债分析。负债根据偿还期限分为短期负债、中期负债和长期负债三类，不同类型的负债满足了客户差异化的需求。特别需要关注的是短期负债的数量。

长期负债和中期负债反映了对客户总体财富的要求，通常金额较高；而短期负债则反映了对客户资产的流动性要求，通常金额较低。如果总资产小于总负债，则客户的财务状况很差，理财规划人员应分析造成这种状况的原因，并建议客户立即采取措施（如增加收入、减少支出等）来改善现状。资产负债表中的负债部分应该体现出客户目前承担的所有债务项目，所以尽管有时客户并没有收到信用卡账单通知书，但只要责任已经产生了，就应该计入相关的项目中。为了真实地反映客户的收支现状，理财规划人员有时需要帮助客户估计一些数额尚未确定的债务，如当期信用卡透支额、应纳税额等。

（3）净资产分析。净资产指客户总资产减去总负债后剩下的那一部分财富，可以用于衡量在某一时点上客户能够真正支配的财富价值。净资产的计算公式为

$$净资产 = 总资产 - 总负债$$

净资产是客户真正拥有的财富价值。如果客户的净资产为负，并在短期内没有改善的可能，则该客户被认为已经"破产"。需要指出的是，客户偿还债务或用现金购买其他资产时，只是改变了资产负债表的结构，并未改变其净资产的数额。

净资产从两个方面分析。

①净资产规模。净资产规模越大，说明客户家庭拥有的财富越多，如果客户净资产为负数，说明这个家庭财务状况恶化，面临破产。

扩大净资产规模的方法，如开源节流、提高资产流动性、偿还债务。

②净资产的结构比率分析。净资产规模大并不意味着资产结构完全合理，需要进一步分析金融投资类资产、现金类资产所占比重。

假定某客户已经工作多年，收入处于所在地区的中上等水平，可以从以下几种情况分析。

一是客户的净资产为负，则说明其目前的财务状况不容乐观，有必要近期将部分债务尽快偿还，同时大幅度减少支出，增加收入。

二是客户的净资产低于其年收入的一半，则说明其有必要控制开支，需要进行更多的储蓄或投资，同时努力工作使收入增加。

三是客户的净资产数额在其年收入的一半和 3 年的收入之间，如果客户尚年轻，则其财务状况良好；但如果客户已经接近退休年龄，则仍有必要采取措施增加其净资产。

四是客户的净资产数额在其 3 年以上的收入总和之上，则该客户目前的财务状况良好，继续保持。

个人（家庭）资产负债表结构见表7-16。

表7-16 个人（家庭）资产负债表
年 月 日

资产		负债	
现金及活期存款		信用卡贷款余额	
预付保险费		消费贷款余额	
定期存款		汽车贷款余额	
债券		房屋贷款余额	
债券基金		其他	
股票及股票基金			
汽车及家电			
房地产投资			
自用房地产			
资产总计（1）		负债总计（2）	
净资产（1）－（2）			

二、收入支出表的编制与分析

客户的个人资产负债表和收入支出表为理财规划人员提供了丰富的数据，以这些数据为基础，理财规划人员可以根据需要计算出各项财务比率，并据此对客户的资产负债表和现金流量表进行深入分析。

（一）收入支出表的编制

收入支出表用于全面反映客户一定时期的收入与支出情况，一般以12个月为一个时间段，将客户在该时期内的收入、支出情况分别列出。

收入支出表的第一部分是客户的收入，它将客户在某一时期的收入加以列示。理财规划人员首先要确认客户所有的现金来源，多数客户的现金主要来自工资和投资收益，对于有些现金收入来源比较复杂的客户，还可能有租金、养老金收入和各种津贴等。

收入支出表的第二部分是客户的支出，它将客户在某一时期的支出加以列示。

支出可以分为两类：一类是经常性支出，这类支出在短期内比较固定，客户需要定期支付这些费用，通常包括住房物业管理费、餐饮费、交通费、所得税支出、社会保障费用、医疗保险费、人寿和财产保险费、住房和消费贷款偿还、子女教育费等；另一类是临时性支出，这类支出在客户的日常生活中偶尔会发生，而且金额不断变化，通常包括旅游度假费、购置衣物费、添置家具费、捐赠支出、娱乐费、父母生活费、增加子女教育费以及新增投资等。

收入支出表的第三部分是客户的盈余（赤字），它是在掌握了客户的收入和支出信息后计算得出的。盈余（赤字）的计算公式为

盈余（赤字）＝收入－支出

根据不同类型客户的实际情况，理财规划人员可以灵活地编制各种不同的收入支出表。收入支出表见表7－17。

表7－17　收入支出表

年　　月　　日

收入	金额	支出	金额
本人工资收入		基本生活费开销	
配偶工资收入		父母赡养费	
节日奖		子女教育费	
住房公积金		保费支出	
住房出租收入		非定期休闲大额支出	
福寿增值保险		车子费用	
收入合计		支出合计	
节余			

（二）收入支出分析

客户的收入支出表编制完成后，理财规划人员就可以对客户的收入、支出情况进行分析。分析收入支出表应重点关注以下几点。

（1）具体分析各项收入、支出的数额及其比重，认识一定时期内收入支出各项目对财务状况整体情况的影响程度，通过逐项分析，理财规划人员可以区分不同类型的收支项目对客户财务状况的影响程度，由此充分了解客户现金流量表的整体结构。

（2）对客户财务状况影响较大的经常性项目应重点关注。特别是异常、大额的收支项目要特别关注并分析其原因。通过对客户历年的收入支出表进行时间序列分析，可以发现对客户财务状况影响较大的经常性项目。

（3）分析客户的净现金流。对客户家庭未来收入支出作出谨慎性预测。任何客户都应该努力保持正的净现金流量。

改善收支状况可以采用增收、节支和出售部分资产三种方式。对于盈余较高的客户，理财规划人员应建议其在保持适当现金的情况下，进行投资或增加必要的开支。

240

三、财务比率分析

根据家庭资产负债表和收支表的数据，可以计算出多种财务比率，常见的财务比率主要有结余比率、投资与净资产比率、清偿比率、负债比率、即付比率、负债收入比率和流动性比率。

（一）财富累积能力指标

1. 结余比率

结余比率是家庭一定时期内（一般为1年）结余和税后收入的比值，它主要反映客户提高其净资产水平的能力。结余一般被用于投资或储蓄，均可增加客户的净资产规模，其公式为

$$结余比率 = 税后结余 \div 税后收入 \times 100\%$$

该指标数值越大，可用于投资、获得现金流的机遇越多，参考数值为30% ~ 50%。与此相关的一个比率是月结余比率，即每月收支结余与月收入的比率。月结余比率公式为

$$月结余比率 = （月税后收入 - 月支出） \div 月税后收入 \times 100\%$$

例7-1 某客户上年累计取得税后收入135 000元，年终结余45 000元，则其结余比率为45 000 ÷ 135 000 × 100% ≈ 33%。

2. 投资与净资产比率

投资与净资产比率是投资资产与净资产的比值，它反映了客户通过投资增加财富以扩大净资产规模的能力。投资与净资产比率计算公式为

$$投资与净资产比率 = 投资资产 \div 净资产 \times 100\%$$

其中，客户的"投资资产"包括资产负债表中"其他金融资产"的全部项目和"个人实物资产"中的投资性房地产及客户以投资为目的的黄金和其他收藏品等。获得投资收益是提高净资产水平的重要途径。通常情况，该比率参考数值保持在50% ~ 70%左右较为适宜，这样既可保持合适的增长率，又不至于面临过多的风险。客户财务比率分析参考表见表7-18。

表7-18 客户财务比率分析参考表

项目	参考值	实际数值	比率说明	状态	评价
结余比率	30% ~ 50%	10%	税后结余/税后收入	↓	偏低
投资与净资产比率	50% ~ 70%	52%	投资资产/净资产	-	正常
流动性比率	3 ~ 4倍或5 ~ 6倍	11	流动资产/每月支出	↑	偏高
清偿比率	60% ~ 70%	89%	净资产/总资产	↑	偏高

项目	参考值	实际数值	比率说明	状态	评价
资产负债率	50%左右	11%	负债总额/总资产	↓	偏低
负债收入比率	30%~40%	30%	年债务支出/年税后收入	-	正常
即付比率	60%~70%	175%	流动资产/负债总额	↑	偏高

例7-2 某客户的投资资产数额为 500 000 元，其净资产为 1 000 000 元，则其投资与净资产比率为 500 000 ÷ 1 000 000 × 100% = 50%，表明该客户的净资产中有一半是由投资组成，且投资比率适宜。

（二）风险抵御能力指标

风险抵御能力一般用流动性比率来表示，该指标反映客户的短期偿债能力，它是流动性资产与每月支出的比值，表明流动资产可以支付未来支出的月数，即客户的流动性资产能够维持几个月的支出。其计算公式为

$$流动性比率 = 流动资产 ÷ 每月支出 × 100\%$$

其中，"流动资产"通常指在未发生价值损失的情况下能够迅速变现的资产。资产负债表中的"现金及现金等价物"项目（包括现金、活期存款、短期债券、货币市场基金等）被视为流动资产。

由于流动资产的收益一般不高，所以流动性比率并不是越高越好。对于工作稳定、收入有保障的个人来说，资产的流动性并非首选，可以保持较低比值，保持在 3~4 倍；对于工作不稳定、收入无保障的客户，流动性比率应保持在 5~6 倍。

（三）综合偿债能力指标

1. 清偿比率

清偿比率又称净资产偿付比率，是净资产与总资产的比值，其计算公式如下：

$$清偿比率 = 净资产 ÷ 总资产 × 100\%$$

这一指标反映了客户综合偿债能力的高低，能够帮助理财规划人员判断客户面临破产的可能性。一般来说，清偿比率保持在 60%~70% 较合适。如果某客户净资产偿付比率过低，意味着他现在的生活主要依靠借债来维持，一旦债务到期或经济不景气，该客户的资产出现损失，则可能资不抵债；如果客户的清偿比率很高（接近1），则意味着该客户可能没有充分利用自己的信用额度，说明没有合理利用财务杠杆提高资产规模；可以考虑通过借款来进一步优化其财务结构。

例 7 - 3 某客户的净资产为 650 000 元，总资产为 1 000 000 元，其清偿比率为 650 000 ÷ 1 000 000 × 100% = 65%，表明该客户有足够的能力通过变现资产清偿债务。

2. 资产负债率

资产负债率又称负债总资产比率，是客户总负债与总资产的比值，用来衡量客户综合偿债能力。其计算公式为

$$资产负债率 = 负债总额 ÷ 资产总额 × 100\%$$

由于客户的负债与净资产之和等于总资产，所以资产负债率和清偿比率之和为 1。如果客户的负债总资产比率大于 1，实际上该客户的净资产为负，意味着他的财务状况不容乐观，从理论上来说，该客户已经破产。资产负债率参考值应为 50% 左右，但不应太低，否则不利于发挥财务杠杆作用。

上例中，资产负债率 = （1 000 000 - 650 000）÷ 1 000 000 × 100% = 35%。

3. 负债收入比率

负债收入比率又称债务偿还收入比率，是到期需要支付的债务本息与同期收入的比值，是判断客户在一定时期财务状况良好程度的指标。负债收入比率的计算公式为

$$负债收入比率 = 年债务支出 ÷ 年税后收入 × 100\%$$

对于收入和债务数额都比较稳定的客户，可以用年作为计算的周期。如果客户收入和债务数额变化较大，则应以月为周期进行计算。一般认为，该比率在 30% ~ 40% 比较合适，此时，其财务状况属于良好状态。

4. 即付比率

即付比率是流动资产与负债总额的比值，本指标反映客户利用可随时变现资产偿还债务的能力。即付比率计算公式为

$$即付比率 = 流动资产 ÷ 负债总额 × 100\%$$

其中，流动资产是指资产负债表中"现金及现金等价物"项目，这一指标应保持在 60% ~ 70%。即付比率偏低，意味着经济形势出现较大的不利变化时，无法迅速减轻负债以规避风险。即付比率过高，意味着客户注重流动资产，资产综合收益率低，财务结构仍不合理。

实训 7 -5

实训目标

进行客户财务分析与财务评价。

实训内容

根据客户情况，收集客户从 2022 年 11 月 1 日到 2023 年 10 月 31 日的家庭财务数据如下。

孙先生为某外企高层管理人员，税后年工资收入约 30 万元，今年 40 岁；妻子为国企职员，月税后工资收入 6 000 元，年终奖 5 万元，今年 36 岁。儿子孙阳 8 岁。2011 年夫妻俩已购买了一套总价为 90 万元的住宅，该房产还剩下 10 万元左右的贷款未还，因当初买房采用等额本息还款法，孙先生没有提前还贷的打算。夫妻俩在股市的投资约 70 万元（现值）。银行定期存款 25 万元左右；另外，孙先生有一处 50 平方米的出租住房，每月租金收入 1 880 元，房产的市场价值为 60 万元。每月补贴双方父母 2 000 元（双方父母有养老和医疗保障）；房屋的月供 2 000 元，家庭日常开销每月在 4 000 元左右，孩子教育费用月平均 1 000 元左右。每年外出旅游的花费在 12 000 元左右。两年前购买的保险理财产品目前现值 8 280 元。

要点提示：

（1）题目中给出的财务资料为孙先生提供的近一年的数据；

（2）填制收入支出表时不考虑投资收益；

（3）填制资产负债表时需要填写投资项目的当前市值；

（4）在计算流动资产时应注意客户的定期存款是否快要到期或者一年内到期，若是，则应计入流动资产中。

要求：

1. 为孙先生编制家庭资产负债表和收支表。

2. 对孙先生家庭财务状况进行分析。

实训步骤

步骤 1：编制孙先生家庭资产负债表，见表 7 -19。

表 7-19 孙先生家庭资产负债表

2023 年 10 月 31 日

资产		金额	负债	金额
	现金		住房贷款	100 000
	活期存款		汽车贷款	
	定期存款	250 000	信用卡透支	
	其他存款		消费贷款	
其他金融资产	货币市场基金			
	期货		其他负债	
	债券			
	股票	700 000		
	基金		负债合计	100 000
	保险理财	8 280		
实物资产	自住房	900 000		
	投资房	600 000		
	珠宝和收藏品			
	汽车			
	家具家电			
资产合计		2 458 280	净资产=资产-负债	2 358 280

步骤 2：编制孙先生家庭现金流量表，见表 7-20。

表 7-20 孙先生家庭现金流量表

2022 年 11 月 1 日至 2023 年 10 月 31 日

项目	种类	金额	项目	种类	金额
收入	工资薪金	372 000	支出	日常生活支出	48 000
	奖金和佣金	50 000		汽车支出	
	其他收入	22 560		医疗费用	
	自雇收入			房屋支出	24 000
	养老金和年金			商业保险费用	
	其他收入			其他支出	48 000
	收入合计	444 560		支出合计	120 000
结余					324 560

步骤 3：孙先生家庭财务比率分析。

清偿比率=净资产÷总资产×100%=2 358 280÷2 458 280×100%=96%，该客户家庭有非常强的还债能力。

即付比率=流动资产÷负债总额×100%=250 000÷100 000×100%=250%，

远高于 0.7 标准值，该客户利用可随时变现资产偿还债务的能力很强。

负债收入比率 = 年债务支出 ÷ 年税后收入 × 100% = 24 000 ÷ 444 560 × 100% = 5%，接近于 0.4 临界点，该客户家庭财务相对安全，还贷压力相对较小。

流动性比率 = 流动资产 ÷ 每月支出 × 100% = 250 000 ÷ 10 000 × 100% = 25%，该客户流动性比率远超标准值 3 倍，其流动性资产配置较多，资产收益较差。

每月支出 = （48 000 + 24 000 + 48 000）÷ 12 = 120 000 ÷ 12 = 10 000（元）

结余比率 = 税后结余 ÷ 税后收入 × 100% = 324 560 ÷ 444 560 × 100% = 73%，该客户在满足当年支出以外，还可将 73% 的收入用于增加储蓄或者投资，家庭净资产未来增长潜力较大。

投资与净资产比率 = 投资资产 ÷ 净资产 × 100% = 1 308 280 ÷ 2 358 280 × 100% = 55%，参考值在 50% 以上。投资资产包括股票、债券、基金等金融性资产与投资性房地产，700 000 + 600 000 + 8 280 = 1 308 280 元。

步骤 4：得出结论。通过分析，该家庭财务状况良好，总负债率较低，家庭储蓄能力强，未来家庭净资产增长潜力较大；投资性资产持有比例适度，但资产配置比较单一，风险较集中；流动性资产持有过多，使资产收益率下降；负债过低，没有充分发挥财务杠杆去扩大家庭资产的规模。因此合理配置资产，做好各种规划将是家庭理财的重点。

任务 7-4　制订、执行和监控理财方案

知识目标

1. 了解理财规划方案的综合分析。

2. 了解理财规划方案的执行。

3. 了解理财规划方案的监控与调整。

能力目标

1. 能对理财规划方案进行综合分析。

2. 能够为客户制订合理的综合理财规划方案并形成综合理财规划书。

3. 能对理财规划方案进行评估和调整。

4. 熟悉个人理财规划流程。

思政目标

1. 培养学生良好的思想道德素质和人生价值观。
2. 培养学生的社会责任感和创新精神。
3. 培养学生的遵纪守法意识。

思政阅读 7-3

制订理财规划方案最基本的目的就是保障客户的财务安全。理财人员一方面需要根据客户的财务状况、投资目标、风险承受能力等情况，为客户提供综合性的财务规划方案和采取合理的风险管理措施，确保客户的资产在各种市场环境下都保持安全和增值；另一方面需要了解和遵循相关法律法规与行业规定，确保客户的资产合法、合规。注重客户关系维护和持续的专业发展，提高自己的专业能力和服务水平，以满足客户不断变化的需求。

知识储备

一、理财规划方案的制订

在计划实施中，理财规划人员首先要确定理财计划的实施步骤，然后根据理财计划的要求确定匹配资金的来源，最后还需要整理出理财计划实施的时间表。

随着时间的推移和环境的变化，原来制订的理财方案可能与现实情况不完全相符。因此，应该定期对理财方案的执行情况进行检查和评估。

理财规划人员在建立了客户关系、确定了客户理财目标、进行客户分析后，需要根据客户需求运用掌握的专业知识，结合客户的实际情况制订具体的理财规划方案。

理财规划人员针对服务对象制订出具体的理财规划方案后，要对理财规划方案进行以下几方面的分析。

（一）可行性分析

通过综合归纳各项具体规划，模拟运行现金流，分析各时间段的资金状况，最终确定理财规划方案可行与否。

（二）敏感度分析

通过变动利率、投资报酬率、折现率、通货膨胀率分析得出对目标实现的影响。

（三）理财报告

在分析完成后，向客户出具书面的、正式的理财报告书，并与客户充分沟通，使客户了解并认同。一份完整的理财报告包括以下内容。

（1）声明。声明包括免责声明及其他限制说明。声明通过法律文书的形式明确了理财规划人员与客户的代理关系，不仅使双方明确自己的责任和义务，还为整个理财规划确立了基本前提。

（2）摘要。摘要包括一些重要提示、客户情况的简短回顾和重点内容的简要介绍。摘要可以使客户对自己的理财规划一目了然。

（3）假设。假设主要包括通货膨胀率、工资增长水平、平均收益、税率的假设等。在进行假设时，应当谨慎保守。

（4）情况介绍。情况介绍包括客户基本信息介绍和理财目标陈述。

（5）客户分析。客户分析包括资产负债分析、收入支出分析、现金流分析、比率分析、行为分析、风险承受能力分析等。

（6）方案设计。方案设计包括具体方案的设计内容、各类产品信息和风险提示。方案设计中，理财策略需要合理、简明，具体建议需要翔实可行。

（7）执行跟踪。执行跟踪包括执行交易、定期评估、家庭变化、职业变化、突发事件后的适当调整。

二、执行理财规划方案

在根据客户的需要和要求制订出详尽的理财规划方案并取得客户认同后，下一个环节就是执行理财规划方案，这是理财规划中最实质性的工作。

理财规划方案的具体执行者可以是理财规划人员，也可以是客户指定的其他专业人士，还可以是客户本人。理财规划人员应该使客户了解，理财规划人员作为理财规划方案的制订者，对客户家庭的综合财务状况和理财规划方案最为熟悉，在方案的执行过程中可以及时应对市场和客户家庭的变化，并适时对理财规划方案进行适当调整以适应市场和客户的需要。因此，理财规划人员是理财规划方案最恰当的执行者。

（一）获得客户的授权

一般情况下，客户会选择理财规划人员作为理财规划方案的执行者。为了明确理财规划人员和客户之间的权利与义务，避免与客户之间发生不必要的法律纠纷，由于理财规划人员在执行理财规划方案时，必然要代理客户进行证券投资、不动产交易或者保险产品的买入及理赔等资产管理活动，因此，理财规划人员必须取得客户关于相关事务的书面代理授权和信息披露授权书。

（1）书面代理授权。在理财方案的实施过程中可能会发生如下行为：如股票债券投资、信托基金投资、不动产交易过户、保险买入与理赔等，因此理财规划人员必须取得客户关于这些相关事务的书面代理授权。对于某些特别重要的行为，还要取得特别代理授权，即由客户签名的代理合同。代理合同需载明代理人姓名、代理事项、代理权限范围、代理的有效期限等，并对理财规划人员资质、理财规划方案实施效果及其他双方认为应当声明的事项进行说明。

理财规划人员在行使代理权时，应注意以下两点：一是亲自行使代理权；二是必须从客户利益出发，忠实、谨慎地处理事务。

（2）信息披露授权书。理财规划人员在理财方案实施过程中，不可避免地会涉及客户的基本信息、财务状况、工作背景等部分个人信息的披露。如果理财规划人员未经客户许可擅自将客户的个人信息泄露，无疑会引起客户的不满，在某些情况下甚至会引起法律纠纷。为了避免此类不愉快事件发生，理财规划人员必须取得客户的信息披露授权书。授权书中应对理财规划人员可以对外披露客户信息的条件、场合、披露程度等必要内容进行规定。

（二）制订理财规划方案的实施计划

制订理财规划方案的实施计划，主要是针对客户的理财目标所涉及的不同规划制订详尽的时间计划，合理匹配资金，选择恰当的投资产品，安排具体的执行人员、实施方法和行动步骤等。

（1）时间安排。将针对各个理财目标所制订的理财规划方案按照轻重缓急进行分类排序，编制具体的时间计划，明确各项操作的次序及实现每个目标所需要的行动步骤，并说明实现该计划需要的时间。

（2）资金运用。在执行针对不同理财目标制订的各项理财规划方案之前，要明确实现各目标的资金来源，保障资金的需求，同时要安排好这些资金的使用，以确保预期目标的实现。

（3）人员安排。理财规划方案涉及面极其广泛，理财规划人员虽然是理财方面的专家，但也不可能面面俱到，因此在理财规划方案的实施过程中，要根据客户的理财目标需求和投资组合设计来选择相应的投资专家、保险专家、税务专家、律师、会计师等人员参与配合，组成一个技术全面的理财团队。

（4）产品选择。在理财规划方案中，首先是对投资策略（即投资结构）进行配置，其次是选择不同的投资类别，然后再选择投资工具，但落实到投资行为上就必然涉及具体的投资产品。因此，在理财规划方案的实施计划中，需要根据客户的风险特征、当前金融市场状况及投资组合设计来选择合适的产品。

（5）资料管理。在理财规划方案的具体实施过程中，必然会产生大量的文件资料，如理财规划服务合同、客户授权书、财务分析报告、会议记录等，这些资料都需要由专人保管，形成资料库，以保证安全，方便查找，同时也可以避免一些不必要的法律纠纷。

（三）征求客户意见

在理财规划方案实施计划的制订过程中，理财规划人员应该积极地与客户进行交流和沟通，向客户详细地解释每一个行动步骤的目标和意义，认真听取客户的修改意见，根据客户意见及时调整和修改实施计划，让客户也能积极地参与实施计划的制订。

理财方案本身不是一成不变的，在执行理财方案过程中，当理财方案的假设前提发生变化或者客户的财务情况发生重大变化时，理财方案需随时调整，因此理财方案的制订和执行都是动态过程。理财规划人员在执行理财计划时应注意以下问题。

（1）在理财计划执行之前，一定要对客户进行风险提示。

（2）无论是在实施计划制订的过程中，还是在完成之后，都应当积极、主动地与客户进行沟通和交流，让客户亲自参与到实施计划的制订和修改的过程中来。

（3）执行理财计划必须首先获得客户的执行授权。

（4）妥善保管理财计划的执行记录。

三、理财规划方案的监控与调整

随着时间的推移和环境的变化，原来制订的理财规划方案可能与现实情况不完全相符。因此，应该定期对理财规划方案的执行情况进行检查和评估，及时与客户沟通实施结果，并根据执行情况与现实情况的差异对理财规划方案进行适当的修正和调整。

（一）理财规划方案的评估

（1）适用情况。在理财规划方案实施过程中，宏观经济环境因素和客户自身状况都有可能发生变化，从而影响理财规划方案的可实现性。即使以上因素没有发生较大变化，在理财规划方案执行一段时间以后，理财规划人员也需要了解方案的执行效果。因此，理财规划方案每实行一段时间后，理财规划人员就可以根据客户需求对方案的执行和实施情况进行评估，以便及时与客户沟通，并对方案进行及时调整。

（2）评估频率。对于理财规划方案执行情况的评估，可以每季度进行一次，也可以每半年一次，还可以是每年进行一次，具体时间要视条件变化和客户自身需要而定。例如，财务状况比较稳定的客户就可以相应减少评估次数，风险厌恶型的客户注重长期投资、价值投资，因此其理财方案的评估次数也可以相应减少。

（3）评估步骤。对客户理财规划方案执行效果的评估，实际上就是对整个理财过程主要步骤的重新分析和再次评价。其具体包括以下几个步骤。

①核实客户的理财需求和目标是否发生变化。考察客户原来的理财目标，看看哪些目标有变化，各个目标的重要性和紧迫性有什么变化。

②评估客户财务状况与投资策略。根据原来的专项方案，分析到评估之日应该达到的财务目标，再评估当前实际达到的水平，看看是否存在差距，并找出原因。

③研究环境的变化。分析自上次评估以来，哪些宏、微观因素发生了变化，发生多大的变化，将来是否会继续变化，如何变化。研究这些变化对理财方案有什么影响，判断当前投资组合是否能够实现客户的理财目标，若不能实现目标，要找出具体原因，分析如何调整以应对新情况。

④调整投资组合。评估当前投资组合的资产价值和业绩，当原有方案无法达到预定目标时，调整投资组合，修改方案，帮助客户实现其理财目标。

⑤向客户解释新方案。及时与客户沟通，征求客户意见，并获得客户授权。

⑥实施新方案。实施并预测新方案在下次评估时能实现的阶段性目标。

（4）评估内容。在理财规划方案实施效果的评估中，最为核心的内容就是对客户状况、理财规划方案的投资策略和投资资产组合的评估。

（二）理财规划方案的调整

根据评估内容可以重新设计理财规划方案，即根据变化后的市场条件和客户状况对投资策略和投资组合进行调整，再次确定恰当的投资结构，选择合适的投资类型和产品组合。

当评估之后，理财规划方案已确认需要进行调整的，理财规划人员在与客户进行必要沟通后，应及时对人员安排和资金运用计划作出相应调整。调整的具体程序如下。

（1）情况说明。理财规划人员应向客户出具书面意见，说明理财方案原先的设计依据发生了变化，新形势下客户原有的财务目标无法顺利实现，因此有必要对理财策略、建议等进行修订。

（2）会谈记录。应详细记录双方就方案修改所进行的讨论内容。

（3）客户声明。客户应出具书面说明，同意理财规划人员就新情况对理财方案进行修改。

（4）方案确认。理财规划人员在方案修改完毕后，应及时与客户进行讨论沟通并取得客户签署的确认函。同时理财规划人员应书面通知所属部门。

（5）修订执行计划。理财规划人员应根据修改内容对执行计划进行相应调整。

实训 7 – 6

实训目标

1. 收集、整理客户资料，进行客户财务分析与财务评价。

2. 制订理财规划方案。

3. 执行和监控理财规划方案。

实训内容

客户基本信息整理。

戴先生，男，32 岁，研究生毕业，现于滨江区某大数据科技公司担任研究员一职。家庭成员：妻子胡女士，25 岁，本科学历，曾于公司工作，两人有一个女儿戴子墨，2 岁。

家庭地址：滨江区阳光宜居 A 栋 18××室。联系方式：1350988××××。

要点提示：不同生命周期收入支出情况表见表 7 – 10。

要求：

1. 整理客户信息填入客户基本信息调查表，见表 7 – 21。

表 7 – 21　客户基本信息调查表

项目	本人	配偶	女儿	其他成员
姓名	戴先生	胡女士	戴子墨	
性别	男	女	女	
年龄	32	25	2	
出生地点	滨江区	滨江区	滨江区	
参加工作时间				
职业	科研人员	职员		
职称	研究员			
学历	研究生	大学本科		
工作单位	某大数据科技公司			
工作安全程度	安全	安全		
退休日期				
婚姻状况（已、未、离、再）				
健康状况	健康	健康	健康	
家庭病史	无	无	无	

续表

项目	本人	配偶	女儿	其他成员
家庭地址	滨江区阳光宜居A栋18××室			
移动电话	1350988×××			
单位地址				
单位电话				
电子邮件				

2. 判断客户家庭所处生命周期。

实训步骤

步骤1：整理客户信息。

将客户基本信息填入表7-21。

步骤2：判断客户家庭所处生命周期。

客户家庭所处生命周期为家庭成长期，可支配收入高；支出高；抗风险能力中。

实训7-7

实训目标

1. 收集、整理客户财务资料。

2. 进行客户财务分析与财务评价。

实训内容

时间：2023年3月1日—2023年8月31日。

戴先生当前每月工资为9 100元，年终奖为22 000元，五险一金每月缴纳820元，单位1:1配比缴纳。妻子胡女士每月工资为42 000元，因公司裁员，于6月底待业在家，工作期间有缴纳五险一金，公积金每月缴纳1 660元，由单位1:1配比缴纳，被裁员后，每月可以领取1 163元的失业救助金。

夫妻二人现在居住房屋的建筑面积为145平方米，房屋是戴先生在2016年10月婚前按最低首付按揭购买的，当时购买价为每平方米6 100元，现已涨价至每平方米16 500元。戴先生购房时，采用了商业贷款的形式，还款期限30年，利率为商业贷款基准利率下浮5%，从买房后当月的第三个月开始以等额本息的方式按月还款。房子的物业费每平方米1.80元/每月，水、电、网费平均每月230元。

2021年12月，夫妻二人购买了一辆汽车，价格为20.98万元。由于汽车是消耗品，现值19.3万元。购车时首付了五成，剩余部分采取商业贷款，贷款利率为基准利率4.75%，贷款期限为3年，购买次月开始采用等额本息的方式进行还款。

目前戴先生家庭有现金 2 500 元、活期存款 135 800 元，2021 年 3 月存入了一笔 3 年期的定期存款 5 万元，2022 年 4 月存入了一笔 3 年期的大额存单 20 万元。妻子胡女士在两年前开始投资国债，投资金额为 50 000 元，年均收益率为 4.85%，2023 年 1 月购买了股票型基金 6.5 万元，至今上涨了 15.5%。戴先生先前在朋友的指导下购买了 A 股票 16 500 元，目前市值为 18 050 元，购买了 B 股票 35 000 元，目前已经下跌了 3%，并购买了 C 原油期货 14 万元，至今上涨了 10.8%。同时，胡女士酷爱收藏字画，三年前花 5 000 元购买的字画现增值了 450%。

戴先生家庭平均每月日常生活支出 2 500 元，汽车燃油费平均每月 400 元，汽车保险每年 3 000 元。胡女士购买护肤品每年约支出 5 000 元，家庭购买服装每年 4 000 元，家庭每年一次的旅行大约需要支出 55 000 元，每年看电影等娱乐活动约 800 元，每年医疗费用约 1 500 元。戴先生给自己和妻子分别购买了 30 万元意外险，两人每年保费分别支出 600 元，还给戴先生的父母二人各购买了 100 万元健康与重疾险，每年保费分别支出 3 200 元。

要点提示：

（1）填制收入支出表时不考虑投资收益；填制资产负债表时需要填写投资项目的当前市值。

（2）本案例中现金流量表的区间为：2023 年 3 月 1 日—2023 年 8 月 31 日，填表日期为：2023 年 8 月 31 日。

（3）滨江区买房首付比例：首套房贷首付 30%，二套房贷首付 60%，二手房也是 60%。

（4）现金流量表项目明细。

日常生活开支：水、电、网、气等费用，通信费，交通费，日常生活用品，外出就餐等。

房屋支出：租金、商业贷款支出、还款支出、修理、物业、维护和装饰（本案例中的收入为已扣除五险一金，所以公积金贷款不纳入房屋支出）。

汽车支出：贷款支出、汽油及维护费用、过路费及停车费等。

商业保险费用：人身保险、财产保险、责任保险等。

其他支出：个人护理支出、购买衣物开支、休闲和娱乐等。

其他收入：失业救助金和公积金月余额算作其他收入。

（5）资产负债表：个人借款属于其他负债项目。

（6）商业贷款基准利率。

贷款期限 6 个月至 1 年（含）：4.35%。

贷款期限 1~5 年（含）：4.75%。

贷款期限 5 年以上：4.9%。

（7）公积金贷款基准利率。

贷款期限在 5 年以内（含）：2.6%；贷款期限在 5 年以上：3.1%。

（8）客户收入是否稳定，若收入稳定，那么他的应急准备金应准备 3~4 个月；若不稳定，则应急准备金应准备 5~6 个月。

（9）计算财务比率中的各项数据来自本现金流量表及资产负债表。

（10）本实训里的所有收入均为税后实发金额，工资中已经扣除五险一金。

（11）不计存款利息收入；月收支为半年收支的 1/6；半年的年终奖应减半计算。

（12）快要到期或者 1 年内到期的定期存款和货币市场基金应计入流动资产中。

（13）注意：所有计算结果保留到小数点后两位，整数取整。

要求：

1. 编制 2023 年 3 月 1 日—2023 年 8 月 31 日期间戴先生家庭资产负债表，见表 7－22。

表 7－22　戴先生家庭资产负债表

2023 年 8 月 31 日　　　　　　　　　　　　　　　　　　　　　　　　　　元

资产	
现金	2 500
活期	135 800
定期	250 000
货币市场基金	
期货	155 120
债券	54 967.61
股票	52 000
基金	75 075
投资资产小计	337 162.61
珠宝和收藏品	27 500
其他金融资产（其他）	
自住房	2 392 500
汽车	193 000
家具家电	
总资产	**3 338 462.61**
负债	
住房贷款	545 020.21
汽车贷款	48 468.12
信用卡透支	
消费贷款	

续表

总负债	593 488.33
净资产金额	2 744 974.28

注：汽车贷款每月还款 PMT（104 900，N 36，R 4.75%）=3 132.19 元，汽车支出 3 132.19×6+400×6=21 193.14；房贷每月还款 PMT（619 150，N 360，R 4.66%）=3 196.28 元；房屋支出 3 196.28×6+145×1.8×6=20 743.68 元。

2. 编制 2023 年 3 月 1 日—2023 年 8 月 31 日期间戴先生家庭现金流量表，见表 7-23。

表 7-23　戴先生家庭现金流量表

2023 年 8 月 31 日　　　　　　　　　　　　　　　　　　元

收入
工资和薪金　222 600（9 100×6+42 000×4）
奖金和佣金　11 000
自雇收入
其他收入　25 446（820×2×6+1 660×2×4+1 163×2）

总收入	259 046	月收入	43 174.33

支出
日常生活支出　16 380（2 500×6+230×6）
医疗费用　750
商业保险费用　5 300
其他支出　32 400
汽车支出　21 193.14
房屋支出　20 743.68

总支出	96 766.82	月支出	16 227.8
总结余	162 279.18	月结余	27 046.53

3. 分析戴先生家庭财务比率。

实训步骤

步骤 1：编制 2023 年 3 月 1 日—2023 年 8 月 31 日期间戴先生家庭资产负债表，见表 7-22。

步骤 2：编制 2023 年 3 月 1 日—2023 年 8 月 31 日期间戴先生家庭现金流量表，见表 7-23。

步骤 3：进行客户财务分析与财务评价。

（1）结余比率=税后结余÷税后收入×100%

=27 046.53÷43 174.33×100%=63%。

诊断：该指标数值越大，说明客户财务状况越好，可用于投资、获得现金流的机遇越大。一般参考数值为 30%~50%。戴先生家庭结余比说明税后收入中的 63% 被结余出来，结余比率偏高。

（2）投资与净资产比率＝投资资产÷净资产×100%

＝（155 120＋54 967.61＋52 000＋75 075）÷2 744 974.28×100%＝337 162.61÷2 744 974.28×100%＝12%。

诊断：该指标表明戴先生家庭净资产中只有12%是由投资组成。通常情况下，该比率参考数值保持在50%~70%较为适宜，这表明该客户的投资净资产比12%偏低。

（3）流动性比率＝流动资产÷每月支出×100%

＝（2 500＋135 800＋50 000）÷16 127.80×100%＝188 300÷16 127.80×100%＝11.68%。

诊断：一般流动性比率为"3~4或5~6"比较适宜，即流动性资产能够维持3~4个月或5~6个月的开支，表明戴先生家庭该家庭的流动性比例偏高。

（4）清偿比率＝净资产÷总资产×100%

＝2 744 974.28÷3 338 462.61×100%＝82%。

诊断：清偿比率的变化范围为0~1。保持在60%~70%较合适。很明显该家庭的清偿比例偏高，表明该客户有足够的能力通过变现资产清偿债务。

（5）资产负债率＝负债总额÷资产总额×100%

＝593 488.33÷3 338 462.61×100%＝18%。

诊断：该指标参考值应在50%左右，说明该家庭的资产负债率偏低。

（6）负债收入比率＝年债务支出÷年税后收入×100%

＝（3 196.28＋3 132.19）÷43 174.33×100%＝15%。

诊断：一般认为，该比率30%~40%较合适，该家庭的负债收入比偏低；

（7）即付比率＝流动资产÷负债总额×100%

＝（2 500＋135 800＋50 000）÷593 488.33×100%＝32%。

诊断：这一指标应保持在60%~70%。该家庭的即付比率偏低。

实训7-8

实训目标

确定理财目标。

实训内容

夫妻二人打算在3年后带上女儿和父母一起去出国旅游，该计划可变更；为了女儿未来有更好的教育，夫妻二人打算在9年后让女儿参加交换生活动，该计划不可变更；戴先生计划60岁的时候退休，该计划可以变更。（《全国人民代表大会常务委员会关于实施渐进式延迟法定退休年龄的决定》第三条规定："职工达到最低缴费年限，可以自愿选择弹性提前退休，提前时间最长不超过三年，且退休年龄不得低于女职工五十周岁、五十五周岁及男职工六十周岁的原法定退休年龄。"）

要求：

1. 分析戴先生目前的理财目标。

2. 分析戴先生目前的理财目标的可行性。

实训步骤

步骤1：确定短期目标。

旅游，预期实现时间3年，目标可变更。

步骤2：确定中期目标。

教育，预期实现时间9年，目标不可变更。

步骤3：确定长期目标。

退休，预期实现时间28年，目标可变更。

实训 7－9

实训目标

确定现金需求分析。

实训内容

虽然夫妻二人目前的生活十分稳定，但是戴先生担心遭遇突发事件，所以他打算向理财规划人员咨询一下。理财规划人员对戴先生家庭的现金流情况进行了分析，推荐他将现金、银行活期存款、股票、货币市场基金作为现金规划工具。

要点提示：

（1）客户收入是否稳定，若收入稳定，应急准备金应准备3~4个月的支出，若不稳定，则应急准备金应准备5~6个月的支出。

（2）在计算流动资产时应注意客户的定期存款是否快要到期或者1年内到期，若是，则应计入流动资产中。

要求：

1. 为戴先生家庭进行现金需求分析。

2. 为戴先生制订现金规划工具（注意：所有计算结果保留到小数点后两位，整数取整）。

实训步骤

步骤1：确定现金规划工具。

现金，银行活期存款，股票，货币市场基金。

步骤 2：现金需求分析。

（1）分析客户用作应急准备金的资产。

一般用流动性高的现金、活期存款、短期定期存款和货币市场基金作为应急准备金。客户的流动性资产为现金 2 500 + 活期存款 135 800 + 一年内到期 50 000 = 188 300 元。

（2）确定日常生活开支 16 127.80 元。

（3）确定应急准备金。

客户收入稳定，应急准备金为准备 3 ~ 4 个月的支出，即 48 383.4 ~ 64 511.2 元。目前，客户现金 2 500 元，活期存款 135 800 元，定期存款 250 000 元，应急准备金明显偏多。

（4）分析流动性比率。

流动性比率表明流动资产可以支付未来支出的月数，客户流动比率为：188 300 ÷ 16 127.80 × 100% = 11.68%，如果客户收入不稳定，应急准备金为 5 ~ 6 个月的支出，所以应急准备偏高。

实训 7 – 10

实训目标

制订戴先生家庭保险规划。

实训内容

戴先生认为世事无常，需要提前做好准备，所以他请到了专业的保险师，分析自己现有的保险能否很好地起到风险保障的作用。

据保险分析师了解，戴先生和他的妻子除了单位缴纳的五险一金外，还分别购买了 30 万元的意外险。目前，戴先生的妻子胡女士已入职新的公司工作，年收入为 260 000 元。保险分析师根据情况，在医疗险、重疾险、寿险、意外险四大险种中，建议戴先生另外购买寿险及重疾险，同时增加购买意外险的份数。

要点提示：

（1）收入占比 = 个人的年收入 ÷ 家庭总收入（计算结果保留到小数点后两位，整数取整）× 100%。

（2）保险规划中胡女士个人的年收入为 260 000 元，家庭年收入为家庭半年收入乘以 2。

（3）寿险及重疾险、意外险保险金额的确定，适用于双十原则，即保额是个人年收入的 10 倍，保费是个人年收入的 1/10。（保额要精确到万元）

要求：

1. 分析戴先生家庭的优先被保险人。

2. 确定优先被保险人需购买的人寿险及意外险的保额及保费。

实训步骤

步骤1：优先被保险人的确定。胡女士，年龄：25岁，职业：上班族，个人年收入260 000元，个人年收入占家庭年收入比重：

$$260\ 000 \div [(222\ 600 + 11\ 000 + 25\ 446) \times 2] \times 100\% = 50.18\%$$

步骤2：建议保费支出计算。

①双十原则：保额是个人年收入的10倍，保费是个人年收入的1/10。②保险费率：以30岁男性为例，寿险及重大疾病保险每10万元保险金额的保费为3 300元，年龄每增减1岁，相应保费增减100元；以30岁女性为例，寿险及重大疾病保险每10万元保险金额的保费为3 000元，年龄每增减1岁，相应保费增减100元。个人普通意外伤害保险每10万元保险金额保费为200元。

步骤3：确定保险金额。

假设购买寿险及重大疾病保险 X 份，购买意外险 Y 份。根据双十原则得方程式如下：

$$100\ 000\ (X + Y) = 260\ 000 \times 10$$
$$(3\ 000 - 500)\ X + 200Y = 260\ 000 \div 10$$

解得 $X = 9$，$Y = 17$。所以，建议寿险及重大疾病保险金额90万元，已买意外险保额30万元，建议意外险保额140（17×10万 -30万）万元。

步骤4：确定保费金额。

寿险及重大疾病保险金额90万元，建议保费支出22 500（$9 \times 2\ 500$）元。已买意外险保费支出600元，意外险建议保费支出2 800（$17 \times 200 - 600$）元。

实训 7-11

实训目标

制订戴先生家庭教育规划。

实训内容

戴先生的女儿在美术方面很有天赋，女儿非常喜欢画画，戴先生和妻子也都希望自己的女儿在美术方面能有很好的成就，决定从小学开始送女儿学习美术。目前儿童美术学习班一年的学费是1.2万元，每年增长速度为2.58%。戴先生决定在孩子开始学习美术时就能准备好未来6年的美术学费（假设入学后所有费用不变）。理财规划人员建议戴先生为孩子设立一个教育基金来支付孩子儿童美术班的学费，每月投入一笔固定的钱，直到孩子开始学习美术，假定年投资收益率为6.82%。

要点提示：

（1）届时教育资金总需求＝［目前学费水平教育资金需求×复利终值系数（其中，r为学费增长率，n为筹集资金年限，期末）］×年金现值系数（其中，r为年投资收益率，n为学习年限，期初），适合入学后学费及生活费增长为0的情况。

（2）每月定投资金＝PMT（r，n，F）（其中，F为教育资金缺口，r为预期月投资收益率，n为定投期数）

（3）小学是7岁开始入学。

要求：

1．计算戴先生女儿的教育金缺口。

（1）教育资金总需求。

（2）教育资金缺口分析。

2．计算戴先生每月月初应定投多少金额。（计算结果保留到小数点后两位，整数取整）。

实训步骤

步骤1：目前年学费水平在入学年终值。

使用财务计算器或财务函数FV得到FV（2.58%，5，12 000）＝13 629.96元。

步骤2：教育资金总需求。

使用财务计算器或财务函数PV得到PV（6.82%，6，13 629.96，1）＝69 785.87元。

步骤3：因没有教育准备金，所以教育资金总需求即教育资金缺口69 785.87元。

步骤4：每月定投资金。

使用财务计算器或财务函数PMT得到PMT（6.82%/12，5×12，69 785.87，1）＝973.77元。

实训 7 - 12

实训目标

制订戴先生家庭住房规划。

实训内容

夫妻二人希望在女儿读初中前在学校附近购置一套学区房，预计11年后购买。目前学校周围的房价为13 500元/平方米，且购房时需要支付3%的契税。夫妇二人打算以戴先生的名义申请商业贷款、采用最低首付比例、最长贷款期限的方式购买房子，选取贷款利率最低的银行进行贷款。戴先生打算将两只股票和期货全部卖掉，再加上大额存单作为购房准备金。预计投资的年化收益率为7.18%。银行贷款基准利率 5 年期以上 LPR 为 4.65%。

要点提示：

（1）滨江区的限购政策为首套房首付 30%，二套房首付 60%。

（2）贷款利率。

中国银行贷款利率：LPR 上浮 30%。

中国建设银行贷款利率：LPR 上浮 25%。

交通银行贷款利率：LPR 上浮 15%。

浦发银行贷款利率：LPR 上浮 10%。

（3）本题不考虑其他购房限制政策。

（4）房贷贷款年限，男性不超过 65 岁，女性不超过 60 岁。

（5）年结余不考虑在购房准备金中。

（6）税费在购房时以现金方式足额缴纳，不可贷款。

要求：

1. 分析客户的购房需求，确定其购房总价。

2. 计算首期还款额（计算结果保留到小数点后两位，整数取整）。

实训步骤

步骤 1：确定其购房总价。

（1）计算目前的购房准备金。

$$155\,120 + 52\,000 + 200\,000 = 407\,120（元）$$

（2）计算购房准备金的终值。

使用财务计算器或财务函数得到 FV（7.18%，11，407 120）= 872 918.54 元。

（3）确定其购房总价。

因戴先生所购为二套房，根据规定，二套房首付占总价 60%，需要支付 3% 的契税，设购房总价为 X，购房是需要支付首付和税款，则有

$$(0.6 + 0.03)X = 872\,918.54$$

得到 $X = 1\,385\,584.98$，即购房总价为 1 385 584.98 元。

步骤 2：计算首付款金额。

$$1\,385\,584.98 \times 60\% = 831\,350.99（元）$$

步骤 3：计算商业性住房贷款金额。

需要贷款金额 1 385 584.98 × 40% = 554 233.99（元）

步骤 4：计算首期还款额。

（1）计算贷款年限。

目前戴先生 32 岁，拟 11 年后买房，房贷贷款年限，男性不超过 65 岁，则拟贷款年数 22 年，还款期数 264 期。

（2）计算房贷利率。

银行贷款基准利率 5 年期以上 LPR 为 4.65%，戴先生选取贷款利率最低的银行浦发银行进行贷款，贷款利率 LPR 上浮 10%。戴先生房屋贷款利率为：4.65%（1 + 10%）＝5.12%。贷款方式为商业贷款。

步骤 5：计算首期还款额。

使用财务计算器或 Excel 得到 PMT（5.12%/12，264，554 233.99）＝3 503.18 元。

实训7－13

实训目标

制订戴先生家庭投资规划。

实训内容

戴先生觉得自己现有的资产组合不合理，希望理财顾问进行调整，提供一个合理的解决方案，以获得更高的投资收益。请对戴先生风险承受态度、风险承受能力进行评估并得出风险特征矩阵，为戴先生作出投资规划。

要点提示：

股票型基金属于高风险产品。

要求：

1. 请为戴先生进行风险评估测试。

2. 判断适合戴先生家庭的投资组合。

3. 根据投资组合制订投资理财方案。（计算结果保留到小数点后两位，整数取整）

实训步骤

步骤 1：风险承受态度评估。

戴先生风险承受态度得分 78 分，风险承受态度评估表见表 7－24。

表 7－24　风险承受态度评估表

分数	10	8	6	4	2	得分
忍受亏损	不能容忍任何损失 0 分，每增加 1% 加 2 分，可容忍 ＞25% 得 50 分					40
首要考虑因素	赚短期差价	长期利得	年现金收益	抗通货膨胀保值	保本保息	8
过去投资绩效	只赚不赔	赚多赔少	损益两平	赚少赔多	只赔不赚	8

续表

分数	10	8	6	4	2	得分
赔钱心理状态	学习经验	照常过日子	情绪影响小	情绪影响大	难以成眠	6
目前主要投资市场	期货	股票	房地产	债券	存款	8
未来回避投资场所	无	期货	股票	房地产	债券	8
						78

步骤2：风险承受能力评估。

戴先生风险承受能力评估得分71分，见表7-25。

表7-25　风险承受能力评分表

分数	10	8	6	4	2	得分
年龄32	总分50分，25岁以下者50分，每多1岁少1分，75岁以上0分					43
就业情况	公务人员	上班族	佣金收入者	自营事业者	失业	8
家庭负担	未婚	双薪无子女	双薪有子女	单薪无子女	单薪养三代	6
置业情况	投资不动产	自有住宅无房贷	房贷小于50%	房贷大于50%	无自有住宅	4
投资经验	10年以上	6~10年	2~5年	1年以内	无	6
投资知识	有专业证照	财经专业毕业	自修有心得	懂一些	一片空白	4
						71

步骤3：根据前述评估结果在客户风险特征矩阵中得出客户对应的风险特征。

在风险特征矩阵中，戴先生属于中高风险态度、中高能力的类型，见表7-26。

表7-26　客户风险特征矩阵

风险矩阵	风险能力	低能力	中低能力	中能力	中高能力	高能力
风险态度	工具	0~19	20~39	40~59	60~79	80~100
低态度 0~19	货币	70	50	40	20	10
	债券	30	40	40	50	50
	股票	0	10	20	30	40
中低态度 20~39	货币	40	30	20	10	10
	债券	50	50	50	50	40
	股票	10	20	30	40	50
中态度 40~59	货币	40	30	10	0	0
	债券	30	30	40	40	30
	股票	30	40	50	60	70
中高态度 60~79	货币	20	0	0	0	0
	债券	40	50	40	30	20
	股票	40	50	60	70	80

续表

风险矩阵	风险能力	低能力	中低能力	中能力	中高能力	高能力
高态度 80~100	货币	0	0	0	0	0
	债券	50	40	30	20	10
	股票	50	60	70	80	90

步骤4：风险特征评估结果及投资组合建议。

根据客户风险特征矩阵分析结果，当客户呈现风险态度为中高态度、风险承受能力为中高能力的风险特征时，其合理的投资组合如下。

（1）低风险：0。

（2）中风险：30。

（3）高风险：70。

步骤5：计算戴先生家庭现有投资组合。

现有投资组合总价值：

现金2 500 + 活期存款135 800 + 大额存单200 000 + 定期存款50 000 + 期货155 120 + 债券54 967.61 + 股票52 000 + 股票基金75 075 = 725 462.61（元）

其中，

低风险类当前价值：现金2 500 + 活期存款135 800 + 大额存单200 000 + 定期存款50 000 = 388 300 元，比重为388 300 ÷ 725 462.61 × 100% = 54%；

中风险类当前价值：债券54 967.61 元，比重为54 967.61 ÷ 725 462.61 × 100% = 8%；

高风险类当前价值：155 120 + 52 000 + 75 075 = 282 195 元，高风险类比重为282 195 ÷ 725 462.61 × 100% = 39%。

步骤6：根据投资组合建议制订投资理财方案。

戴先生家庭投资总额725 462.61 元，其选择合适的投资组合建议为低风险0。中风险30%，高风险70%，产品比例为债券30%，投入金额217 638.783 元；股票70%，投入金额507 823.827 元。

实训 7 – 14

实训目标

制订戴先生家庭养老规划。

实训内容

戴先生为了等自己老了之后有一定的财富保障，同时还为了减轻孩子以后的赡养负担，希望自己能在退休之前积累足够的养老资金，使自己能够有一定的财富保障安享晚年。戴先生计划在 60 岁时退休，预计寿命为 85 岁。目前一般的退休家庭每月所需基本生活费为 5 200 元，并且预计将来会以每年 1.65% 的速度增长。戴先生预计退休时每年可领取退休金 32 000 元，且退休金每年增长率为 1.65%。目前戴先生已经准备了 35 000 元作为养老储备金。假设退休前年投资收益率为 7.68%，退休后的投资收益为 4.26%。

要求：

1. 计算戴先生家庭养老费用缺口。

2. 计算戴先生夫妇每年年初需定投多少金额才可以达到预期目标。（计算结果保留到小数点后两位，整数取整）

3. 退休前每年定投资金。

要点提示：

（1）养老费用与退休金都是月初发放。

（2）客户名称：戴先生，32 岁，预计退休年龄 60 岁，预期寿命 85 岁，预期收益率 7.68%。

实训步骤

步骤 1：预计退休后年生活费用。

按目前一般的退休家庭每月所需基本生活费为 5 200 元，每年的费用需求 = 5 200 × 12 = 62 400 元。

使用财务计算器或 Excel 中的 FV 函数得到 FV（1.65%，28，62 400）= 98 671.41 元。

步骤 2：退休当年需要储备的退休费用。

使用财务计算器或 Excel 中的 PV 函数得到 PV（4.26% − 1.65%，25，98 671.41，1）= 1 842 150.99 元。

步骤 3：现有养老金储备退休当年终值。

使用财务计算器或 Excel 中的 FV 函数得 FV（7.68%，28，35 000）= 277 874.92 元。

步骤 4：退休时每年可领取退休金在退休时的现值。

使用财务计算器或 Excel 中的财务 PV 函数得到 PV（1.65%，25，32 000，1）= 661 944.17 元。

步骤 5：退休当年资金缺口 = 退休当年需要储备的退休费用 − 养老金储备退休当年终值 − 退休时每年可领取退休金 = 1 842 150.99 − 277 874.92 − 661 944.17 = 902 331.9 元。

步骤 6：退休前每年年初定投资金。

使用财务计算器或 Excel 中的 PMT 函数得到 PMT（7.68%，28，902 331.9，1）=9 274.23 元。

实训 7-15

实训目标

财产分配与传承规划。

实训内容

戴先生在 75 岁时立了一份遗嘱，并且已经公证了，遗嘱内容写着其遗产的 3 成留给女儿，另外 7 成留给他的妻子。

戴先生家庭的资产情况如下。

现金：18 000 元；活期存款：32 000 元；基金：10 000 元；股票：54 000 元；期货 195 000 元；房产：4 380 000 元；汽车：80 000 元。

要点提示：

家庭的资产和负债均为夫妻共同所有。

要求：

1. 确定戴先生的遗产继承人。

2. 界定戴先生的遗产范围。

3. 制订戴先生的遗产分配方案（计算结果保留到小数点后两位，整数取整）。

（1）遗产分配方案。

（2）遗产种类与价值计算。

（3）继承人。

实训步骤

步骤1：确定继承人。

继承人配偶：胡女士，年龄 68 岁，继承人长女戴子墨，年龄 45 岁。

步骤2：计算遗产种类与价值。

现金及现金等价物（18 000+32 000）÷2=25 000 元。

股票、债券、基金等投资（10 000+54 000+195 000）÷2=129 500 元，主要房产及其他房产 4 380 000÷2=2 190 000 元，汽车、家具、其他资产 80 000÷2=40 000 元。

遗产总价值为 25 000+129 500+2 190 000+40 000=2 384 500 元。

步骤3：确定遗产分配方案。

继承人配偶：胡女士，继承遗产总额 2 384 500×70%=1 669 150 元。继承人长女：戴子墨，继承遗产总额 2 384 500×30%=715 350 元。

实训 7 – 16

实训目标

1. 熟悉个人理财规划的整个过程。
2. 撰写理财规划服务流程实训报告。

实训内容

根据以上所完成的实训任务完成表 7 – 27 的实训报告书（可附页）。

表 7 – 27 实训报告书

实训报告书

小组成员：组长
成员：

运作方式（市场调查、调研、模拟操作、小组讨论等）

实训目标

实训任务要求

任务完成过程

成果验证过程（PPT 演示、图片或文档资料）

体会、总结

成绩考核表

自评分数	小组测评分数	教师综合评分	总成绩	备注

实训步骤

步骤 1：填写相关信息。

步骤 2：完成实训目标。

步骤 3：实训任务要求。

步骤 4：任务完成过程、成果验证过程（PPT 演示、图片或文档资料）。

步骤 5：体会、总结，做出成绩考核。

项目小结

在个人理财规划整个工作过程中，成功建立客户关系是直接决定个人理财规划是否可以得到顺利开展的关键。理财目标的确定，将为整个个人理财规划指明方向。客户理财目标确定的基础就是对客户的财务进行分析和评价。本项目着重阐述了理财规划师的工作流程，包括建立客户关系、收集和分析客户信息、分析客户财务状况、制订理财规划方案和持续提供理财服务等内容。

即测即练

项目训练

1. 瞿先生今年43岁，在某公司做销售员，年薪税后6万元，年终奖金约1.2万元，没有购买任何保险。瞿先生的妻子40岁，在某公司做出纳员，年薪税后5万元，有基本社保及养老保险。孩子刚好16岁，读高一，家庭现有存款25万元，基金市值2万元，目前涨5.2%。有一套60平方米的住房，现价52万元。

瞿先生打算55岁退休，妻子也打算50退休。夫妻理财目标：希望能供孩子上大学；将来能换大一点的房子居住（目前瞿先生所居住的城市房价约9 800元/每平方米，房价预计增长率为4%）；希望在他退休之后能有一定的养老金，保证他今后的生活。瞿先生不知道如何进行理财规划才能够实现理财目标。

要求：

（1）作为理财规划人员应与瞿先生沟通哪些问题？

（2）作为理财规划人员怎样才能更好地为客户服务？

2. 收集和整理客户基本信息（非财务信息）。

客户信息：蒋文滔，男，28岁，某财经大学会计学本科毕业，现于滨江科技有限公司担任财务部经理。

家庭成员：妻子骆筱舒，25岁，某师范大学中文系本科毕业，现于滨江中学担任语文老师。两人有3岁的儿子蒋锦贤、1岁的女儿蒋玉琪。

家庭地址：滨江区幸福雅居8栋5××室。联系方式：1551586×××。

要求：

整理客户基本信息填入表7-28内。

表 7-28　客户基本信息调查表

项　目					
姓名					
性别					
年龄					
出生地点					
参加工作时间					
职业					
职称					
学历					
工作单位					
工作安全程度					
退休日期					
婚姻状况					
健康状况					
家庭病史					
家庭地址					
移动电话					
单位地址					
单位电话					
电子邮件					

3. 客户信息——财务分析。

时间：2023 年 2 月 1 日—2023 年 7 月 31 日。

蒋文滔先生当前每月工资为 12 500 元，年终奖为 52 000 元。妻子骆筱舒每月工资为 6 700 元，年终奖为 30 000 元。两人都有交五险一金，夫妻双方每月合计缴纳 1 500 元，单位 1:1 配比缴纳，妻子骆筱舒除了五险一金外，还拥有企业年金每月 520 元。

目前蒋先生家有现金 2.2 万元、活期存款 4.5 万元，2020 年 1 月初在银行存入 5 年定期存款 20 万元，2020 年 8 月初存入 3 年定期存款 5 万元。妻子骆女士两年前购买国债 3.5 万元，年收益为 4%，2022 年 3 月购买了权益类基金 8.6 万元，持仓收益率为 15.86%，2023 年 1 月购买了 3.5 万元的货币市场基金，收益为 2.68%。同时，蒋先生 2022 年 3 月花 11.2 万元购买了股票 A，目前上涨了 46.5%，2021 年 4 月花 6.2 万元购买了股票 B，目前下跌了 5.4%。

蒋先生家平均月支出为 2 100 元。每辆车汽车燃油费平均 350 元，汽车保险每年 4 000 元，每月医疗费 200 元，骆女士购买护肤品一年需要 3 000 元，家庭服装年 3 000 元，每月给双方父母各转账 1 000 元。蒋先生给自己和妻子购买了 20 万元意外险，两人每月合计支出保费 400 元。

夫妻二人现在居住的房屋是 2019 年 7 月全款购买的新房，为夫妻共同所有，当时购买价格为 72 万元，现已涨价 87.5%，面积为 90 平方米，房子物业费每平方米每月 1.2 元，水电费平均每月 150 元。随着女儿的出生，为了改善居住环境，2022 年 9 月以每平方米 1.2 万元的价格购买了一套 140 平方米新房，房子于 2024 年 10 月交房。买房的时候，夫妻采用了最低首付购房，剩余金额采取了公积金贷款和商业贷款组合的形式，公积金贷款金额为滨江区公积金贷款的最高额度，剩余部分采取商业贷款的形式。公积金贷款利率为基准利率，商业贷款利率为基准利率上浮 20%，贷款期限均为 30 年，采取等额本息的方式还款，在购房的次月开始还款。

为了方便上班，夫妻二人于 2019 年 7 月购买了价格为 16 万元的小轿车一辆，2022 年 8 月购买了价格为 32.68 万元的第二辆小汽车。由于汽车是消耗品，每年会贬值 5%，购买汽车时均采用首付 5 成，剩余部分商业贷款，贷款利率为基准利率上浮 26%，贷款期限为 3 年，购买次月开始采用等额本息方式进行还款。

要点提示：

（1）填制收入支出表时不考虑投资收益；填制资产负债表时需要填投资项目的当前市值。

（2）本案例中现金流量表的区间为：2023 年 2 月 1 日—2023 年 7 月 31 日，填表时的日期为：2023 年 7 月 31 日。

（3）工资取值范围在 1~5 000 元之间的，含 5 000 元，适用个人所得税税率为 0。

（4）滨江区买房首付比例：首套房最低首付 30%，二套房最低首付 60%（不管首套房贷款是否结清都为 60%），二手房最低首付也是 60%，公积金贷款上限为 60 万元。

（5）现金流量表项目明细。

日常生活开支：水电气等费用、通信费、交通费、日常生活用品、外出就餐等。

房屋支出：租金、商业贷款支出、还款支出、修理、物业、维护和装饰（本案例中收入为扣除五险一金后的，所以公积金贷款不纳入房屋支出）。

汽车支出：贷款支出、汽油及维护费用、过路费及停车费等。

商业保险费用：人身保险、财产保险、责任保险。

其他支出：个人护理支出、购买衣物开支、休闲和娱乐。

其他收入：公积金月余额算作其他收入。

（6）资产负债表：个人借款属于其他负债项目。

（7）房屋商业贷款基准利率：

贷款期限 6 个月至 1 年（含）：3.85%。

贷款期限 1~5 年（含）：4.25%。

贷款期限 5 年以上：4.65%。

汽车商业贷款基准利率：

贷款期限 6 个月至 1 年（含）：4.25%。

贷款期限 1~3 年（含）：4.65%。

贷款期限 3 年以上：4.95%。

（8）公积金贷款基准利率：

贷款期限在 5 年以内（含）：2.75%。

贷款期限在 5 年以上：3.25%。

（9）总收入、总支出、结余为自动返现项，不需计算。

（10）计算财务比率中的各项数据来自本现金流量表及资产负债表。

（11）本题里的所有收入均为税后实发金额，工资是已经扣除五险一金后的。

（12）不计存款利息收入；月收支为半年收支的 1/6；半年的年终奖应减半计算。

（13）快要到期或者一年内到期的定期存款和货币市场基金应计入流动资产中。

（14）不同生命周期收入支出情况表见表 7-10。

要求：

（1）编制蒋先生家庭 2023 年 2 月 1 日—2023 年 7 月 31 日期间资产负债表及现金流量表。

（2）判断蒋先生家庭所处生命周期。

蒋先生家庭 2023 年 2 月 1 日—2023 年 7 月 31 日期间及资产负债表见表 7-29。

表 7-29 蒋先生家庭资产负债表
2023 年 2 月 1 日—2023 年 7 月 31 日 元

资产	金额	负债	金额
现金		住房贷款	
活期存款		汽车贷款	
定期存款		信用卡透支	
货币市场基金		消费贷款	

续表

项　目				
期货				
债券	负债合计			
股票				
基金				
珠宝和收藏品				
其他金融资产 （其他）				
自住房				
汽车				
家具家电				
资产合计	净资产 = 资产 - 负债			

蒋先生家庭现金流量表（2023 年 2 月 1 日—2023 年 7 月 31 日）见表 7 - 30。

表 7 - 30　蒋先生家庭现金流量表
2023 年 2 月 1 日—2023 年 7 月 31 日　　　　　　　　　　元

收入
工资和薪金
奖金和佣金
自雇收入
养老金和年金
其他收入

总收入　　　　　月收入

支出
日常生活支出
医疗费用
商业保险费用
其他支出
汽车支出
房屋支出

总支出　　　　　月支出

总结余　　　　　月结余

（3）分析蒋先生家庭财务比率（注意：所有计算结果保留到小数点后两位，整数取整）。

投资与净资产比率：

结余比率：

流动性比例：

清偿比率：

资产负债率：

负债收入比率：

即付比率：

（4）判断蒋先生家庭所处生命周期。

4. 客户信息——理财目标设定与分析。

（1）夫妻二人打算在两年后装修新房，该计划不可变更。

（2）夫妻二人打算在 4 年后带上儿子、女儿和父母一起去出国旅游，该计划不可变更。

（3）蒋先生计划 60 岁的时候退休，该计划可以变更。

要求：分析蒋先生目前的理财目标。

5. 现金规划。

虽然夫妻二人目前的生活十分稳定，但蒋先生还是担心万一出现什么意外的话，他的家庭无法抵御风险。理财师对蒋先生家庭的现金流情况进行了分析，建议同时将现金、银行定期存款、银行活期存款、货币市场基金、期货产品和外汇理财产品作为现金规划工具。

要点提示：

（1）客户收入是否稳定，若收入稳定，那么他的应急准备金应有 3 ~ 4 个月的支出；若不稳定，则应急准备金应有 5 ~ 6 个月的支出。

（2）在计算流动资产时应注意客户的定期存款是否快要到期或者一年内到期，若是，则应计入流动资产中。

要求：

（1）为蒋先生制订现金规划工具。

（2）为蒋先生家庭进行现金需求分析（计算结果保留小数点后两位，整数取整）。分析内容包括：分析客户用作应急准备金的资产；确定日常生活开支；确定合理的应急准备金。

6. 保险规划。

蒋先生认为世事无常，需要提前做好准备，所以他请到了专业保险师分析自己现有的保险情况能否很好地起到风险保障的作用。

保险分析师了解到，蒋先生和他的妻子除了单位缴纳的五险一金外，还分别购买了 20 万元的意外险。保险分析师从四大险种医疗险、重疾险、寿险、意外险中，建议蒋先生另外购买寿险及重疾险，同时增加购买意外险的份数。

要点提示：

（1）收入占比＝个人年收入÷家庭总收入（计算结果保留到小数点后两位，整数取整）×100%。

（2）寿险及重疾险、意外险保险金额的确定，适用于双十原则，即保额是个人年收入的10倍，保费是个人年收入的1/10（保额要精确到万元）。

（3）以30岁男性为例，寿险及重疾险保险每10万元保险金额的保费为3 300元，年龄每增减1岁，相应保费增减100元；以30岁女性为例，寿险及重疾险保险每10万元保险金额的保费为3 000元，年龄每增减1岁，相应保费增减100元。

要求：

（1）分析蒋先生家庭的优先被保险人。

（2）确定优先被保险人需购买的人寿险及意外险的保额及保费。

7. 教育规划。

蒋先生打算在儿子读大学的当年就准备好4年的学习费用，大学4年学费现在是每年2.2万元，预计学费每年上涨4.5%（假设入学后学费及生活费增长为0），蒋先生的儿子蒋锦贤今年3岁，预计18岁上大学。理财师建议蒋先生为孩子设立一个教育基金来支付孩子大学4年的学费，每月月初投入一笔固定的钱，直到孩子上大学，假定年投资收益率为6.8%。

要求：

（1）计算蒋先生儿子上大学时的年学费。

（2）计算蒋先生儿子的教育金缺口。

（3）计算蒋先生儿子教育资金总需求。

（4）计算蒋先生每月应定投多少金额（计算结果保留到小数点后两位，整数取整）。

8. 购房规划。

蒋先生希望父母70岁时将其接来身边居住，因此需要10年后在小区附近购买一套公寓，购买公寓时需要支付5%的税费和维修基金。目前小区周围的房价为12 000元/平方米。夫妇二人打算申请商业性个人住房贷款、采用最低首付比例、贷款期限20年的方式购买房子，选取贷款利率最低的银行进行贷款。蒋先生打算将两只股票全部卖掉，再加上定期存款作为购房准备金，但蒋先生不希望将家庭年结余作为购房资金。预计投资年化收益率为6.85%。银行贷款5年期以上基准利率LPR为4.65%。

要点提示：

（1）滨江区公寓首付比例为 50%。

（2）中国银行贷款利率：LPR 上浮 30%。

中国建设银行贷款利率：LPR 上浮 25%。

中国农业银行贷款利率：LPR 上浮 23%。

广发银行贷款利率：LPR 上浮 20%。

（3）本题不考虑其他购房限制政策。

（4）首付金额为 10 年后购房准备金减去维修基金和税费。

要求：

（1）分析客户的购房需求，确定其购房总价。

（2）计算每月月供（计算结果保留到小数点后两位，整数取整）。

9. 养老规划。

蒋先生为了等自己老了之后有一定的财富保障，同时还为了减轻孩子以后的赡养负担，希望自己能在退休之前积累足够的养老资金，使自己能够有一定的财富保障安享晚年。

蒋先生计划在 60 岁时退休，预计寿命为 80 岁。目前一般的退休家庭每月所需基本生活费为 3 400 元，每年通货膨胀率为 2.54%。目前蒋先生已经准备了 58 000 元作为养老储备金。假设退休前年投资收益率为 8.42%，退休后的投资收益为 4.28%。

要点提示：

养老金为每月月初发放。

要求：

（1）计算蒋先生家庭养老费用缺口。

（2）计算蒋先生夫妇每年年末需要定投多少才可以达到预期目标（计算结果保留到小数点后两位，整数取整）。

10. 财产分配与传承规划。

11. 遗产规划。

蒋先生在 80 岁时立了一份遗嘱，并且已经公证了，遗嘱内容写着其遗产的 6 成留给妻子，2 成留给他的儿子，2 成留给他的女儿。

蒋先生家庭的资产情况如下：

现金 20 000 元；活期存款 85 000 元；基金 120 000 元；债券 50 000 元；股票 335 000 元；房产 4 000 000 元；汽车 180 000 元。

要点提示：

家庭的资产和负债均为夫妻共同所有。

要求：

（1）确定蒋先生的遗产继承人。

（2）界定蒋先生的遗产范围。

（3）制订蒋先生的遗产分配方案（计算结果保留到小数点后两位，整数取整）。

参 考 文 献

[1]中国法制出版社．中华人民共和国民法典(大字版)[M]．北京:中国法制出版社,2020.

[2]曹凤岐,刘力,姚长辉.证券投资学[M].2版.北京:北京大学出版社,2004.

[3]古洁,陈惠芳.个人理财[M].2版.大连:大连理工大学出版社,2020.

[4]陈惠芳,古洁.个人理财实训[M].2版.大连:大连理工大学出版社,2014.

[5]陶永诚.个人理财实训[M].2版.北京:高等教育出版社,2016.

[6]石龙昌,王志海,李明海.银行客户业务指南[M].北京:中国经济出版社,1995.

[7]黄文平,陈中放.金融投资工具比较与应用[M].北京:高等教育出版社,2016.

[8]黄素,马丽华.保险原理与实务[M].北京:高等教育出版社,2017.

[9]斯特朗.衍生产品概论[M].王振山,付金樑,李健元,张琦,等译.大连:东北财经大学出版社,2005.

[10]徐仁俊.Excel实训案例教程[M].上海:上海财经大学出版社,2017.

[11]张建同,孙昌言,王世进．应用统计学[M]．北京:清华大学出版社,2010.

[12]李军峰．金融市场学[M]．成都:西南财经大学出版社,2013.

[13]赵文君．证券投资理论与实务[M]．北京:北京邮电大学出版社,2015.

[14]董瑞丽．商业银行综合柜台业务[M]．北京:高等教育出版社,2020.

[15]王梅．商业银行模拟实训教程[M]．北京:中国金融出版社,2020.

[16]王华．金融服务礼仪[M]．北京:高等教育出版社,2021.

教师服务

　　感谢您选用清华大学出版社的教材！为了更好地服务教学，我们为授课教师提供本书的教学辅助资源，以及本学科重点教材信息。请您扫码获取。

❯❯ 教辅获取

本书教辅资源，授课教师扫码获取

❯❯ 样书赠送

财政与金融类重点教材，教师扫码获取样书

清华大学出版社

E-mail: tupfuwu@@163.com
电话：010-83470332 / 83470142
地址：北京市海淀区双清路学研大厦 B 座 509

网址：https://www.tup.com.cn/
传真：8610-83470107
邮编：100084